5800
진주성 결사대 이야기

이스라엘은 마사다가 있고
한국은 진주성이 있다.

5800
진주성 결사대 이야기

박희봉 지음

논형

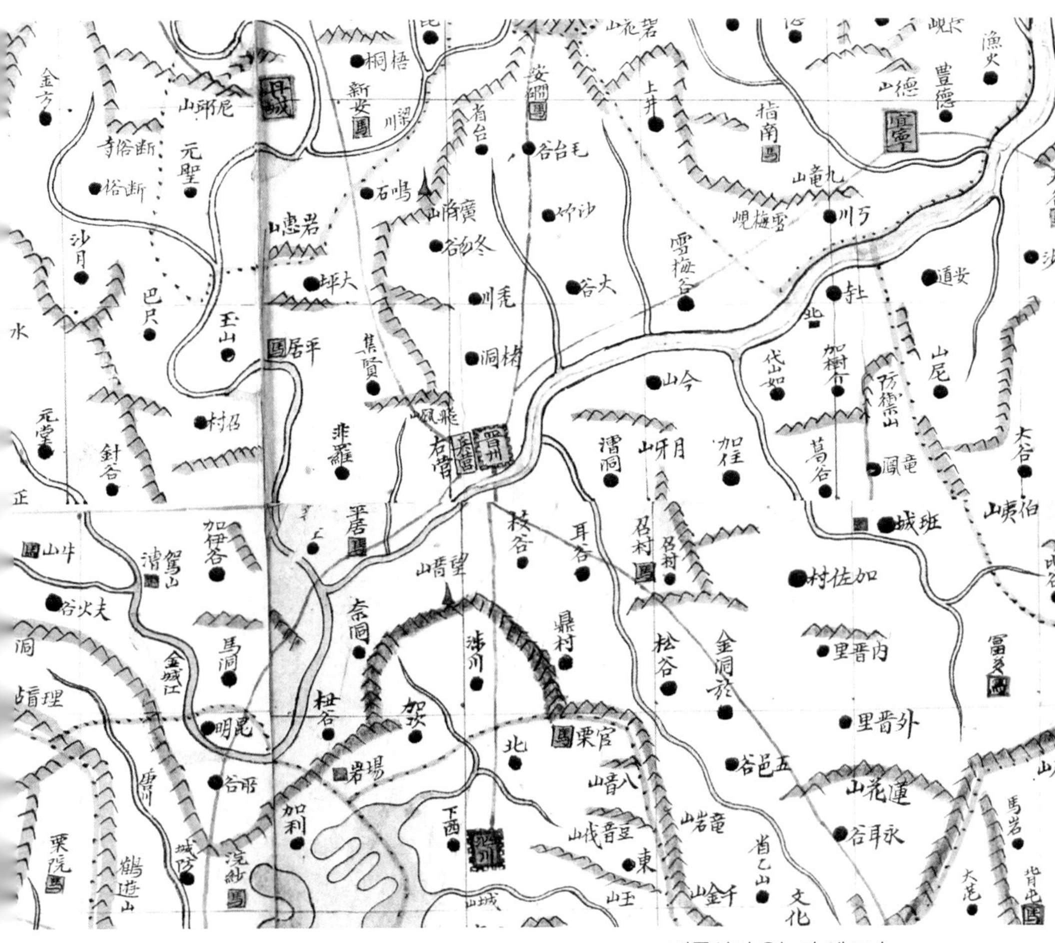

진주성의 오늘과 옛 모습

북쪽에서 바라본 진주성 원경(1917년)

촉석루와 의암(1927년)

촉석루와 의기사(1910년)

촉석루와 남강(1915년)

임진왜란 1기(1592. 4~1592. 6) 주요 전투 및 조선군, 일본군 진출로

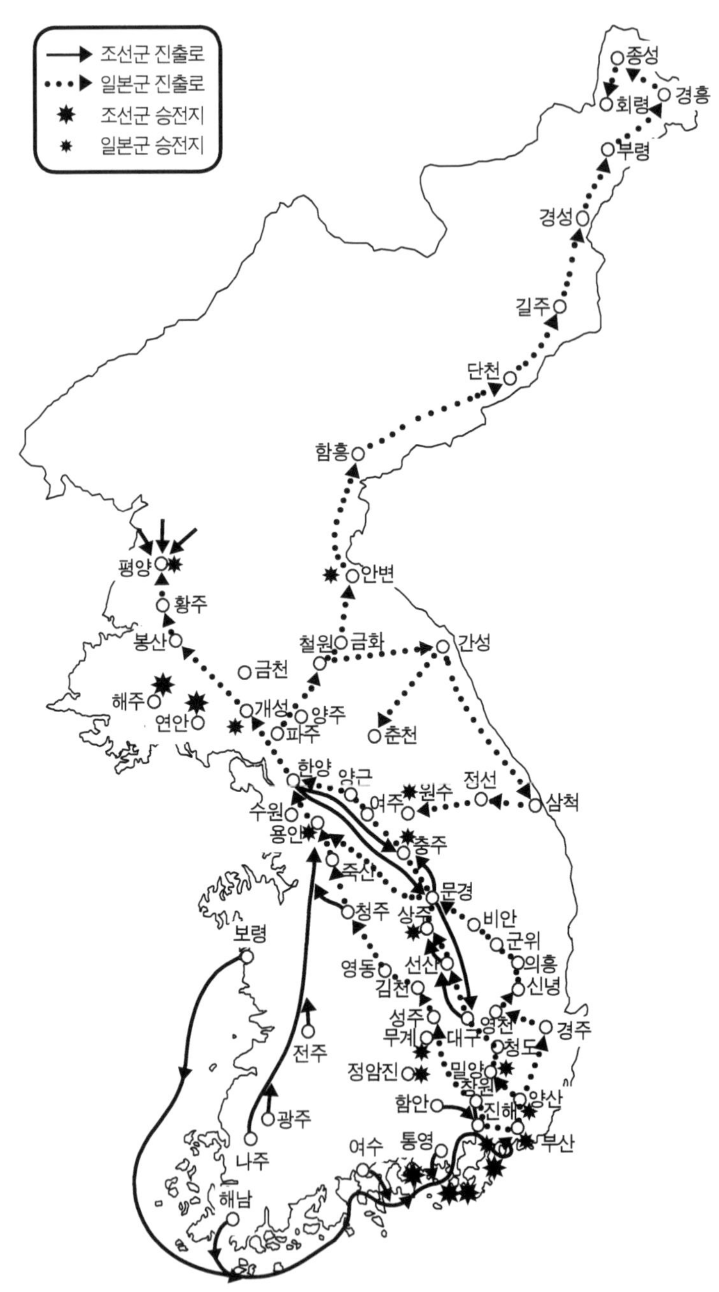

임진왜란 2기(1592. 6~1592. 10) 주요 전투 및 조선군, 일본군 진출로

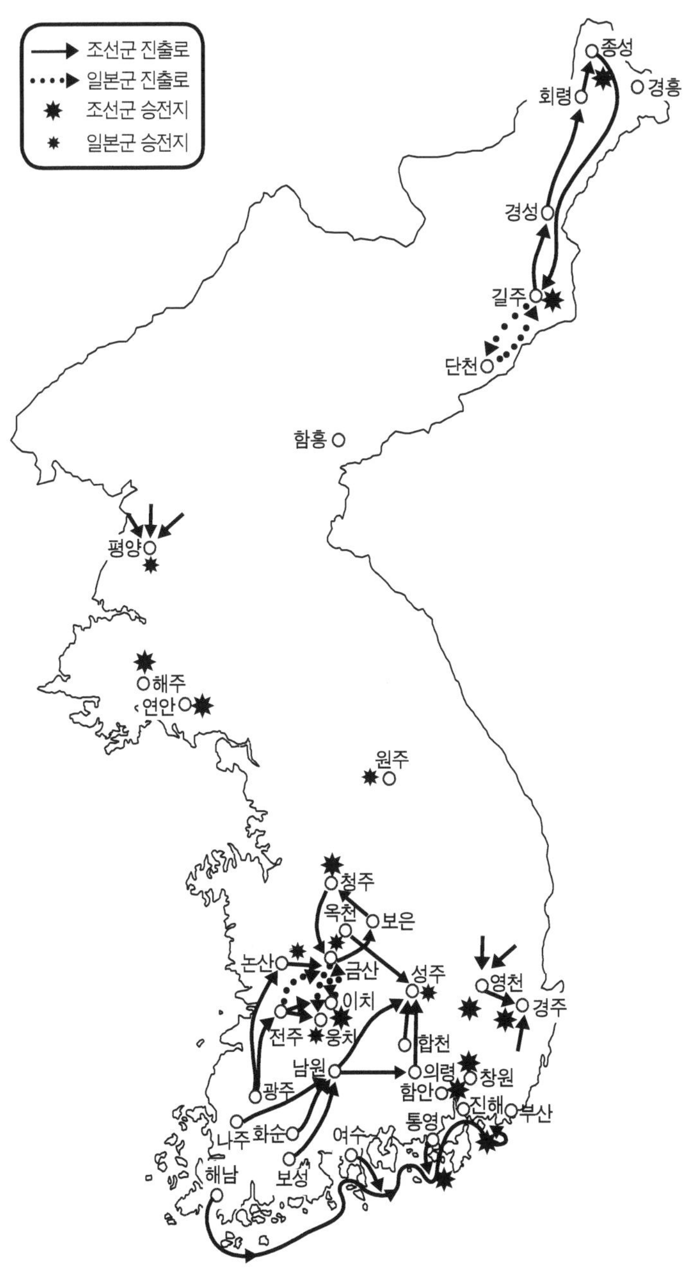

임진왜란 3기(1592. 10~1593. 6) 주요 전투 및 조선군, 일본군 진출로

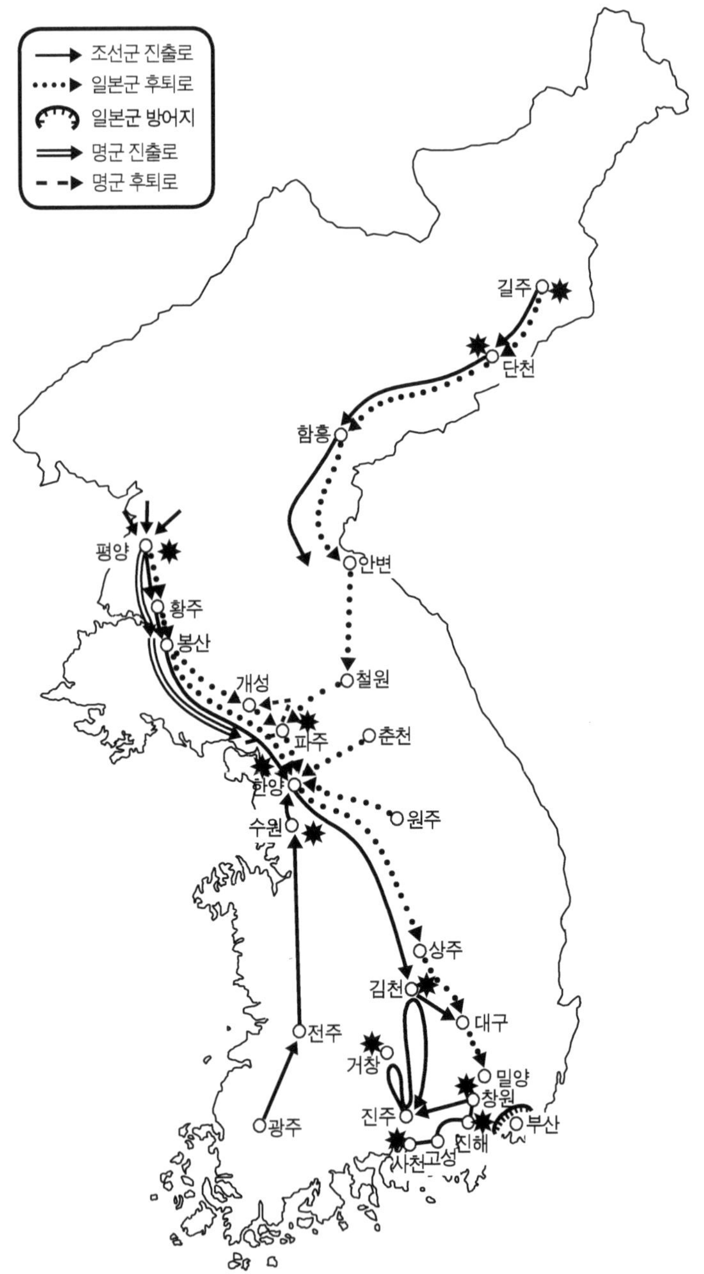

임진왜란 4기(1593. 6~1596. 5) 주요 전투 및 조선군, 일본군 진출로

책을 펴내며

1593년 1월 9일 평양성전투에서 이여송이 이끄는 명군은 일본군을 패퇴시키고 평양성을 탈환했다. 그러나 곧이어 1월 27일 명군은 벽제관에서 일본군의 역습으로 개성까지 물러나고 이여송은 평양성으로 후퇴했다. 연이은 전투로 탈진한 명군과 일본군은 강화협상을 한다. 양측은 4월 8일 일시적인 휴전에 합의하는데 핵심내용은 일본군은 한양성에서 물러나고 대신 명군은 일본군을 공격하지 않는다는 것이다.

도요토미 히데요시는 강화조건으로 일본군 지휘부에 다음과 같은 명령서를 하달한다. ① 명 황제의 공주를 일본 왕의 비(妃)로 보낼 것 ② 무역에 관한 사항을 서로 합의할 것 ③ 명과 일본은 군사에 관한 서약을 주고받을 것 ④ 조선의 반발과 관계없이 이미 평정한 한양성 이남의 4도를 일본에 할양할 것 ⑤ 조선의 왕자 2명과 시종들을 인도할 것 ⑥ 조선 조정 중신들은 약속을 지킨다는 각서를 작성할 것 등을 하달했다. 이에 반해 명나라 경략비왜군무(經略備倭軍務) 송응창(宋應昌)은 ① 일본군의 조선 국토에서의 완전 철수 ② 가토 기요마사에게 붙잡힌 조선 왕자의 송환 ③ 조선침략에 대해 도요토미 히데요시가 명 황제에게 사죄 ④ 도요토미 히데요시를 일본 국왕에 봉하도록 명 황제에게 건의한다는 계획을 세웠다.

이 강화조건은 양측 모두 받아들일 수 없는 것이었다. 명나라 황제로서는 공주를 일본 왕의 후궁으로 보낸다는 것을 상상할 수 없는 것이었고, 한양성 이남의 4도를 일본에 할양한다는 것은 조선으로서도 절대 받아들일 수 없는 것이었다. 도요토미 히데요시로서도 일본군이 조선에서 완전히 철수하고 조선 침략에 대해 명 황제에게 사죄를 구한다는 것을 받아들일 리 없었다. 그럼에도 양측은 서로에게 유리한 조건을 내세우며 협상을 이어나갔다. 양측은 본국에서 명한 강화협상 조건이 이루어질 가능성이 없다는 것을 알고 있었다. 하지만 전투를 지속한다면 희생자만 늘 것이기 때문에 협상을 이어나갔다.

그러나 강화협상에 가장 큰 걸림돌은 조선이었다. 조선은 일본군의 철수뿐만 아니라 철저한 보복을 주장하며 강화협상 자체를 반대하였다. 따라서 명군과 일본군 간의 전투는 없었던 반면, 조선군은 전방위적으로 끈질기게 일본군을 공격하였다.

도요토미 히데요시는 위기에 처한 일본군의 상황도 모른채 일본군 지휘부에 조선 남부 4도의 점령을 공식화하기 위해 요충지인 진주성 점령을 명령하였다.

일본군은 도요토미 히데요시의 명령을 교묘하게 이용하였다. 일본군 지휘관인 고니시 유키나가는 명군에게 일본군 전군을 이끌고 진주성을 공격할 것이라고 전했다. 지난해 일본군은 제1차 진주성전투에서 3만명의 병력을 투입했지만 1만명 이상의 희생자를 낸 채 물러나야만 했는데, 이에 대한 복수를 지시받았다는 것이다. 임진왜란 당시 조선에 파병된 일본군 22만여명, 1593년 6월 현재 살아남은 일본군은 12만 1,500여명이었다. 이 중에서 9만 3천여명을 진주성으로 집결시켰다. 제1차 진주성 전투보다 3배가 넘는 병력을 투입한 것이다.

하지만 명군은 진주성에 큰 가치를 두지 않았다. 남쪽에 치우쳐 있는 진주성을 구원하기에는 많은 위험이 따르고, 무엇보다도 명군은 일본군과 더 이상 전투를 하고 싶지 않았다. 명군은 조선 중앙군에게도 진주성을 구원하지 말 것을 강요하였다.

이 소식은 전국에 퍼져 나갔다. 10만 대군의 일본군을 맞아 싸워야하는 진주관군은 고작 3,000명. 결과는 불 보듯 뻔한 상황이었다. 진주성은 언젠가는 함락될 수밖에 없는 운명이었다. 하지만 진주성을 일본군에 내어준다는 것은 어떤 의미인가? 명군과 마찬가지로 조선군이 일본군을 두려워한다는 것이다. 그러면 조선은 더 이상 스스로 나라를 지킬 수 있는 국가가 될 수 없다는 의미가 된다.

당시 한강 이남에 있는 의병과 지방군(진관군) 모두를 동원한다고 해도 진주성을 사수하기는 어려운 상황이었다. 그럼에도 불구하고 진주성을 지키고자 진주성 결사대가 진주성으로 들어갔다.

진주관군 3,000명 그리고 경상도와 전라도, 충청도 각지의 지방군과 의병 2,800명. 이들 5,800명이 있었다.

제2차 진주성전투는 1593년 6월 21일부터 29일까지 8박9일 동안 지속됐다. 전투횟수는 25차례. 5,800명의 결사대는 9만 3천명의 일본군에 맞서 24회의 전투를 모두 이겨냈지만 장마로 무너진 성벽을 통해 일본군이 들이닥쳤다. 예정된 대로 5,800명의 조선군이 모두 전사했다.

이들은 왜 진주성에서 목숨을 바쳤을까? 함락될 운명을 알면서도 왜 진주성으로 들어갔을까? 논개를 포함한 이들 5,800명에 대해 점과 점으로만 남아있는 기록을 선으로 이어보았다. 5,800의 결사대는 왜 목숨을 바치려 했는지, 어떻게 싸웠는지 그리고 논개는 왜 이들을 따라갔는지를. 이 땅을 지키기 위해 이들은 어떤 노력과 희생을 치렀는지를 추적하였다.

2019년 2월

박희봉

차 례

나리께서 계시는 곳이라면
어디든 갈 수 있습니다.

1장
논개

1. 재판

남으로는 지리산 자락이 보이고 북으로는 덕유산이 감싸고 있는 장수현. 동헌 중앙에 현감이 앉아 있다, 현감 왼쪽에는 형방을 중심으로 나졸이 줄지어 서 있다. 동헌 앞마당 거적 위에 아낙네와 딸로 보이는 어린 소녀가 포박된 채 무릎을 꿇고 앉아있다. 소녀는 눈빛이 초롱초롱 하였다. 바로 옆에는 남자 2명이 고개를 숙인 채 서 있다. 뒤에는 장수현 주민이 이들을 주의 깊게 바라보고 있다. 현감 최경회*가 재판의 시작을 알렸다.

「여봐라, 형방. 형방은 사건을 보고하라.」

「예, 사또나리. 사건의 전말을 보고 드리겠습니다. 죄인은 박씨부인과 주논개*입니다. 두 사람은 모녀 사이입니다. 주논개는 지난 달 뒤에 서 있는 김신중 집에 민며느리로 들어갔습니다. 김신중은 주논개를 민며느리로 삼은 댓가로 숙부 주달무에게 쌀 열가마를 준 바 있습니다. 그런데

* 최경회(崔慶會, 1532~1593)는 전라남도 능주(화순) 출신으로 1567년(선조 1년) 과거 문과에 급제하여, 장수현감과 영암군수를 지냈다. 임진왜란이 일어났을 때 모친상을 지내고 있었고, 후에 고향인 화순에서 의병을 일으켰다. 전라도 각 지역을 돌며 병력을 모집하여 금산 및 성주에서 전투를 벌였다. 진주성 1차전투에 지원군으로 참여하여 진주대첩의 승전에 기여하였다. 이러한 공로를 인정받아 경상우도병마사에 임명되었고, 이후 경상도 각 지역에서 일본군과 싸웠다. 1593년 6월 병력을 이끌고 진주성 2차전투에서 9일차 마지막 날 전사했다.

* 주논개(朱論介, 1574~1593)는 전라북도 장수군 계내면 대곡리에서 주달문의 장녀로 태어나, 1591년 18세의 나이로 최경회의 후실이 되었다. 임진왜란이 발발하자 경상도로 출정을 나간 최경회와 함께 전쟁터를 누볐다. 2차 진주성전투가 벌어지기 전에 진주성에 들어가서 최경회가 사망한 다음 날 촉석루 아래 의암에서 왜군을 끌어안고 남강에 투신하여 순절했다.

주논개의 모친 박씨부인이 열흘 전 주논개를 데리고 달아났습니다. 김신중은 관아에 주논개를 찾아달라고 고변을 하였습니다. 이에 포졸을 풀어 박씨부인의 친정인 덕유산 너머 함양군에서 이들을 압송해 왔습니다.」

「네가 주논개의 어미더냐?」

박씨부인이 고개를 떨군 채 떨리는 목소리로 대답했다.

「예 그렇습니다. 사또 나리.」

「형방의 진술이 사실인가?」

「나리. 하지만 저는 제 딸아이를 민며느리로 보낸 바가 없습니다. 또한 논개도 민며느리로 갈 의사가 없었습니다. 저도 모르고, 당사자도 모르는 사이에 제 딸이 민며느리로 팔려가 고생을 했습니다. 세상에 어떻게 이런 일이 있을 수 있답니까? 딸이 영문 모를 고생을 하는데 어찌 보고만 있을 수 있습니까? 당연히 어미로서 딸을 구해 내야하지 않겠습니까?」

「그럼, 논개에게 묻겠다. 네 어미의 말이 모두 사실이냐?」

「예, 나리. 모두 사실입니다.」

아직 어린아이임에도 논개는 똑 부러진 목소리로 대답했다.

「어미와 덩치가 비슷하여 다 큰 줄 알았더니 목소리는 아직 어리구나. 네 나이가 몇이냐?」

「14살입니다.」

「14살이라. 너는 김신중의 집에서 무엇을 하였느냐?」

「부엌에서 심부름을 했습니다.」

「왜 부엌일을 하라고 하더냐?」

「작은 아버지 빚때문에 제가 팔려온 것이라고 들었습니다.」

「어떤 일을 하였는지 소상히 말해 보거라.」

「예, 사또 나리. 그리 힘든 일은 아니었습니다. 밥하고, 설거지하고, 빨래와 집안 청소를 하였습니다.」

「왜 도망을 쳤느냐?」

「김신중 어르신 댁에는 저 말고 남녀 노비가 여러 명 있었습니다. 저에게는 힘든 일을 맡기지는 않았습니다. 또한 다른 노비들이 제게 잘 대해주었습니다. 하지만 어머니와 떨어져 살아야 하는 것이 힘들었습니다. 게다가 제가 김신중 어르신의 아드님과 혼인을 해야 한다고 들었습니다. 저는 혼인을 하는 것이 무서웠습니다.」

「아주 똑똑하구나. 잘 알겠다. 그러면 논개를 민며느리로 삼은 김신중은 어디에 있는가?」

사또의 호출에 중년남자가 앞으로 나섰다.

「예, 나리. 제가 김신중입니다.」

「차림새를 보아하니 양반이시군. 박씨부인과 논개의 고변에 대해 어찌 생각하는가?」

「사또. 제게 삼대독자 아들이 있습니다. 실은 아들놈이 조금 모자라 결혼할 연령이 되면 바로 혼인을 시키고자 배필감을 찾고 있었습니다. 아는 사람 소개로 주달무라는 사람을 알게 되었고, 주달무가 자신의 조카를 민며느리로 팔겠다고 해서 쌀 10가마를 주고 데리고 온 것입니다.」

「그대는 양인을 팔고 살 수 있다고 생각하시오?」

「논개가 양인이기 때문에 민며느리로 맞이하겠다고 한 것입니다. 사또, 국법을 어기는 것은 아니지 않습니까? 저는 양가의 규수를 며느리로 맞이하겠다는 것이고, 며느리 집안이 어렵다고 하니 보태주려고 한 것입니다.」

「알겠소. 그렇다고 해도 당사자와 상의하여 결정하지 않은 것은 분명하지 않소?」

「저는 주달무가 자신의 조카를 민며느리로 주겠다고 한 말을 믿었습니다. 작은아버지도 후견인이 될 수 있다고 생각했습니다.」

「알겠소. 이제 됐소. 주달무는 앞으로 나오라.」

「예, 사또. 주달무 여기 대령해 있습니다.」

김신중 옆에 있던 사람이 나서며 대답했다.

「지금까지 나눈 대화 내용을 모두 인정하시오?」

「맞는 말도 있지만 옳지 않은 점도 있습니다. 사또 나리. 저도 할 말이 많습니다.」

「말해보시오.」

「형님이 작년에 작고한 이래 변변치 않은 가정형편임에도 불구하고 지금까지 형수님과 조카를 돌보아 왔습니다. 수입은 적고 식솔은 많아 가정형편이 날로 기울었습니다. 한 입이라도 덜어야 온 식구가 연명할 수 있는 상황이었습니다. 때마침 살림살이가 넉넉한 김신중이 민며느리를 구한다기에 우리 조카, 논개가 부잣집 민며느리로 가면 호강할 것 같아 그리하였습니다. 저도 여러 사정을 고려하여 결정한 것입니다.」

「알겠소. 나름 일리가 있구려. 그래도 조카의 인생인데 최소한 본인이나 형수와는 상의를 하여야 하지 않겠소?」

「사또 나리. 저는 가장입니다. 형님을 대신한 논개의 후견인입니다. 가장인 제가 정하면 형수와 조카는 제 말을 따르는 게 도리 아니겠습니까?」

「좋소. 논개의 배필감이 정상이 아니라는 것을 알았소, 몰랐소?」

「예, 들어서 알고 있습니다. 사또께서도 생각해보시기 바랍니다. 저같이 가난한 집과 혼사를 맺겠다고 하는 양반이 어디 있습니까? 논개의 처지에 김신중 같은 부잣집에 시집을 가는 것이 오히려 과분한 일이지요.」

「그럼, 김신중으로부터 받은 쌀 10가마는 무엇이오?」

「그것은 김신중이 고맙다는 사례를 한 것입니다.」

「쌀 10가마로 무엇을 하였소?」

「예, 사또 나리. 그동안 진 빚을 갚았습니다. 형수님을 모시고 조카를 돌보느라 빚을 많이 졌습니다.」

「그렇소? 그럼 다시 논개의 모친에게 묻겠소.」
「예, 소인 여기 있사옵니다.」
박씨부인이 고개를 들고 답변했다.
「주달무의 고변이 사실이오?」
「가당치 않습니다.」
「가당치 않다? 어떤 점이 사실과 다르오?」
「지금까지 저는 서방님의 도움을 받은 적이 없습니다. 남편이 세상을 달리한 후에, 처음에는 서방님 댁으로 들어갔습니다. 그러나 그곳은 우리 모녀가 살 곳이 아니었습니다. 서방님댁에 얹혀 사는 것이 많이 불편했습니다. 서방님 댁에도 식구가 많습니다. 그러나 서방님은 일을 하지 않았습니다. 오히려 제가 일을 해야 했습니다. 그래서 바로 나왔습니다. 며칠 서방님 댁에 기거한 것은 사실이지만 우리 모녀를 보살폈다는 말은 전혀 사실이 아닙니다. 우리 모녀 때문에 서방님이 빚을 졌다니요? 천벌을 받을 일입니다. 서방님의 말씀대로 우리를 돕느라 가산을 탕진하였다면 제가 어떻게 알리지도 않은 채 논개와 도망을 쳤겠습니까?」
「그래요? 이렇게 서로 말이 다르니 더 알아보고 진행할 수밖에. 이 재판은 내일 다시 계속한다. 형방은 논개 모녀와 주달무를 감금하고 내일 속개할 준비를 하라.」
「예, 알겠습니다. 사또 나리.」
사또의 명령에 형방이 바로 응답했다.

*****

최경회는 형방에게 주달무와 논개 모녀가 어떻게 살고 있었는지 탐문

해 오라는 지시를 내렸다. 형방은 다음 날 일찍 현감의 지시를 시행하고 동헌으로 돌아왔다.

「다녀왔느냐?」

「예, 사또 나리.」

「그래, 주달무가 논개 모녀와 함께 살았더냐?」

「박씨부인의 고변이 맞습니다. 논개의 아비가 죽은 후에도 논개 모녀는 살던 집에서 그대로 거주했습니다.」

「그러면 주달무가 논개 모녀를 돌봐주었다는 말은 모두 거짓이란 말이더냐?」

「예, 나리. 이웃의 말에 따르면 박씨부인이 갖은 허드렛일을 하며 생계를 유지해왔고 주달무는 논개 모녀를 전혀 돌보지 않았다고 합니다.」

「알겠네. 주달무의 형편은 어떠하던가?」

「예. 그저 빠듯하게 살아가고 있었습니다.」

「그래. 형방은 즉시 주달무의 집을 뒤져 김신중으로부터 받은 쌀가마를 수거해오게. 돌아오는 즉시 재판을 속개하겠네.」

「예. 분부대로 거행하겠습니다.」

재판이 다시 열렸다. 박씨부인과 논개, 주달무가 중앙에 앉아 있고, 김신중이 옆에 서 있다. 어제와 달리 한 쪽에 쌀가마니가 쌓여 있다. 고을 주민들이 이들을 바라보고 있다.

*****

형방이 재판 속개를 알렸다.

「모두 조용하시오. 현감 나리께서 재판을 속개하실 것이오. 김신중은 나오시오.」

「예. 김신중 여기 있습니다.」

최경회가 김신중에게 질문을 던졌다.

「여기 있는 쌀가마니를 보시오. 이것이 주달무에게 준 쌀이 맞소?」

「예. 맞습니다.」

「좋소. 자 이제 주달무는 말해보라. 그대는 어제 논개 모녀를 보살피느라 빚을 졌고, 빚을 갚느라 어쩔 수 없이 논개를 팔수밖에 없다고 진술하였다. 그리고 받은 쌀은 모두 그동안 진 빚을 갚는데 썼다고 하였다. 그런데 그대의 집에 쌀이 고스란히 있지 않은가. 어떻게 된 연고더냐?」

주달무가 난감한 표정으로 한참 동안 머뭇거리더니 답변했다.

「빚은 차차 갚을 예정이었습니다. 끼니걱정에 잠시 놔둔 것입니다.」

「입을 다물라. 또 거짓을 고하는구나. 이제 논개와 그 어미 박씨부인은 방면한다. 주달무가 가지고 있던 쌀 10가마는 김신중에게 돌려준다. 그리고 주달무에게는 곤장 50대와 구금 100일을 선고한다.」

최경회의 말이 끝나자 박씨부인이 현감 앞에 나와 무릎을 꿇었다.

「사또 나리. 은혜에 감사드립니다. 하지만 한 가지 청을 더 올리고자 합니다.」

「무엇이오?」

「예, 우리 모녀는 갈 곳이 없습니다. 산 너머 산청에서 오랏줄로 묶여 끌려 온 까닭에 이제는 친정으로 갈 수도 없는 신세가 되었습니다. 부탁드립니다. 사또 나리. 무엇이든 시키는 대로 할 터이니 우리 모녀를 이 관아에 머물게 해 주십시오.」

「딱한 일이로군. 관아의 사정을 알아본 후에 결정하리다.」

「감사합니다. 사또 나리. 이 은혜 평생 잊지 않겠습니다.」

*****

어느새 4년이 지났다. 최경회는 그동안 장수현감과 영암군수를 지냈고, 논개는 최경회 곁에서 시중을 들었다. 최경회의 부인은 세상을 떠나면서 박씨부인에게 논개를 후실로 들일 것을 요청하였다. 논개의 나이 18세 되던 해였다. 박씨부인은 나이 차이가 마음에 걸렸으나 그 동안 베풀어 준 은혜를 생각하여 받아들였다. 그후 얼마 지나지 않아 박씨부인도 사망했다.

한 겨울 날 최경회는 퇴청하여 관저로 갔다. 논개가 반갑게 맞이한다. 논개는 저녁 식사를 준비하여 들어왔다.

「논개야, 오늘 날씨가 매우 쌀쌀하구나. 술 한잔 하자꾸나.」

「그러실 줄 알고 미리 대령해 놓았사옵니다. 나리.」

「내 마음을 아는구나. 논개야, 이제 네 나이가 몇이더냐?」

「예, 이제 열여덟이옵니다.」

「그렇구나. 이제 여인이 되었구나. 나와 함께 지낸지도 4년이 넘었구나. 세월도 참 빠르다.」

「예, 나리. 제 어미를 돌봐주셔서 항상 감사할 따름이옵니다. 이제는 다른 세상으로 가셨지만 나리께서 보살펴주신 은혜를 잘 알고 있사옵니다.」

「회고해보니 너희 모녀에게 내가 고맙다고 해야겠다.」

「아니옵니다. 나리께 잘 해드린 일이 별로 없사옵니다.」

「아니다. 너희 모녀가 관아에 있었기에 병약한 내 처를 그리 정성스럽게 간호해주었고, 이제 네가 내 시중을 들지 않더냐.」

「저희 모녀를 거두어주셨기에 나리의 은혜를 조금이나마 갚으려고 했던 일이옵니다.」

「너와 이렇게 인연까지 맺게 된 것도 고마운 일이다.」

「부인께서 나리를 생각하시는 마음이 지극하였나이다. 저를 나리의 후실로 들이신 것도 부인의 진언이라고 들었사옵니다.」

「그래, 내가 처복이 많구나. 너같이 고운 사람을 후실로 두었으니 말이다. 내가 복이 많아.」

「고을 사람도 나리를 이곳 현감으로 모신 것을 복으로 알고 있습니다.」

「그래서 걱정이다. 전쟁이 언제 터질지 모르니 준비를 철저히 하라는 조정의 명을 받았다. 바다 건너 왜국이 우리 조선을 거쳐 명나라까지 쳐들어가겠다고 했다는구나.」

「명나라까지 쳐들어가다니요? 왜국이 그렇게 큰 나라였답니까?」

「왜국을 작은 나라로만 알고 있었는데 그렇지 않은 모양이더구나. 왜국에 다녀온 통신사의 말에 따르면 만만히 보면 안 될 것 같다.」

「나리. 그럼 큰 일이 아닙니까? 우리 모두 태평하게만 살고 있었는데. 전쟁 준비를 어떻게 한답니까?」

「해야 할 것이 많구나. 성을 쌓아야 하고, 군대를 소집해 훈련도 해야 하고, 무기와 병량도 준비해야 하니 말이다. 무엇보다도 우리 조선은 전쟁을 모르고 살았으니 전쟁 준비에 백성들이 따라줄지가 걱정이구나.」

「이제야 알겠습니다. 요즘 나리께서 밤잠을 설치시는 이유를요.」

「나의 근심을 벌써 알고 있었구나.」

「사또를 모신지 벌써 4년이 넘었사옵니다.」

「전쟁이 나면 너는 장수에 가 있거라.」

「나리, 그런 분부는 거두어주십시오. 이곳에서 제가 무엇을 하겠사옵니까. 저는 나리를 모실 뿐이옵니다.」

「전쟁터는 위험한 곳이다. 너 같은 아녀자가 있을 곳이 아니야.」

「나리. 저는 나리께서 계시는 곳이라면 어디든 갈 수 있사옵니다. 전쟁터라도 밥도 짓고 빨래도 해야 하고, 잠도 자야하지 않겠습니까?」

「말만 들어도 고맙다. 하지만 전쟁터는 네가 갈 곳이 아니다. 내가 장수에 집을 한 칸 마련해 두었다. 너는 그곳에서 지내고 있거라.」

훈련에 더욱 매진해야 한다.

2장
김해부사 서예원

김해부사 서예원*이 언제 발발할지 모르는 전쟁을 대비하고 있다. 동원 가능한 군사와 김해부 내의 장정, 활과 검, 창 등의 무기, 병량을 점검하고 있다. 말발굽 소리가 들리는가 싶더니 동헌 밖이 한 동안 시끄럽다. 이에 부사가 이방을 불렀다.

「이방, 이방은 어디 있는가?」

「예, 나리. 소인, 여기 있습니다.」

「밖이 소란스럽구나. 무슨 일인지 알아보게.」

「예, 사또.」

잠시 후 이방이 건장한 장정과 함께 부사 앞으로 왔다.

「사또 나리. 소란을 피운 분을 모셔왔습니다. 부산진성에서 급한 전갈을 가지고 왔다고 합니다.」

「부산진성에서 급한 전갈이라? 무슨 일이요?」

* 서예원(미상~1593)은 한성에서 출생, 1573년 무과에 급제하여 1577년 나주판관, 1579년 도총부도사(都總府都事) 겸 비변랑(備邊郎), 1581년 보성군수를 역임했다. 1583년 회령도호부의 보을하진첨절제사(甫乙下鎭僉節制使)로 재직중 정탐의 임무를 띠고 두만강을 건너 오랑캐 땅에 깊이 들어갔다가 80여명의 부하를 모두 잃고 패주한 죄로 종성에 유배되었으나 같은 해 니탕개(尼湯介)의 난 때 백의종군하여 공을 세움으로써 1586년 곽산군수가 되었다. 1591년 김해부사로 부임, 이듬해 김해성전투에서 일본군에게 패하였다. 이 일로 삭탈관직 당했으나 의병장 김면(金沔)과 협력하여 일본군과 싸우는 등 공을 인정받아 1593년 진주목사에 임명되어 제2차 진주성전투에서 전사했다.

「저는 최풍헌이라고 합니다. 부산진성 정발*장군의 외가 친척 조카입니다. 저는 무과에 급제한 후 정장군의 요청으로 부산진성에서 군사훈련을 담당하고 있었습니다. 지금 부산진성이 왜적에게 함락되었습니다. 정장군께서는 제게 김수 경상우감사께 전투에 대한 상세한 이야기를 전해드리라는 명을 내리셨습니다. 함락되기 직전에 부산진성을 빠져나와 좌절제사께서 김해방면으로 향하셨다는 말을 듣고 김해로 달려왔으나 좌절제사의 행방을 찾지 못했습니다. 그래서 부사님께라도 전황을 알려드려야 할 것 같아 이렇게 달려왔습니다.」

「알겠소. 좀 더 소상히 말해보시오.」

「예. 지난 14일 새벽 절영도*에서 사냥을 하시던 정발장군께서 급히 성으로 돌아오셨습니다. 엄청나게 많은 함선이 절영도 동편으로 밀려오는 것을 보셨답니다. 정찰병을 보내고 남문 누각에서 소식을 기다리고 있는데, 왜군이 성문 밖에 새까맣게 몰려왔습니다. 왜군은 동이 트자마자 성을 공격했습니다. 왜군은 총을 쏘아댔습니다. 총을 맞고 아군의 사상자가 속출하니 우리 병사들이 성벽 뒤로 숨어야 했고, 왜군은 이 틈을 노려 성위로 기어 올라왔습니다. 정장군은 앞장서서 왜적에게 활을 쏘고, 성벽을 오르던 왜군이 주춤거리자 우리 군도 사기충전하여 정면대결을 했습니다. 치열한 전투였습니다. 날이 밝자 피리소리와 북치는 소리가 들렸습니다. 이 소리를 신호로 왜군이 물러났습니다. 두 시간 정도 지난 후 또다시 왜군이 진영을 갖추고 공격해왔습니다. 그런데 난데없이 후문 쪽에서 함성소리가 들렸습니다. 왜군이 후방으로 침투한 것입니다. 서둘러 병력을 후문 쪽으로 보내자 사방에서 왜군들이 성 안으로

* 정발(鄭撥, 1553~1592)은 경기도 연천 출신으로 1579년 무과에 급제한 뒤 해남현감, 거제현령, 훈련원 첨정 등을 역임하였다. 임진왜란 때 부산진첨절제사로 부임하여 부산진성을 공격하던 일본군에 맞서 싸우던 중 전사했다.

* 절영도(絕影島)는 부산 영도의 과거 지명.

동래성전투(출처: 육군박물관)

들이닥쳤습니다. 치열한 공방전을 벌였지만 왜군의 숫자가 워낙 많아 감당할 수가 없었습니다.」

「그럼 최선달은 어떻게 왜군을 피해 이리로 올 수 있었소?」

「예, 정장군께서 제게 미리 당부해 두셨습니다. 첫 전투가 끝난 후 소강상태에 이르자 저를 부르시더니 부산진성이 넘어갈 것 같으면 다른 고을 수령과 절제사께 알려 후일을 도모하라고 하셨습니다.」

「왜군의 수가 어느 정도이던가?」

「어마어마합니다. 2만은 족히 될 것입니다.」

「2만이라. 곧 이곳 김해로도 오겠군.」

「김해뿐 아니라 경상도 전 지역을 침략해 올 것입니다. 2만 명이란 숫자는 부산진성을 공격한 왜군이 그렇다는 것입니다. 고갯마루에서 내려보니 왜군의 선박이 포구를 가득 메우고 있고, 끊임없이 배에서 내리는 왜군을 목격했습니다.」

「그렇다면 왜군의 수가 얼마나 되겠는가?」

「아마도 10만이 넘을 것 같습니다.」

「큰일이군. 왜군은 총과 칼을 잘 다룬다고 했는데, 소상히 말해보게.」

「예, 나리. 왜군 선발대는 화살이 닿지 않을 만큼 거리를 둔 채 횡대로 포진했고, 총을 들고 있었습니다. 그들의 총에 맞은 우리 병사들은 즉사하거나 큰 부상을 당했습니다. 엄청난 무기였습니다. 그리고 성안으로 들어와서는 칼을 휘둘렀는데, 귀신같이 칼을 잘 다루었습니다.」

「먼 거리에서는 총을 쏘고, 가까이에서는 칼을 잘 쓴다니 천하무적 아닌가?」

「예, 그렇습니다. 당해내기 쉽지 않았습니다. 다만 높은 성벽을 이용해 몸을 잘 숨기면 해볼 만 하다는 생각도 듭니다.」

「자세히 말해보게.」

「예. 왜군이 성벽을 기어오를 때는 총을 쏘지 않았습니다. 그들이 쏜 총에 자기 병사들이 맞을 수도 있기 때문이지요. 그러니 성벽 뒤에서 기다리고 있다가 기어오르는 적과 싸움을 벌이는 것은 해 볼 만 했습니다.」

「몸을 숨기고 아래로 공격을 할 때는 할 만 하다는 말이군.」

「예, 그렇습니다.」

「전투에서 그런 상황이 벌어지기란 어렵지 않은가? 그리고 왜군이 우리의 배후를 쳤다는 이야기는 병법에도 능하다는 이야기인데.」

「예, 저도 나리와 같은 생각을 하고 있습니다.」

「큰일이군. 우리 김해성은 크지 않은데다가 병사도 고작 300명 정도이네. 1만이 넘는 왜적을 어떻게 감당한단 말인가. 자네가 보기에 좋은 방책이 있겠는가?」

「제가 어떻게 나리께 감히 말씀을 올리겠습니까?」

「그렇다고 싸워보지도 않고 적에게 성을 내어줄 수는 없지 않은가?」

「아무쪼록 옥체를 보존하시기 바랍니다.」

「알겠네. 자네는 절제사를 만나러 가야하지 않는가. 아무튼 고맙네. 이곳 문제는 고민해 보겠네. 자네도 몸을 보존하여 훗날 만날 수 있도록 하세.」

「감사합니다. 나리. 그럼, 전 이만 떠나겠습니다.」

*****

최풍헌이 떠난 후 서예원은 깊은 생각에 잠겼다. 성 주위를 둘러본 후 부산에서 김해로 오는 길목에 척후병을 보냈다. 다음 날 작전회의를 소집했다. 모두 긴장한 표정이 역력했다. 부사는 성곽지도를 보면서 각자 담당해야 할 곳과 임무를 알려주었다. 회의가 끝날 쯤 동헌 밖에 말발굽 소리가 시끄러웠다. 부산 방면으로 보낸 척후병이 돌아왔다.

「그래, 적은 어디쯤 오더냐?」

「예, 나리. 부산으로 향하던 도중에 왜군이 진을 치고 숙박을 하고 있는 것을 보았습니다. 동이 튼 후 적의 동태를 살펴보고 바로 달려왔습니다.」

「그래. 저들이 어디에 진을 쳤더냐?」

「김해부근 낙동강 변입니다.」

「그렇다면 오늘 오후에는 이곳에 나타나겠구나.」

「예, 그럴 것으로 생각됩니다.」

「적의 수는 어느 정도이더냐?」

「1만 명이 넘어 보입니다.」

「그렇게 많더냐? 알겠다.」

부사는 장수들에게 각자의 위치로 돌아가 전날 지시한 대로 이행할 것을 명령하고 남문 누각으로 향했다. 남문의 수비 상태를 점검하고 동문과 북문, 서문까지 돌면서 전투위치와 전투상황의 변화에 따른 대비책을 지시했다. 오후에 적의 선두가 나타났다. 다양한 휘장을 나부끼며 대병력이 접근해왔다. 어림짐작으로도 1만명이 훨씬 넘는 병력이었다.

순식간에 김해성 남문 앞은 일본군으로 가득 찼다. 이들은 일사분란하게 움직였다. 조총을 든 300여 병사들이 3열 횡대로 성벽을 향해 천천히 접근했다. 부사는 나팔수와 고수, 기수에게 명령을 내렸다. 성벽 위에 있던 조선 관군이 성벽 뒤로 몸을 숨겼다. 부사와 부대장들만이 적의 움직임을 번갈아 보고 있다.

일본군 장수의 명령이 떨어졌다. 3열 횡대로 성벽 앞에 멈추어 선 일본군 제1열이 총부리를 성위로 겨눴다. 부사는 몸을 낮췄고, 조선군 부대장도 성벽 뒤로 몸을 가렸다. 일본군 측에서 또 다른 명령이 내려지자마자 천둥소리가 진동했다. 조총이 발사되면서 화약연기가 피어났다. 조총소리가 천지를 흔들었다. 세 번째 총소리가 울린 후에는 잠시 정적이 흘렀다. 부사가 성 밖을 내려 보니 이들이 총을 장전하고 있었다.

이때 부사의 명령이 떨어지자 누각 위의 깃발이 좌우로 흔들렸다. 이를 신호로 조선군의 함성소리와 함께 나팔소리와 징소리, 북소리가 다양한 깃발이 휘날렸다. 김해관군이 마치 승리를 축하라도 하듯이 덩실덩실 춤까지 추었다. 수비 병력의 위용을 보이기 위함이다. 일본군이 다음 명령을 내리자, 부사 역시 명령을 하달했다. 조선군은 일시에 성벽 뒤로 몸을 숨기자마자, 일본군은 성벽 위를 향해 조총을 잇달아 발사했다.

3열 횡대의 일본군 조총수들이 뒤로 물러나자, 칼을 든 보병이 사다리와 밧줄을 들고 앞으로 나섰다. 이들은 빠르게 사다리를 성벽에 걸고 올라왔다. 부사가 명령을 내렸다. 성위에 있는 깃발이 천천히 좌우로 흔들렸고, 북소리도 나지막이 울려퍼졌다. 기다리라는 신호다. 일본군이

일본군 조총수의 사격 모습

성벽 3분의 2 이상 오르자 부사가 칼을 높이 세우며 나타나 명령을 내렸다. 성위의 깃발이 빠르게 좌우로 흔들렸고, 북소리와 징소리가 요란하게 울려퍼졌다. 이를 신호로 조선군이 소리를 지르며 나타나 기어오르는 일본군을 향해 활을 쏘아댔다. 일본군 선두가 활에 맞아 땅에 떨어졌다. 이를 본 조선군의 사기가 한층 높아졌다. 그러자 성 아래에 줄지어 서있던 일본군 조총병들이 성위를 향해 총을 쏘아댔다. 조선군의 일부도 총에 맞아 쓰러졌다.

한 시간 이상 전투는 지속됐다. 조선군도 사상자 수가 증가했지만 일본군 사상자 수가 훨씬 많았다. 성위로 올라온 일본군은 아직 없었다. 김해 관군의 방어전략이 통했다. 조선군은 승리의 함성을 질렀다.

이후 한동안 일본군은 공격을 하지 않았다. 부사는 남문 주위에 소규모의 인원을 남기고 대부분의 병사를 이끌고 동문과 서문으로 향했다. 동문은 부사가 맡고, 서문은 부장에게 맡겼다. 남문에서 조총소리가 울려퍼졌다. 이를 신호로 동문과 서문에 수많은 사다리가 걸리며, 일본군이 동문과 서문 성벽위로 기어 올라왔다. 김해관군은 동문과 서문에서 이들을 맞아 용감하게 싸웠다. 드디어 남문에서 조총소리가 그쳤고, 남문 성벽으로도 일본군의 공격이 시작됐다. 남문의 조선군은 더 이상 방어하기 어렵다는 것을 깨닫고 북문으로 달려갔다. 이들이 북문에 도달하자 북문에 있던 깃발이 펄럭거렸고, 이를 신호로 동문과 서문의 깃발도 휘날렸다. 북문에서 북소리와 꽹과리 소리가 크게 울려 퍼졌다. 이를 신호로 동문과 서문의 관군들도 전투를 멈추고 북문으로 달려갔다.

*****

북문을 빠져나온 김해관군은 뒷산을 넘어 산길로 이어진 신어산까지 빠르게 후퇴했다. 1시간여 뛰고 걷다가 드디어 산 중턱에 이르렀다. 서예원 부사는 소속 부대장에게 인원 점검 후 집결하도록 했다.

「모두 모였느냐? 부장은 인원 점검이 끝났으면 보고하게.」

이주호 부장이 대답했다.

「예, 나리. 현재인원은 205명입니다. 장수 10명 중 5명이 살아왔습니다.」

「함께 하지 못한 병사들이 너무나도 안타깝구나.」

「나리. 나리께서 사전에 대비책을 내려주시지 않았더라면 우리의 희생이 훨씬 더 컸을 겁니다.」

「어제 부산진성 전투상황을 소상히 알려준 최선달의 공이네.」

「예, 저도 그렇게 생각합니다. 남문에 전투력을 집중했다가 동문과 서문으로 넘어오는 적을 막기 위해 병력을 이동시킨 나리의 판단이 적중하였습니다.」

「적의 움직임에 따라 군의 배치는 당연한 이치가 아니겠는가.」

정선달이 한 마디 하였다.

「제가 살아 있는 것에 사또께 감사드립니다. 한 놈의 왜적이라도 더 숨통을 끊을 수 있었을 텐대. 아쉬움이 많습니다.」

이부장이 정선달을 나무랐다.

「정선달. 우리가 비겁했단 말인가?」

「이부장, 흥분하지 말게. 정선달의 말도 일리가 있네. 하지만 조금이라도 더 머물렀다면 우리의 피해가 훨씬 더 컸을 것일세. 남문이든, 동문이든, 서문이든 간에 한 곳이라도 뚫리는 즉시 우리는 피할 시간이 없네.」

「저는 목숨이 두렵지 않습니다. 김해성에서 제가 죽지 않은 것이 분할 뿐입니다.」

「나도 그렇게 생각하네. 살아남은 것이 부끄러운 일일세. 하지만 결과 없는 죽음은 개죽음일 뿐. 살아서 저들을 쳐부수는 것이 더 중요하네. 나는 적의 피해를 최대화하고, 아군의 피해를 최소화하려 했네. 진짜 전쟁은 지금부터라네.」

이부장이 부사에게 물었다.

「나리. 앞으로의 계획을 알고 싶습니다.」

「방금 척후병이 김해성을 살펴보고 돌아와 적의 동태를 알려왔네. 왜적은 김해에 머무르지 않고 바로 창녕 방면으로 떠났다고 하더군. 그들의 목적은 단지 김해성만을 노린 것이 아니야. 적은 대군을 동원하여 조선 전체를 손에 넣고 명나라로 진격할 것이라고 했다는군.」

「예? 명나라까지 쳐들어간단 말입니까?」

「2년 전에 통신사가 왜국에 갔을 때, 명나라를 쳐들어 갈 것이니 길을 비켜달라고 했다더군. 따라서 조정에서 각 지방관들에게 전쟁에 대비하라는 하명이 있었지.」

「그런 말을 듣기는 한 것 같은데. 그 이야기가 황당하다고 생각한 적이 있습니다.」

「나도 그랬지. 조정에서 전쟁 준비를 하라고 해서 준비하기는 했지만,

이렇게 현실이 될 줄이야. 전쟁 준비를 제대로 한 지방이 많지 않을 것 같은데 걱정이군.」

「그나저나 사또. 우리는 이제 어떻게 해야 합니까?」

「이제부터 고민이네. 왜적은 대군인데다가 전투력도 강하니 어쩌겠나. 전투상황을 보면서 대처할 방법을 찾아보세. 부장은 척후병을 다른 지방으로 보내 왜군의 동태를 살펴보도록 하게.」

*****

서예원을 비롯한 김해관군이 김해성 인근의 신어산에 들어온 지 일주일이 지났다. 미리 대비를 한 까닭에 양식도 충분했고, 신어산은 그리 높지는 않지만 골이 깊어 군사훈련하기에 안성맞춤이었다. 부사는 그 동안 척후병 10여명에게 주변상황을 계속 보고받으며, 신어산 정상에 올라 김해부 주변을 살펴보았다. 부사는 전 부대원의 회의를 소집토록 했다.

「현재 상황에 대해 궁금한 점과 앞으로 우리가 어떻게 해야 할지에 관해 지침을 내리겠네. 부장은 정리하여 보고하라.」

「우선 김해성에 들어간 왜적의 주력부대는 창녕을 거쳐 고령으로 향했습니다. 현재 김해성 안에는 200여명의 왜군이 주둔하고 있습니다. 이들은 3일 동안은 성 안에서만 활동하다가 그 후부터는 성 밖의 고을까지 진출하고 있습니다. 20여명 단위로 움직이면서 식량을 탈취하고 있답니다.」

「부대장들은 기탄없이 이야기해 보게.」

「예, 정선달입니다. 성안 왜놈의 수가 200명이라고 들었습니다. 그렇다면 싸워볼만 하지 않습니까? 야밤에 기습하여 성을 되찾읍시다.」

정선달의 의견에 대해 다른 부대장들의 생각을 물었다. 부사의 말에 대해 부장이 나섰다.
「그렇지 않아도 성을 되찾는 방안을 생각해보았소. 그러나 아직 우리 병사의 훈련 상태로는 저들을 당해내기 어렵소. 또한 저들의 무기가 우리보다 우세하오. 저들은 지속적으로 인근 왜군부대와 연락을 취하고 있으니 행여 우리가 김해성을 탈환해도 인근의 왜군에게 공격을 받게 될 것이오.」
「또다시 대부대가 들이 닥치면 물러나면 되지 않겠습니까?」
「좋은 생각이오. 하지만 우리가 예전처럼 살게 된다면 아무리 많은 희생이 따르더라도 성을 탈환해야 할 것이지만 우리 목표는 왜군을 조선에서 몰아내는 것이오. 한 순간의 승리가 아니라 지속적인 승리를 거두는 것이오.」
「사또께서도 같은 생각이십니까?」
정선달의 질문에 서예원 부사가 대답했다.
「일단 적을 끈질기게 괴롭히는 것이 좋을 것 같소. 마침 왜군이 20여 명씩 나뉘어 움직인다고 하니 이들을 기습하고, 성 밖으로 나오는 왜적을 없애버리세. 그러면 왜군은 성내에 갇혀 있게 될 테고, 이들을 서서히 말려 죽이는 격이 될 것이오. 적을 교란하고, 분열시킨 후 공격하라는 병법대로 해보세.」
「당장에 달려가 적을 요절내고 싶을 뿐입니다. 하지만 말씀을 듣고 보니 사또의 판단이 옳으십니다.」
「이제부터 훈련에 더욱 매진해야 하오. 적은 칼싸움에 능하니 기습과 활로써 적을 대해야 할 것이오. 적들이 20명 단위로 움직인다니 우리는 40명 단위로 움직이는 것이 좋겠군. 각 부대는 적의 동태를 살핀 후 기습하기 좋은 시기에 일시에 적을 섬멸하도록 하세.」

*****

이후 서예원은 부장 이하 각 부대장, 훈련이 잘 된 정병*을 모아 적이 자주 다니는 고갯길로 향했다. 창녕에서 김해성으로 가기 위해 넘어야 하는 고갯마루 바로 아래에서 길 양편에 군사를 배치했다. 땅거미가 지기 시작할 무렵 왜군 20여명이 나타났다. 이들은 고갯마루로 향했다. 드디어 포위망 안으로 들어왔다. 이들을 기다리고 있던 부사가 먼저 활을 당겼다. 왜군 부대장으로 보이는 자가 화살을 맞고 고꾸라졌다. 이를 신호로 길 양편의 조선관군의 시위가 당겨졌다. 일시에 10여명의 왜군이 화살을 맞고 쓰러졌다. 화살을 피한 왜군은 양손에 들고 있던 물건을 내팽개치며 칼을 빼어들고 한쪽으로 모였다. 두 번째 화살이 이들을 향해 집중적으로 날아갔다. 왜군의 절반이 또다시 화살을 맞고 쓰러졌다. 이 때 부사가 병사 5명을 거느리고 고갯마루 위에서 적군을 향해 아래쪽으로 천천히 내려왔다. 적군이 칼을 들고 부사에게 달려들자 준비해 놓은 화살을 쏘았다. 이제 두 명의 왜군만 남았다. 부사와 병사들도 칼과 창을 들고 이들을 향했다. 왜군 한 명이 부사에게 칼을 휘둘렀다. 부사의 칼이 달려든 적군의 목을 향했고, 동시에 목이 땅에 떨어졌다. 마지막 남은 왜군이 부사의 힘과 칼솜씨에 당황한 듯 했다. 그는 주춤하면서 뒤로 물러섰다. 뒤에는 이미 매복 중이던 김해관군이 창을 겨누고 기다리고 있었다. 왜군이 앞에 있는 부사와 자신을 둘러싸고 있는 조선군을 번갈아 보고 있는 사이 조선군의 창이 일본군의 몸을 관통했다. 완벽한 승리다. 부사는 이 상황에서도 냉정했다. 아직 살아 있는 일본군의

* 조선시대 군대의 근간을 담당한 일반 양인 및 농민 출신의 병사

수급을 벴다. 이들은 20두의 왜군 수급을 한데 모으고 시신을 치운 후 한 곳에 모였다. 승리의 환호성을 질렀다. 30여명의 김해관군은 서로 얼싸 안으며 환호성을 질렀다. 주변은 이미 짙은 어둠이 깔렸다.

자신이 있으시군요. 따르겠습니다.

3장

진주판관 성수경

진주성. 남쪽 바위 절벽 아래 남강이 흐르고 남강 건너에는 드넓은 평원에 정돈된 논과 밭이 이어져 있다. 서쪽은 깎아 지르는 절벽 아래 좁은 협곡이다. 협곡을 넘어 높은 산이 솟아있고, 절벽 위로 성벽이 우뚝 서 있다. 북쪽으로는 넓은 습지가 펼쳐져있다. 동쪽은 넓지 않은 평야에 절벽처럼 성벽이 높이 서 있고, 그 앞에 넓고 깊은 해자*가 건설되어있다. 자연지형조건의 성벽은 그 누구도 넘볼 수 없는 천혜의 요새다.

성수경* 부장은 전투 훈련에 여념이 없다. 일본군이 부산진성과 동래성 등 부산일대를 장악하고, 북상하면서 진해성과 밀양성, 경주성 등 경상우도 지방을 유린하고 있다는 소식을 전해 듣고 있었다. 진주판관 김시민*은 연이은 비보를 듣고서도 오히려 전투의지는 더 충천하며 군사훈련에 박차를 가하고 있다. 성부장은 김판관의 지시사항을 꼼꼼히 챙

* 적의 침입을 막기 위해 성벽 주위를 파고 물을 채워 놓은 곳.

* 성수경(成守慶, 미상~1593)은 조선중기의 문신. 1592년 진주판관 김시민이 진주목사로 승진되면서 진주판관이 되었다. 그해 10월 제1차 진주성싸움에서 김시민과 함께 3800여 명의 병력으로 3만여 명의 일본군을 5일 동안 10차례의 전투에서 모두 승리했다. 이듬해 6월 9만 3천 명의 일본군이 재차 진주성을 침공하자, 창의사 김천일(金千鎰), 경상우병사 최경회(崔慶會), 충청병사 황진(黃進), 진주목사 서예원(徐禮元) 등이 이끄는 5800명의 관군 및 의병과 함께 9일 동안 25회의 전투를 치른 끝에 전사했다.

* 김시민(金時敏, 1554~1592)은 1578년 25세 때 무과에 급제하여 훈련원 판관(判官)을 제수받았고, 1583년 여진족 니탕개(尼湯介)난 때 황해도 순찰사 정언신의 지휘 하에서 공을 세웠다. 1591년 진주판관으로 천거되고 이듬해 임진왜란이 일어난 후 진주목사 이경(李璥)이 사망하자 진주목사로 임명되었다. 10월에 일본군이 3만 여명의 병력으로 진주성을 공격해오자, 당시 진주성을 지키고 있던 3,800여 명의 군대를 이끌고 5일 동안 10회의 전투에 참가하여 모두 승리했다(제1차 진주성 전투/진주대첩). 전투 마지막 날 적병이 쏜 탄환을 맞아 수일동안 사경을 헤매다 별세했다.

졌다. 진주목 관아 창고에는 병사뿐만 아니라 백성들까지 일 년 이상 먹을 양곡이 준비되어 있고, 1년 전부터 성을 쌓고 수리를 했으며, 성 외곽의 해자를 깊게 파는 작업을 마쳤다. 병사들은 활과 창, 칼을 갈고 닦으며 화포와 화약도 착실히 준비했다. 훈련 역시 실전을 방불케 할 만큼 강도를 높였다. 김판관이 멀리서 훈련 중인 성부장을 불렀다.

「나리. 부르셨습니까?」

「나와 함께 영감마님을 뵈러 가세.」

「영감마님이라 말씀하시면 목사님 말씀이십니까?」

「영감마님이 이 진주에 또 계시던가?」

「지난 번처럼 한양에서 다른 분이 또 행차하신 것은 아닌가 해서 말입니다.」

「신립*장군께서 오셨을 때 지적을 많이 당해 걱정이 되는 모양이로군.」

「절대 그렇지 않습니다. 신립장군께서 많은 가르침을 주신 덕택에 진주관군이 훨씬 강해졌습니다. 또 오시면 마음을 단단히 먹기는 해야겠죠.」

「긴장을 늦추지 않고 있군. 잘 하고 있네.」

「나리. 듣자하니 부산진과 동래, 밀양도 왜적의 손에 넘어갔다는데 사실입니까?」

「사실이네. 곳곳에서 파발이 도착하고 있네. 우리 군이 왜적에게 많이 밀리고 있는 모양이네.」

「왜적의 전투력이 대단하다고 들었습니다.」

「그러니 우리가 준비를 더 굳건히 해 두어야 할 것 같네.」

「저도 그렇게 생각합니다. 그런데 일부 병사들도 왜적의 전투력이 무

* 신립(申砬, 1546~1592)은 22세 때 무과에 급제한 뒤 선전관 · 도총관 · 우방어사 · 함경도 남병사 등을 역임하면서 여진족을 물리쳤다. 임진왜란이 일어나자 선조인금으로부터 삼도순변사로 임명되어 조선 전체의 병권을 하사받았다. 조선 중앙군을 이끌고 충주에서 진을 치고 기병 중심의 전술로 일본군을 맞아 싸우다 전사했다.

척 강하다고 수군거립니다.」

「겁부터 먹은 것인가? 자네까지 부화뇌동하면 안 되네.」

「나리. 저는 당장이라도 목숨을 내어놓을 준비가 되어 있습니다. 명령만 내리신다면 병사를 이끌고 적의 중심부를 휘저어놓고 오겠습니다.」

「바로 그것이네. 그런 마음으로 병사를 조련하게. 군대는 사기가 우선이네. 언제든 적을 박살내겠다는 의지가 있어야 하네.」

「예, 알겠습니다. 나리 우리는 언제 출동합니까?」

「만반의 준비를 갖추어놓게. 내가 영감마님께 적을 퇴치하러 출동하겠다고 진언 드리겠네.」

「그럼 영감마님께서 우리에게 출동하라고 부르시는 것입니까?」

「글쎄. 그것은 아닐 것 같네. 영감마님께서는 연세가 있으셔서 소극적이시네. 진주관군은 진주를 지켜야 한다고 하셨다네.」

「그렇군요. 그러면 혹시 피할 생각을 하시는 건 아닐까요?」

「그러게 말이야. 난리를 피해 일단 산으로 가자고 하실 것 같다는 생각이 드는군. 영감마님의 건강이 부쩍 나빠지셨으니 말일세.」

「영감마님의 건강이 걱정입니다. 예전에는 매사에 적극적이시더니 요즘 들어 부쩍 약해지시는 것 같습니다.」

「영감마님께서 군비와 병사훈련에 매사 적극적으로 준비하라고 하셔서 진주군이 지금과 같은 강군이 되어 있지 않은가. 화포 준비도 그렇고 기마병 양성도 영감마님의 지시가 아니었다면 이렇게 짧은 시간에 준비가 될 수 없었을 것이네.」

「혹시라도 영감마님께서 성을 두고 산으로 대피하자고 하시면 어떻게 하시겠습니까?」

「극구 만류해야겠지. 진주성은 아무리 많은 적이 오더라도 물리칠 준비가 되어 있다고. 진주성을 버리고 대피를 하면 병사와 백성의 사기가

진주성 동문 촉석루

떨어져 전세를 회복하기 쉽지 않다고 말일세.」

「예, 알겠습니다. 영감마님께서 피난을 가시겠다고 하면 제가 남아 성을 지키겠습니다.」

「허허. 내가 할 말을 자네가 먼저 하는군. 내가 남아야지. 내가 남아 적을 쳐부셔야 군과 백성의 사기가 오르지 않겠나? 자네가 영감마님을 모시게. 나는 이곳을 지킬테니.」

「알겠습니다.」

*****

김시민 판관과 성수경 부장은 진주목사 이경*을 만나 대화를 나눈 후 병영으로 향했다. 병영에 도달할 때까지 둘은 묵묵히 걷기만 했다. 도착해서도 판관과 부장은 한 동안 아무 말 없이 자리에 함께 앉아 있었다.

* 이경(李璥, 미상~1592)은 진주목사로서 임진왜란이 일어나자 백성을 이끌고 지리산으로 들어가서 노환으로 별세했다.

「나리. 전투상황이 이렇게 심각할 줄은 전혀 몰랐습니다.」

「그러게 말일세. 부산진과 동래, 밀양이 왜적에게 넘어간 것은 그럴 수 있다고 생각하네. 하지만 신립장군의 중앙군마저 무너졌다니 도저히 믿을 수 없군.」

「일단 안전한 곳으로 피해 후일을 도모하자는 영감마님의 말씀도 일리가 있습니다.」

「이제는 자네마저 마음이 약해진 모양일세 그려.」

「나리. 약해지다니요. 아닙니다. 나리께서 명령을 내리신다면 당장 달려가서 적을 요절내고 오겠습니다.」

「그럼, 자네가 조금 전에 한 말은 무슨 뜻인가?」

「영감님께서 백성의 목숨을 소중히 여기신다는 것, 그리고 왜적이 강하니 전쟁 상황을 살피면서 우리의 전략을 세워야 한다는 것은 일리가 있다고 생각합니다.」

「그렇다고 진주성을 비우고 영감마님과 우리까지 지리산으로 가면 어떻게 되겠나?」

「성을 비워서는 안 됩니다. 우선 영감마님을 포함하여 아녀자와 노약자를 지리산으로 피신하게 하면 어떨까요? 나리와 제가 호위하고 다시 돌아오면 되지 않겠습니까?」

「그렇군. 좋은 생각이야. 영감마님의 명령을 따르면서 진주성에는 병력을 그대로 두자는 말이군.」

「현재 병사들은 나리께 더 의존하고 있습니다. 백성들도 마찬가지구요.」

「그런 말은 함부로 하지 말게. 우린 영감마님의 명령을 따라야 한다네.」

「명심하겠습니다.」

「좋아. 하지만 크게 보면 영감마님보다 전하의 안위가 우선이고, 진주 백성보다는 전체 조선백성이 우선이지. 자네의 말대로 영감마님의 뜻도 따르면서 진주성도 지키세.」

「그런데 나리. 왜적은 어떻게 그렇게 강할 수 있을까요?」

「나는 두 가지 이유가 있다고 생각하네. 왜적은 개개인의 훈련이 잘 되어 있는 것 같네. 모두가 칼을 잘 쓰고, 용감하다고 하더군. 전투경험이 많다는 증거지. 왜적은 최근까지 국내 통일을 위해 내부에서 수많은 전투를 벌였다고 하더군. 두 번째로는 지휘관 역시 많은 전투경험으로 전략이 뛰어나다는 것이네. 지금까지 몇 번의 전투가 있을 때마다 저들은 다른 전법으로 우리 군의 약점을 파고들었지. 셋째로 새로운 무기를 가지고 있다는 것이야. 왜적의 선봉에는 늘 총을 든 병사들이 등장하고 있네. 저들의 총은 우리의 활보다 더 파괴력이 있다는 것이네.」

「적의 약점은 없습니까?」

「약점이 없는 군대가 어디 있겠나. 아직 우리가 발견하지 못했을 뿐이지. 전투가 길어지면 약점이 발견되겠지.」

「나리께서는 그들의 약점을 이미 간파하고 계신 것 같습니다.」

「싸워보지도 않았는데 어떻게 알겠는가? 다각적으로 분석 중이네.」

「역시 생각이 깊으십니다. 무엇이든 제게 전수해주시기 바랍니다. 그래야 저도 나리의 뜻에 따라 대비하지 않겠습니까.」

「적의 세력이 강하고 우리 병사는 전투경험이 없으니 직접 대결하면 우리가 불리할걸세. 하지만 시간이 지나면 적의 전선이 넓어져 힘이 분산될 것이야. 적도 모든 전선에서 집중력을 발휘하기 어려울 것일세.」

「알기 쉽게 설명해주십시오.」

「옳지. 부산에서 평양까지 왜적이 올라갔다고 치세. 그러면 일단 평양까지 보급로를 확보해야 전투를 치를 수 있지 않은가? 그 먼 길의 안전을 확보하면서 무기와 병량을 나르기는 쉽지 않을 것일세. 그러면 어디에서든 우리가 기습을 가할 수 있지 않겠나.」

「병서에 다 나와 있는 것 아닙니까?」

「당연한 말이네. 우리가 병서대로 준비하였다면 지금처럼 적에게 당하지 않았을 거네.」

「그렇다면 기다려보자는 말씀이신데. 영감마님의 의견과 일치하는 것 아닙니까?」

「그렇기도 하고 아니기도 하지.」

「어떤 점이 다른지요?」

「목사영감께서는 일단 산으로 들어가 백성의 안녕을 도모하자는 말씀이시고, 나는 영감마님의 말씀을 따르자는 뜻이네. 지금은 우리의 출정을 조금 늦추자는 뜻도 있네.」

「적의 세력이 약해지면 배후를 치자는 말씀입니까?」

「그렇지. 바로 그것이야.」

「하지만 배후를 치는 것은 나리의 평소 말씀과 다릅니다.」

「그래. 하지만 어쩌겠나. 영감마님의 뜻을 거스를 수 없으니 타협을 하는 수밖에. 영감마님의 말씀대로 조금 늦추는 것이 오히려 더 효과적일 수 있다는 생각도 드네. 적의 기세가 조금이라도 누그러지기를 기다렸다가 적의 배후를 공격하기로 하세.」

*****

진주관군의 일부가 백성과 함께 지리산에 도착한 후 한 달도 지나지 않아 진주목사 이경은 노환으로 별세했다. 목사는 죽음에 앞서 김시민 판관에게 목사직을 대행할 것을 지시했다. 김시민은 이경의 장례를 치른 후 병사를 이끌고 진주성으로 돌아왔다. 김시민은 지리산으로 향하기 전에 이인갑 선달에게 진주성 수비를, 최풍헌 선달에게는 일본군의 동태를 살피라고 지시했었다. 진주관군의 전투태세는 그대로 유지되고 있었다. 김시민 목사대행이 진주성에 돌아오자 진주성은 활기를 되찾았다. 김목사는 떠돌던 패잔병을 적극 영입하여 부대원 수를 늘리는 동시에 피난민 역시 적극적으로 성안으로 들였다. 일주일 후 김목사는 판관대행으로 승진한 성수경을 비롯한 각급 부대장을 소집했다.

「지금까지 수고가 많았소. 이제 우리는 출정할 것이오.」

이 때 모여 있던 부대장들의 환호가 쏟아졌다.

「알겠소. 여러분들이 얼마나 절치부심하며 칼을 갈며 때를 기다렸는지. 최풍헌 선달은 그 동안의 전황에 대해 말해보라.」

「부산진성과 동래성 전투 이후, 왜적의 후속부대들이 연이어 부산진에 상륙해 3갈래로 나뉘어 북상하고 있습니다. 한 부대는 부산에서 밀양을 거쳐 낙동강을 끼고 북상하고 있고, 다른 부대는 언양과 김해, 경주를 거쳐 경상도 동쪽으로, 또 다른 부대는 김해를 거쳐 북상하고 있습니다. 점령한 지역은 후방 부대가 담당하고 선봉부대는 계속 북상 중입니다.」

「조정에서는 어떻게 대처하고 있다는 건가?」

「일본군 선봉부대를 물리치기 위해 제승방략*에 의거하여 경상도지역 지방수령들과 휘하의 병력을 대구로 집결시키고, 충청도지역의 병력을 충주로 집결시켰습니다. 그러나 이일*장군이 이끄는 경상도 관군은 상주

* 제승방략(制勝方略)은 유사시에 각 읍의 수령들이 소속 군사를 이끌고 자기지역을 떠나 지정된 방위 지역으로 집결하여 서울에서 파견된 장수나 해당 도의 병 · 수사의 지휘를 받는 군사전략. 조선 초기 김종서(金宗瑞)가 수립한 방어체제로서 임진왜란 시에 이일이 수정 보완하였음.

* 이일(李鎰, 1538~1601)은 1558년(명종 13년) 무과에 급제, 1583년 경원부사로 재직 중 여진족 니탕개(尼湯介)가 경원(慶源)과 종성(鐘城)에 침입하자 격퇴하였고, 1586년 회령부사로 재직 중 니탕개가 재차 회령(會寧)에 침공하자 본거지를 소탕하는 등 공을 세웠다. 1592년 임진왜란이 일어나자 제승방략을 가동하여 경상도 병력을 대구로 모이게 하여 상주에서 일본군과 싸웠으나 패배하였다. 다음해 평안도병마절도사를 맡아 명나라 군대와 평양을 수복하였다.

충주전투(탄금대전투)

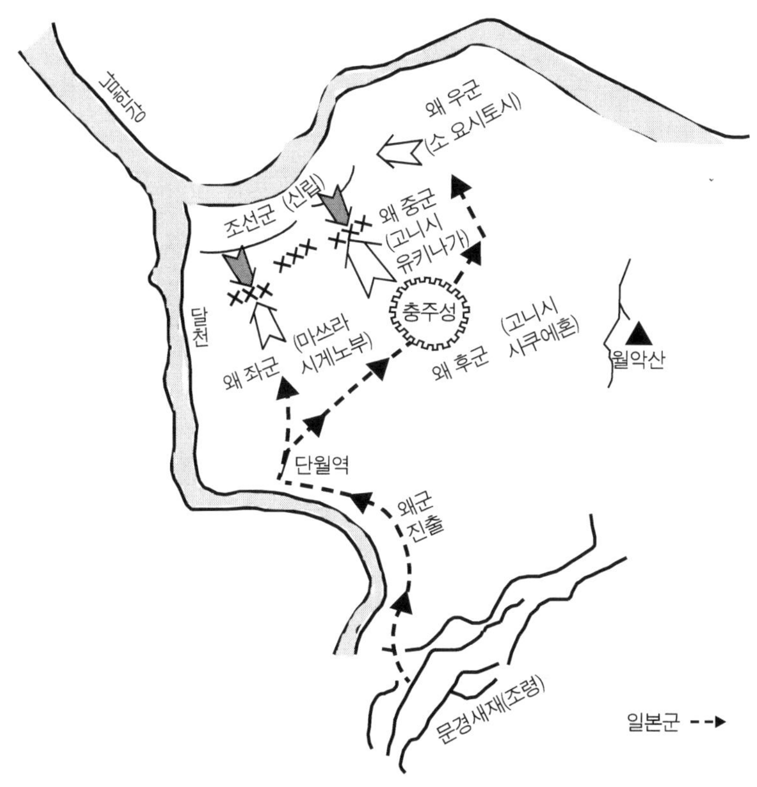

에서 패배했고, 신립장군도 충주 탄금대에서 패배했습니다. 특히 신립장군은 8,000기의 조선 중앙군 기마병을 선두로 하고, 1만 2,000명의 보병은 기병 뒤로 배치하여 공격을 감행했지만 조총으로 무장한 적을 격파하는데 실패했습니다. 왜적의 선봉부대도 많은 사상자를 냈지만, 적은 선봉부대를 바꾸어 가며 한양으로 북상 중입니다.」

「신립장군은 조선 최고의 명장이 아니신가? 그럼에도 불구하고 적에게 당했단 말인가?」

「예, 그렇습니다. 조선의 중앙군이 왜적에게 큰 타격을 주기는 했지만 결국은 적의 전술과 전략, 개인 전투력이 우리보다 앞섰다고 합니다.」

「그러면 후방부대의 전투력은 어떠한가?」

「아직은 잘 모르겠습니다. 하지만 곽재우 선비와 함안 군수 유숭인이 군사를 이끌고 왜군을 기습하여 성공했다고 합니다. 또한 왜군의 발이 닫지 않은 경상도 지역에 있는 전 · 현직 지방관들이 군사를 모으고 있다고 합니다. 곧 경상도 곳곳에서 많은 전투가 벌어질 것 같습니다.」

「그렇군. 이미 전투를 하고 있는 부대도 있군. 이제 우리 진주관군도 움직일 때가 되었어.」

김목사와 최선달의 대화를 듣던 성수경 판관이 목사에게 질문했다.

「나리. 첫 출정은 어디로 생각하고 계십니까?」

「첫 출정은 우리가 이길 수 있는 곳으로 가야지. 판관은 이곳 진주에서 가장 가까이 진출한 왜적이 어느 곳에 있는지 아는가?」

「예, 창원까지 왔다고 들었습니다.」

「최선달은 아는가?」

「예, 나리. 사천까지 도달한 것으로 알고 있습니다.」

「지피지기(知彼知己)면 백전불태(百戰不殆)일세. 그럼 사천에 있는 적이 몇이나 되나?」

「약 200명 정도 됩니다. 읍성을 공격할 때 적은 최소 200명이 동원되는 것 같습니다.」

「그럼 우리는 얼마나 동원하면 되겠나?」

정영식 부장이 대답했다.

「예, 나리. 보병은 1,000명을 동원하셔야 할 것이고 기병이라면 300명이면 족할 것 같습니다.」

「자네라면 보병과 기병 중 어느쪽을 동원하겠는가?」

「당연히 기병이지요. 사천은 이곳에서 꽤 먼 곳입니다. 보병을 사천까지 이동시키려면 하루가 넘게 걸립니다. 하지만 기병이라면 반나절이면

족합니다. 또한 보병은 적에게 노출될 위험이 있어 적을 압도할 수 있는 병력이 필요합니다. 그러나 기병은 이동 속도가 빠르니 적이 알아차리기 전에 기습이 가능할 것입니다. 따라서 병력이 크게 필요하지 않습니다.」

「그렇지. 전투는 이길 준비를 확실히 하는 것이 중요하다. 내일 사천으로 기병을 이끌고 출발한다. 기병은 400기를 준비하라.」

성수경 판관이 목사의 질문을 확인했다.

「정부장은 기병 300기를 말했는데 나리께서는 400기를 준비하라고 하셨습니다. 이유를 알고 싶습니다.」

「사천에 가는 길에 곤양군수 이광악*을 만날 것이네. 이군수가 기병 100명을 이끌고 함께 가기로 했네. 그렇게 되면 기병이 500이네. 첫 전투이니 만반의 준비를 하는 것이 좋지 않겠나? 또한 더 많은 병사들에게 실전경험을 쌓게 할 수 있고.」

「알겠습니다. 나리께서는 이미 모든 준비를 마치셨군요.」

「우리는 내일 사천으로 간다. 판관과 예하 장수들은 먼동이 트기 전까지 기병을 이끌고 훈련장으로 모여라. 오늘 저녁은 기병을 푹 쉬게 하라.」

*****

다음 날. 진주 기병 400기는 곤양 부근에서 이광악 곤양군수가 이끄는 100여명의 곤양 기병과 합류했다. 진주와 곤양 합동부대 500여기는 바

* 이광악(李光岳, 1557~1608)은 1584년 무과에 급제, 선전관(宣傳官)을 거쳐 1592년 곤양군수(昆陽郡守)가 되었다. 같은 해 임진왜란이 일어나자 100여명의 병사를 이끌고 진주목사 김시민과 합세하여 일본군과 각종 전투를 치렀다. 같은 해 6월 일본군이 3만 명의 병력으로 진주성을 공격하자 김시민의 좌익장(左翼將)이 되어 5일 동안 10회의 전투에서 모두 승리했다. 진주대첩이 끝난 후 김시민 목사가 적탄에 맞아 쓰러지자 관군을 지휘하였다. 1594년 곽재우의 부장으로 동래전투에 종군하였으며, 1598년 전라도병마절도사로서 명나라 군대와 합세하여 금산 · 함양 등지에서 왜군을 무찌른 바 있다.

로 사천성으로 향했다.

사천에 당도하기 전에 척후병이 소식을 전해왔다. 사천에서 10여 리 떨어져 있는 십수교 밑에서 200여 명의 일본군이 야영을 하고 있으며, 사천에도 200명 정도의 적군이 동헌을 점령하고 있다고 했다.

김시민 목사는 성수경 판관에게 200기를 대동시키고 하천 좌측으로, 이광악 군수에게 200기를 이끌게 하여 우측으로 보냈다. 그리고 본진은 야영 중인 적군에게 숨 죽이며 접근해 갔다. 일본군은 저녁식사 준비를 하고 있었다. 목사는 기수에게 신호를 보냈다. 기수가 적색 깃발을 들었다. 본대에서 적색 깃발을 본 판관은 신호를 보내 붉은 깃발을 들게 했다. 멀리 이군수가 이끄는 우군에서도 붉은 깃발이 올랐다. 좌우측 부대의 깃발이 오르자 본대의 깃발이 위아래로 흔들렸다. 출동신호가 내려졌다. 판관도 기수에게 같은 신호를 내리라고 명령했다. 판관을 선두로 좌군의 기병이 하천에 야영중인 적군을 향해 내달렸다.

동시에 본진의 기병과 우측에 포진된 기병들도 일본군 야영지로 내달렸다. 적은 처음 당한 기습에 당황했다. 그러나 일본군은 곧바로 무기를 둔 곳으로 내달렸다. 진주 기병들 역시 그 동안 훈련한 보람이 있었다. 진주 기병들은 왜적을 짓밟았다. 칼을 휘두르며 대항하는 일본군도 몇 명 있었지만 상대가 되지 못했다. 사방으로 도망가던 왜군도 있었지만 대부분 기병에 쫓기다 죽었고, 단 세 명만이 무릎을 꿇고 땅바닥에 머리를 조아리고 있었다.

완벽한 승리다. 진주 기병은 단 세 명만이 가벼운 부상을 입었다. 목사는 일본군 사체를 한 곳에 모으도록 했다. 모두 인근 야산에 구덩이를 파고 묻어주었다. 그리고 체포된 왜군을 한 곳으로 모아 놓고 한자를 써서 보여주며 글을 읽을 줄 아는지 물었다. 세 명의 포로 중 한 명이 한자를 읽을 줄 알았다. 목사는 그에게 【晋州牧使(진주목사)】의 글을 써서 주고는 풀어주었다. 풀려난 일본군은 연신 고개를 조아리며 멀리 도망갔다.

500기의 진주 및 곤양 기병은 곧 바로 사천성이 멀리 보이는 야산으로 향했다. 목사는 부대를 100명 단위로 나누어 작전을 하달했다. 각 부대는 자신의 역할을 숙지했다. 100명의 병사들은 말을 한 곳에 묶어 두고 10명 단위로 나뉘어 어둠이 깔린 사천성으로 향했다. 다른 부대는 동이 틀 때까지 야산에서 기다렸다. 판관은 각 부대에게 지시를 하달했다. 기병들은 모두 말에 올라 출동태세를 갖추었다.

동이 틀 무렵 성문 누각에서 큰 불이 치솟았다. 김시민 목사는 신호를 보자 돌격 명령을 내렸다. 성수경 판관을 필두로 사천성을 향해 돌진했다. 성문은 활짝 열려 있었다. 기병들은 바로 동헌으로 내달렸다. 동헌 문도 활짝 열려 있었다. 동헌으로 한걸음에 달려가자 일본군들이 칼을 들고 뛰어 나왔다. 일본군은 조선 기병의 상대가 되지 못했다. 이번에는 10여 명의 포로를 붙잡았다. 이번에도 목사는 한자를 읽을 줄 아는 일본군에게 【晋州牧使(진주목사)】라고 쓰인 종이를 쥐어주고는 방면했다. 그리고 목사는 장수들을 이끌고 사천 동헌으로 들어갔다.

「모두 수고 많았소. 두 번의 전투 모두 우리가 승리를 거두었소. 완벽한 승리에 나도 깜짝 놀랐소. 각자 느낀 점을 말하여 다음 전투에 참고로 삼읍시다.」

곤양군수 이광악이 나섰다.

「나리의 명성은 이미 들었지만 이렇게 완벽한 승리를 이끄시니 더 할 말이 없습니다. 오늘부터 저는 진주군에 합류하겠습니다. 나리께서 받아주시길 청합니다.」

「받아주다니요. 함께 하였기에 이렇게 값진 결과를 거둔 것이지요. 고맙소. 이군수.」

성수경 판관이 한 걸음 나서며 말을 건냈다.

「나리께 질문이 있습니다. 십수교에서도 그렇고 사천성에서도 포로로 잡은 왜적을 놓아주신 이유를 알고 싶습니다. 게다가 우리가 누구라는 것까지 대놓고 알려주신 이유가 궁금합니다.」

「우리의 존재를 알리려는 것이네. 우리는 너희와 대적할 군대가 있다. 도전하면 받아줄 테니 언제든 오라는 뜻이지.」

「그러면 왜적의 대군이 몰려오지 않겠습니까? 나리께서는 일단 기습전으로 적을 공격하겠다고 하시지 않으셨습니까?」

「그때는 목사님께서 군대를 자유롭게 이동하지 못하게 하셨을 때고. 이제는 상황이 바뀌지 않았나? 저들에게 글을 써 주었다고 해서 바로 대병력을 거느리고 오지는 않을 것일세. 앞으로도 적에게 우리의 존재를 알려줄 참이네.」

「나리께서는 자신이 있으시군요. 저희는 나리를 따르겠습니다.」

*****

김시민 목사는 진주로 돌아왔다. 진주성을 지키고 있던 이일갑 선달이 사천성전투를 이미 전해들은 듯 10리 밖까지 나와 맞이했다. 이선달은 목사에게 한양성에서 초유사* 김성일*이 진주성으로 내려오다가 진주 관군과 주민들이 지리산으로 대피했다는 소식을 듣고 지리산으로 갔다고 했

* 초유사(招諭使)는 민란이 발생할 때, 사태 수습을 위해 중앙에서 파견한 임시 벼슬.
* 김성일(金誠一, 1538~1593)은 1590년 통신사 부사로 일본에 갔다가 돌아와 조정에 상소를 올릴 때 황윤길은 '반드시 왜군의 침입이 있을 것'이라고 보고하였으나, 그는 민심이 흉흉할 것을 우려하여 '그렇지 않다'고 하였다. 이 보고 때문에 임진왜란을 불러온 장본인으로 각인되어 1592년 임진왜란이 발발하자 파직되었다. 그러나 류성룡의 변호로 경상우도 초유사(招諭使)로 임명된 후 군대를 규합하여 일본군에 대항하다가 1593년 병으로 세상을 떠났다.

다. 이를 들은 목사는 판관과 함께 바로 지리산으로 향했다. 지리산 피난처에 도착하자 초유사 김성일이 김목사와 성판관을 반갑게 맞아 주었다.

「대감마님. 인사드립니다. 김시민입니다.」

「안녕하십니까? 대감마님. 부장을 맡고 있는 성수경입니다.」

「이리 드시오. 김판관. 자네의 명성은 잘 알고 있네. 자네가 여기 있으니 얼마나 든든한지. 참, 듣자하니 병력을 이끌고 사천에 다녀오는 중이라고?」

「예, 왜적에게 경고도 하고, 장졸들의 능력도 시험해 볼까하여 사천성을 공략하고 돌아오는 중입니다.」

「그래, 전과는 올렸는가?」

「예, 대감마님. 한 400여명의 왜적의 목을 베고 오는 길입니다.」

「뭐라고? 400명? 정말인가? 어떻게 그런 전과를 올릴 수 있었는가?」

「훈련한대로, 계획한대로 싸웠을 뿐입니다.」

「장하네, 김판관. 내가 이곳에 오기를 잘 했군.」

「무슨 일로 이곳까지 행차하셨습니까? 대감마님.」

「한양이 왜적의 수중에 들어갔네.」

「예? 그렇게 빨리 말입니까? 그럼 전하께서는 어찌 되셨습니까?」

「신립 장군이 패한 후 전하께서는 일단 평양성으로 몽진을 떠나시는 것 외에 다른 도리가 없었네. 전하께서는 중앙군 8,000기를 모두 신립 장군에게 내주셨지. 한양성에는 수비할 병력이 없을 뿐만 아니라 전하를 모실 호위군사도 없는 형편일세. 한양성을 적에게 내줄 수밖에 없는 형편이었네. 지금 전하께서는 평양성으로 향하시는 중이네. 도원수 김명원이 임진강 방어선을 구축하고 있네만 오래 가지는 못할 것이네. 전하께서는 이 전쟁을 대비하지 못한 책임을 전하 자신의 잘못에서 비롯되었다고 하시면서 백성들에게 모두 일어나 왜적을 물리치라고 독려하는 포고

1592년 6~10월 경상도 지역 전투

조선군 승전지
성주성전투 (정인홍, 김면, 이원춘, 최경회, 임계영)
상주
지례
영천성전투(권응수)
우척현전투(김면)
대구
경주성전투(박진)
성주
경주
사랑암전투(김면, 김시민)
무계전투(정인홍)
현풍성전투(곽재우)
정암진전투(곽재우)
영산성전투(곽재우)
창원전투(유숭인)
부산
진해전투(유숭인)

문을 내리셨네. 그리고 8도에 초유사를 보내 병력을 모아 전투를 준비하라고 하셨다네. 나는 영남 초유사에 임명되어 이곳으로 온 것일세.」

「전하께서는 옥체의 안위보다 백성을 지키겠다는 신념이 더 강하셨군요. 호위할 군사도 남겨두지 않은 채 모두 전투에 보내셨다니 말입니다.」

「그렇다네. 전하께서는 신립 장군에게 명운을 걸었던 것이오.」

「대감마님. 제가 왜적을 물리치겠습니다. 진주관군은 준비되어 있습니다. 조금 전에 말씀드렸듯이 첫 출전으로 왜적 400명의 목을 쳤습니다. 장졸들은 이번 전투를 통해 자신감을 갖게 되었습니다. 」

「든든하오. 전하께 자네의 전공을 장계로 올리겠네. 전하께서 매우 기뻐하실 것일세. 그리고 자네가 진주목사를 맡도록 하게. 지금 바로 임명하는 것일세. 그러니 이제 진주성으로 들어가 후일을 도모토록 하게.」

「예, 대감마님. 분부 받들겠습니다.」

「그 외에 내가 도울 일은 없는가?」

「이것만으로도 제게 큰 도움을 주셨습니다. 진주성은 천혜의 요새입니다. 머지않아 왜적은 대군을 이끌고 진주성으로 몰려올 것입니다. 제가 이들을 격파하겠습니다. 우리 장졸들은 준비되어 있습니다. 그리고 진주 성민들도 우리를 믿고 따르고 있습니다.」

「고맙소. 나는 경상우도의 고을을 돌며 장졸들을 모으겠네. 병력과 병량이 필요하면 이야기 하게. 최선을 다해 도우리다.」

「고맙습니다. 대감마님. 너무 심려하지 마십시오. 진주관군은 이미 모든 준비가 되어 있습니다. 아무리 많은 왜적이 몰려와도 진주관군만으로 충분합니다. 그리고 돌아가신 목사영감께서 모두 채워 놓으셨습니다. 당장 지리산에 있는 군사와 백성을 진주로 이동시키겠습니다. 그리고 결전을 준비하겠습니다.」

「고맙네. 그럼 나는 자네를 믿고 바로 북쪽 고을을 돌겠네.」

*****

김성일 초유사로부터 목사직을 제수받은 김시민 목사는 다음 날 기마부대를 선두로 지리산 피난처를 떠나 진주성으로 향했다. 해질 무렵 병사와 백성들로 이루어진 긴 행렬이 진주성 북문에 이르렀다. 이일갑 선달이 말을 타고 나와 이들을 맞이했다. 그리고 북문 누각을 비롯해 성벽 위에는 미처 피난을 떠나지 못했던 백성들이 손을 흔들고 환호하며 이들을 반겼다.

성을 수리하고 방책을 쌓아
전투 준비부터 합시다.

4장

창의사 김천일

나주성 안을 굽어볼 수 있는 언덕 위에 한 채의 집이 정갈한 자태를 뽐내고 있다. 김천일*의 집이다. 햇볕이 잘 들어 집안 여기저기 매화꽃이 만발하다. 주인으로 보이는 50대 후반의 선비가 꽃을 바라보며 시상을 떠올리고 있는 것 같다. 몸집은 작지만 눈매가 날카로워 강단이 있어 보인다. 한 선비가 대문을 박차고 빠른 걸음으로 매화나무 아래에 있는 주인에게 다가갔다

「형님. 이 난리에도 꽃구경을 하고 계십니까?」

「왔는가? 아우. 이 좋은 봄날 오랫만에 시상이 떠오르는데... 왜 이리 법석인가?」

「올 것이 왔습니다. 왜놈들이 쳐들어왔답니다.」

「아니 뭐라고? 어디서 들었는가? 일단 사랑채로 들어가세.」

「예. 앞장서시지요.」

* 김천일(金千鎰, 1537~1593)은 나주 출신으로 이항(李恒)의 문하생이다. 1573년 천거되어 군기시주부, 용안현감, 강원도 및 경상도 도사, 임실현감, 담양부사, 한성부서윤, 수원부사를 역임했다. 1592년 임진왜란이 일어나 한양성이 함락되었다는 소식을 듣고 고경명(高敬命) · 박광옥(朴光玉) · 최경회(崔慶會) 등에게 글을 보내 창의기병(倡義起兵)할 것을 제의하였고, 나주에서 송제민(宋濟民) · 양산숙(梁山璹) · 박환(朴懽) 등과 함께 의병 300명을 모아 북쪽으로 출병하였다. 같은 해 8월 조정으로부터 창의사(倡義使)라는 군호(軍號)를 받고 장례원판결사(掌禮院判決事)에 임명된 후 각종 전투에서 공을 세웠다. 1593년 제2차 진주성전투에서 병력을 이끌고 전투를 치른 끝에 아들 김상건(金象乾)과 함께 전사했다.

「이쪽이 따뜻하네. 와서 앉게.」

「예. 오는 길에 동헌 앞에서 들었습니다. 말을 타고 왔다는 병사 한 명이 사또께 전한다며 큰 소리로 경상도 해안에 왜군이 쳐들어왔다고 합니다. 이미 부산진성과 동래성이 왜군에게 함락되었고, 왜군의 수가 10만을 넘는다고 합니다.」

「그 자는 어디서 온 누구라고 하던가?」

「어디서 온 누구냐고 물었지만 관아의 이방이 바로 동헌으로 데려가기에 듣지 못했습니다.」

「예상했던 일이라 그리 놀랄 일은 아니네만, 적은 우리가 예상했던 것보다 훨씬 강한 것 같군.」

「예, 선배님. 왜군의 수가 10만을 넘는다면 이겨내기 쉽지 않을 것 같습니다.」

「그러게 말이네. 이곳 감사께 전쟁 준비를 해야 한다고 진언해 왔건만. 걱정일세.」

「예. 따지고 보면 관원에게만 책임을 떠넘길 수는 없지요. 감사와 병마사는 전하의 명을 받아 군사를 모으고 무기도 준비하고자 했습니다. 백성들이 따라주지 않은 것도 문제입니다. 태평성대에 왜 전쟁 준비를 하느냐고 원성이 자자하지 않았습니까?」

「그러게 말일세. 아마 전쟁 준비가 제대로 된 지역이 많지 않을 것일세. 백성의 원성을 듣더라도 전쟁 준비를 제대로 했어야 했는데. 큰일일세. 만일 우리 지역에 적군이 오면 어떻게 그들을 감당할 것인지, 참 암담하군.」

「형님. 이대로 한탄만 하고 있을 수는 없지 않습니까?」

「일단 사람을 모아야 할 것같네. 뜻을 같이 해오던 송제민, 양산룡, 임환, 이광주, 서정후 등과 함께 보다 구체적인 방안을 논의해보세.」

「예, 알겠습니다. 제가 서신을 보내겠습니다.」

*****

뜻을 같이 하는 선비들이 김천일의 집으로 모였다. 이들은 일본군이 조선을 침략할 것이니 전쟁 준비를 하라는 왕명이 하달될 때부터 지방관과 연락을 취하며 병사를 모집해왔다. 김천일과 양산숙을 비롯한 송제민, 양산룡, 임환, 이광주, 서정후 등이 모여 병사를 이끌고 어느 곳으로 진출할 것인지를 논의했다.

「이렇게 한 자리에 모여주시니 참으로 든든합니다. 이제 우리가 어디로 가서 왜적을 쫓을 것인지 기탄없이 의논해봅시다.」

「예, 양산숙입니다. 우리는 나라를 보존하고 전하를 보필하기 위해 이렇게 모였습니다. 전하께서 전국 백성들에게 무기를 들고 적을 내쫓으라는 명령을 하셨다니 한양을 수복하러 가야하지 않겠습니까?」

「저 송제민도 적극 동의합니다. 다만 순서를 조금 바꾸면 어떻겠습니까? 지금 전라감사 이광*이 근왕군*을 모집하고 있으니 우리도 동참하여 더 큰 군세를 만들어 한양으로 올라가는 것이 순서일 것입니다.」

「저 임환도 송제민 학형과 같은 생각입니다. 한양성에 있는 왜적이 수만 명에 달한다고 합니다. 우리 군세로는 어림도 없습니다. 우선 근왕병에 합류하는 것이 좋을 것입니다.」

* 이광(李洸, 1541~1607)은 1574년 별시문과에 병과로 급제하여 함경도관찰사, 전라도관찰사, 호조참판을 역임하다가, 1592년 임진왜란이 일어나자 전라도관찰사로 발탁되었다. 경상도관찰사 김수(金睟), 충청도관찰사 윤선각(尹先覺) 등과 함께 5만명의 근왕군을 모집하여 한양으로 출동 중 용인에서 패배하였다. 이 패전을 이유로 파직되어 투옥 및 유배되었다가 1594년 석방되었다.

* 근왕군(勤王軍)은 임금을 위해 충성을 바치기 위해 자발적으로 조직된 군대.

「양산룡입니다. 두 학형의 말씀이 타당하게 들립니다. 그러나 전라감사를 믿고 따를 것인지는 생각해봐야 할 것 같습니다. 그 동안 수차례 전란에 대비하여 훈련에 임해야 한다고 제언했음에도 불구하고 감사는 우리의 말을 실행에 옮기지 않았습니다. 심지어는 경상도에서 전투가 벌어지고 있을 때에도 군사를 모으지 않았습니다. 한양성이 적의 수중에 들어간 후 거병한다고 하니 신뢰할 수 없습니다. 이감사가 한양성 수복을 위한 전략을 마련해 놓았다고 보기 어렵습니다. 각지에서 군사가 일어나니 떠밀려 근왕군을 모집하는 것으로 보입니다.」

「저 서정후도 한 말씀 올리겠습니다. 저도 양산룡 학형의 생각과 같습니다. 군사 지휘권을 가진 감사와 병마사는 각지에서 전투가 벌어지고 한양성이 위험에 빠져있을 때는 전투에 참여하지 않았습니다. 이제 8도의 병사와 백성들이 들고 일어나니 자신이 계획이나 한 것처럼 앞장서겠다고 합니다. 감사와 병마사의 지휘능력이 의심스럽습니다. 저는 근왕병에 합류하는 것을 반대합니다.」

「저 이광주도 한 말씀 드리겠습니다. 우리가 근왕병에 합류하지 않겠다고 하면 실패할 경우 저들은 우리에게 책임을 전가할지도 모릅니다.」

한동안 침묵이 흘렀다. 결국 김천일이 나섰다.

「참으로 큰일이군. 이렇게 혼란스러울 때야말로 진정한 지도자가 앞에 나서야 할 터인데. 지도력이 없는 자들이 나서니 말일세. 이광주 학형. 생각하고 있는 바를 우리에게 말해줄 수 없겠소?」

「예, 나리. 우리가 근왕병에 참여하지 않겠다고 하면 지금 상황에서 찬물을 끼얹는 격입니다. 감사와 병마사 모두 적극적이지 않다는 것을 알 만한 사람들은 다 아는 사실입니다. 그럼에도 불구하고 각 고을의 양반네들이 속속 근왕병에 참여하고 있습니다. 그들도 고민 끝에 참여하기로 결정했을 것입니다. 이들은 전하와 조선을 지키고자 결정한 것으로 사료

됩니다.」

「그럼, 참여하기로 하자는 것이오?」

「예. 일단 참여하는 것이 순리일 것입니다.」

「저 양산룡이 말씀드리겠습니다. 그래도 우려가 많이 됩니다. 많은 수가 참여하게 되면 근왕병이 힘을 받게 될 것은 분명합니다. 그러나 만에 하나 실패하게 된다면, 이 같이 많은 병력을 다시 모으기는 어려울 것입니다.」

「제 생각도 그렇습니다. 저는 근왕병이 실패할 가능성이 높다고 봅니다.」

「실패할 가능성이 높다? 그럼에도 불구하고 이광주 학형은 참여를 주장하는 것이오?」

「예. 근왕군이 실패하리라고 보는 이유는 이렇습니다. 첫째, 많은 수가 모이겠지만 우리는 훈련이 되지 않았습니다. 전투는 뜻만 갖고 되는 일이 아닙니다. 지금까지 들은 바에 의하면 왜적은 단숨에 우리의 군사를 격파하고 있습니다. 저들은 매우 훈련이 잘 되어 있을 겁니다. 둘째, 근왕병 조직에 문제가 있습니다. 전투는 지휘관의 작전과 조직에 승패가 달려 있습니다. 현재 근왕병을 이끄는 지휘관은 병사를 거느려본 적이 없습니다. 전투경험이 없는 지휘관 휘하에서 조직의 능력이 효과적으로 나올 수는 없습니다. 셋째, 각 부대의 부대장들 역시 근왕병 지도부의 능력을 전적으로 신뢰하지 않고 있을 겁니다. 사소한 문제라도 적절한 대처를 하지 못한다면 문제가 확대되어 근왕군이 쉽게 무너질 겁니다. 전쟁터란 언제 어디에서 문제가 터질지 알 수 없습니다. 근왕군이 오랫동안 유지되기 어려울 겁니다.」

「알겠소. 매우 설득력 있는 분석이오. 그러면 우리가 참여해야 하는 이유는 무엇이오? 이학형.」

「예. 말씀드리겠습니다. 현재의 분위기를 깨서는 안 됩니다. 근왕병은 실패하더라도 만백성이 모여 근왕하였다는 사실 자체가 중요합니다. 한 번 모여 본 사람이 또 모일 수 있습니다. 그리고 실패하면 실패한 경험이 생길 것이고, 더 이상 무능한 지휘관이 나서지 못할 것입니다. 또한 병사들도 무능한 지휘관을 따르지 않을 것입니다. 무너지고 나서야 실제 전투는 시작될 것입니다. 전쟁을 통해서 세상을 바로 보는 눈이 생길 것입니다.」

*****

김천일과 양산숙은 200여 명의 나주 장정과 함께 광주로 향했다. 광주로 향하는 도중에 각 고을에서는 지역유지들이 이들을 후하게 접대하고 병량을 내놓았으며, 자신이 모은 장정과 함께 부대에 합류하는 사람도 있었다. 광주에 도착했을 때는 군세가 출발했을 때보다 두 배가 넘었다. 김천일과 양산숙은 도착한 즉시 전라감사 이광을 만나고자 했다. 이광은 바쁘다는 이유로 미루다 마지못해 3일 뒤에 만남이 성사됐다. 김천일은 이광과 대화를 나눈 즉시 참모진 회의를 소집했다.

「모두 모였군요. 다들 궁금해 하실테니 전라감사와 나눈 이야기를 미리 전해드린 후 우리의 진로를 의논하겠습니다. 양산숙 학형께서 전라감사와 나눈 대화를 정리해 주시오.」

「예. 그렇게 하겠습니다. 정리랄 것도 없습니다. 감사와 그리 오랫동안 대화를 나누지 않았습니다. 감사 측에서 우리에게 요구한 것도 별로 없습니다. 감사의 의도는 가급적 더 많은 근왕군이 모일 때까지 기다리자는 것입니다. 더 많은 군세가 있어야 왜적이 놀라 도망갈 것이라 합니다.」

양산숙의 설명에 이광주가 질문했다.

「물론 병사가 많으면 이길 가능성이 높지요. 그러나 병력이 많다고 해서 항상 전투에서 승리하는 것은 아니지 않습니까? 다른 특별한 전략에 대해서는 어떤 말씀을 하시던가요?」

「특별한 전략이 없었습니다. 병사를 많이 모으는 것이 중요하다는 말이 전부입니다. 현재도 군사가 많이 모였지만 더 많은 병사가 모이길 기다린다고 하더군요. 근왕군이 모인 것은 모두 본인이 있기에 가능했고 전하께서 크게 기뻐하실 일이라고 강조하셨습니다.」

「문제가 심각하네요. 물론 군세가 크면 전투에 유리하겠지요. 전략이 있다고 해도 승리를 장담하지 못할 것인데, 병사 수로 모든 문제가 다 풀린다니…….」

「저 양산룡이 말씀드리겠습니다. 예상했던 문제입니다. 이제 우리는 명분을 채웠으니 우리의 길을 가야 합니다.」

「우리의 길을 간다고 하셨습니까?」

「근왕병에 참여하기 전에 우리의 길은 이미 정해지지 않았습니까? 한양성을 회복하는 것 말입니다.」

「나리께서는 어떻게 생각하십니까?」

「여러분의 생각과 일치합니다. 감사의 말만 믿고 따르기에는 문제가 있습니다. 왜적은 철저하게 준비하여 조선을 침공했습니다. 이러다가는 단합된 군사마저 뿔뿔이 흩어질 수 있습니다.」

「그렇다고 해도 지금 근왕군에서 빠질 수는 없지 않겠습니까?」

「그렇지요. 그래서 고민입니다. 혹시 이광주 학형께서는 좋은 생각이 없습니까?」

「예. 제게 한 가지 생각이 있습니다. 나리께서 감사를 한 번 더 만나서

건의를 해보시는 것이 어떠신지요?」

「허, 참. 만나봐야 별다른 소용이 없을 것인데, 다시 만나라니. 들어나 봅시다.」

「우리가 선봉에 서겠다고 해보시지요. 그리고 우리는 군대를 빼서 한양으로 올라가면서 고경명 부사의 전라도 북부 병사와 합류하면서 군세를 늘리는 것입니다.」

「그렇습니다. 나리. 우리가 선봉에 서겠다고 하면 감사가 거부할 이유가 없습니다. 그렇게 되면 자연스럽게 우리 생각대로 전투를 해나갈 수 있구요. 그리고 한양성으로 가면서 군세를 늘리는 것도 좋은 방책입니다.」

「알겠소. 이미 고경명 부사께서 군대를 모으고 있다는 서찰이 왔습니다. 북부의 군사가 남쪽으로 내려올 필요도 없이 우리와 뜻을 같이 한다면 더 좋은 방법이란 생각이 듭니다. 하여튼 이광주 학형이 우리의 책사이군요. 내일 당장 감사를 만나 우리가 선봉에 서겠다고 전하고 오리다.」

*****

다음 날 김천일 부대는 담양으로 향했다. 김천일은 평소에 친분을 쌓고 있던 담양의 고경명*과 수차례 서신을 주고받았다. 담양으로 향하면

* 고경명(高敬命, 1533~1592)은 전라도 광주 출신으로 1552년 문과에 장원급제한 후 공조좌랑, 영암군수, 동래부사를 지냈다. 1592년 임진왜란이 일어나자 담양에서 6,000여명의 의병을 일으켜 한양성으로 북상하다가 금산성에 주둔하고 있던 일본군이 호남에 침입한다는 말을 듣고 금산성으로 방향을 바꿨다. 이 전투에서 둘째 아들 고인후(高因厚)와 함께 전사했다.

서도 각 고을의 유지 등이 많은 병량과 병사를 끊임없이 협력하였다. 담양에 이르자 출발할 때보다 군세가 세 배로 불어났다. 고경명은 마중 나와 기다리고 있었다. 고경명의 자택에는 뜻을 같이 하는 선비들이 도착해 있었고, 양측은 반갑게 인사를 나누었다.

「먼 길 오시느라 수고 많으셨습니다. 이렇게 김부사를 만나니 감개무량합니다. 군세를 보니 여러분의 우국충정을 바로 느낄 수 있었습니다. 제가 부끄러울 뿐입니다.」

「부끄러우시다니요. 와병중에도 나라를 생각하시는 마음은 그 누구보다도 앞서 계신다는 것을 잘 알고 있습니다. 제가 서신을 보내자마자 병사를 모으시겠다는 답신을 주시지 않으셨습니까? 저의 고민을 고부사님께서는 이미 결정하시고 제게 갈 길을 열어주셨습니다.」

「허, 이런 과찬을 보았나. 김부사께서는 이렇게 이미 병사를 모아 한양으로 달려가고 계시지 않으십니까? 저도 뒤따라 한양성으로 올라가겠습니다. 그나저나 근왕군은 왜 움직이지 않나요?」

「예. 전라감사를 두 번 만났습니다. 근왕군의 작전을 알아야 하위부대의 전투계획을 짤 수 있을 것 같아서 말입니다.」

「김부사 답습니다. 이감사가 무엇이라 하던가요?」

「병사를 더 모으고 있다고 합니다. 그래야 왜군이 군세에 놀라 제풀에 무너질 것이라고요.」

「지금까지 병사가 모자라 밀렸답니까? 더 중요한 것은 지휘관의 전략과 그에 걸맞는 병사의 훈련 상태지요.」

「제 말이 바로 그것입니다. 그렇지만 감사는 군세를 늘리는 것에만 온 정신이 집중되어 있습니다.」

「이런, 큰일입니다. 실패가 눈앞에 보입니다. 초전에 패배라도 하게 되면 조선군 전체의 사기가 크게 떨어질 터인데.」

「정확하십니다. 근왕군은 전략이 부재합니다. 하지만 어쩌겠습니까? 지휘권을 쥐고 있으니 말입니다. 일단 감사가 하자는 대로 따르는 수밖에요. 그리고 어떤 일이 벌어지든 뒷수습을 준비해야겠습니다.」

「그러면 김부사께서는 어떻게 설득하고 군사를 움직이셨습니까?」

「제가 선봉에 서겠다고 했습니다. 바로 한양으로 올라가려고 말입니다.」

「잘 하셨습니다. 전략이 없는 사람의 말을 믿고 따르다가는 위험에 빠질 수 있습니다. 우리만이라도 위기를 잘 극복해야 할 것입니다.」

「예. 그렇습니다. 제가 미리 한양으로 올라가면서 전황을 계속 알려드릴테니 천천히 움직이시기 바랍니다.」

「고맙습니다. 실수없도록 대처하겠습니다. 다른 분들에게도 김부사의 방책을 공유하겠습니다.」

「제가 병사를 모아 길을 떠난 후에는 다른 분들과 서신왕래를 많이 하지 못했는데 고부사께서는 누구와 서신왕래를 하고 계십니까?」

「예, 10여명 됩니다. 현직 지방관들은 지휘계통을 따라야 하니 대부분 전직 지방관을 지내신 분들입니다. 문관도 있고 무관도 있지요.」

「그 분들 중에서 군사를 이끌만한 분은 누가 있습니까?」

「남부의 최경회와 임계영*, 그리고 충청도의 조헌*은 이미 병사를 모았다고 들었습니다. 다른 분들도 병사를 모으고 있다고 합니다.」

* 임계영(任啓英, 1528~1596)은 전라남도 보성 출신으로 1576년 49세에 별시문과에 급제하여 진보현감을 지냈다. 1592년 임진왜란이 일어나자 1,000여 명의 의병을 규합하여 전라좌도의병장이 되었다. 전라우도의병장인 최경회와 함께 거창, 합천, 성주, 개령 등지에서 일본군과 싸웠다. 임진왜란 종료 후 양주목사를 지내다가 1597년 정유재란 때 다시 의병을 일으켜 전쟁터를 옮겨다니던 중 사망했다.

* 조헌(趙憲, 1544~1592)은 김포 출신으로 1567년 식년문과에 병과로 급제한 후 통진현감, 보은현감등을 지냈다. 임진왜란이 일어나자 옥천에서 의병을 규합하여, 영규(靈圭)의 승군(僧軍)과 함께 청주성을 탈환했다. 이후 700명의 병력을 이끌고 영규와 함께 금산성을 공격하다가 전사했다.

「그렇군요. 누가 먼저고, 누가 나중이냐 이군요. 이렇게 모든 백성이 한 마음이니 적도 결국에는 물러날 수밖에 없을 것입니다.」

「그렇지요. 우리가 거세게 몰아붙이면 더 일찍 물러날 수도 있을 겁니다.」

*****

고경명과 작별하고 김천일은 한양성을 향해 북진했다. 김천일 부대는 2,000명이 넘었다. 부대의 지휘관은 전직 문관, 고을의 선비가 중심이고, 병사는 농사를 짓던 농민이 대부분이었다. 한양을 탈환하자는 뜻은 충천했지만, 전투경험은 일천하고 훈련이 부족하여 많은 문제를 안고 있었다. 조직도 허술하여 취침 전에 인원 점검하는 시간도 더디고, 행군 시간도 많이 지체됐다. 그럼에도 불구하고 김천일을 비롯한 지휘부의 노력으로 마침내 과천에 도착했다.

과천에는 500여명의 왜적이 주둔하고 있었다. 이들은 전라도와 충청도 지역에서 밀려오는 조선군에 대비하고 있었다. 이들은 김천일 부대가 북상하고 있음을 알고 있었다. 2,000명이 넘는 부대 이동을 감추기가 쉽지 않았기 때문이다.

왜군은 항상 그렇듯이 교전장소로 평지를 선택했다. 김천일 부대는 항상 경계병을 세워놓고 행군과 취침, 휴식을 취했다. 김천일 부대가 낮은 언덕에서 아침식사 준비를 하고 있었다. 이때 평지를 가로질러 500여명의 왜군이 공격해오자, 김천일은 곧바로 전군에 전투태세를 갖추라고 지시했다. 그러나 왜군의 공격은 전광화석처럼 빨랐다. 적군은 조선군이 수비 태세를 취하기 전에 들이닥쳤다. 김천일 부대도 용감하게 맞대응했다. 그러나 농민군은 일본 정규군의 상대가 되지 못했다. 다만 평소 힘을 쓰는 몇몇 장정들은 왜군을 맞아 몇 합을 겨루다가 칼에 맞아 쓰러지기도 하고 일부는 일본군을 제압하기도 했다. 수적으로 우세한 김천일 부대는 죽음을 각오하고 적군과 대적했다. 겁을 먹고 뒤로 물러서는 부대원은 없었다.

김천일은 언덕 위로 병사를 이끌었다. 그리고 결사대를 조직하여 진을 갖추어 언덕 아래에 있는 왜군에 돌진했다. 위에서 아래로 조선군이 돌진하자 왜군도 당황했다. 싸움은 더욱 격렬해졌고, 다시 언덕 위로 올라가 진용을 갖추어 적군에 돌진하기를 반복했다. 조선군보다는 덜 하지만 왜군의 피해도 늘어나기 시작했다. 한동안 전투가 지속되어 양쪽 모두 지쳐갈 무렵 김천일이 부대원에게 후퇴를 명령했다. 언덕 위의 조선군과 아래의 일본군이 한동안 대치했다. 그리고 정오가 되자 왜군은 사체를 수습하고는 주둔지로 돌아갔다.

김천일은 이 전투로 3분의 1정도의 부대원을 잃었다. 모두 흐느끼며 약식으로 장례를 치렀다. 그리고 가까이에 있는 행산고성이 비어있음을 확인하고 부대원과 함께 산성에 들어갔다. 김천일은 부대원을 쉬게 하고 바로 장수 회의를 열었다.

「패장으로서 무슨 말을 하리오. 미안하다는 말밖에 할 말이 없소.」

「한 번 실수는 병가상사(兵家常事)라고 했습니다. 전투는 이기기도 하고 지기도 하는 것이 아닙니까? 지금 중요한 것은 나리께서 상처를 딛고 일어서는 일입니다.」

「양산숙 선비의 말씀에 전적으로 동의합니다. 지난 일은 잊고 앞날을 기약해야 합니다. 문제는 병사의 사기가 떨어졌다는 것입니다. 왜적의 전투력이 우리가 상상했던 것보다 훨씬 강합니다. 이대로는 적을 이기기 어렵다는 의식이 팽배합니다.」

「송제민 학형의 지적이 옳습니다. 새로운 돌파구가 필요합니다.」

「알겠소. 그렇지만 내 불찰로 너무나 많은 희생을 치렀소. 많은 병사를 잃었습니다. 이 실패에 책임을 지고 물러날 테니 새로운 주장(主將)을 모시는 것은 어떻게 생각하시오.」

「저 박환이 한 말씀드리겠습니다. 나리. 우리가 나주에서 군사를 일으킬 때를 생각하시기 바랍니다. 우리는 고락을 함께 나누기로 하지 않았습니까? 승리도 우리 모두의 것이고, 패배도 우리 모두의 책임입니다. 나리께서 자책하시면 병사들도 자책에 빠집니다.」

「이 상황에서 물러나시면 병사들에게 더 큰 소동이 있어날 것입니다. 나리께서 깃발을 들었으니 끝까지 헤쳐 나가는 모습을 보여야 합니다.」

「그럼 앞으로 어떻게 했으면 좋겠는지 말씀을 해주시오.」

「나리. 우리가 반드시 한양성을 되찾겠다고 전하께 약조를 한 바 있습니다. 이러한 우리의 의지를 적들에게 보여주어야 합니다. 이대로 병사들과 함께 한양성으로 진격하시지요.」

「내 뜻도 그러하나 현실을 직시해야 합니다. 단 한 차례였지만 패배의 상처가 너무도 큽니다. 무엇보다도 이길 수 있다는 확신이 들어야 합니다.」

「옳게 보셨습니다. 나리. 무릇 군대의 사기는 승리로 배가 됩니다. 패배를 딛고 승리하는 모습을 보여야 병사들의 사기가 올라갈 것이고, 사기가 올라야 싸움을 제대로 할 것입니다. 이 산성에서 전열을 가다듬고 작은 전투라도 승리를 맛 본 후에 후일을 도모하는 것이 순서라고 생각합니다.」

「송선비의 말씀이 옳은 듯하지만 남아의 기개가 부족합니다. 저는 처음 뜻한 바대로 한양성으로 쳐 올라가는 것이 저하된 사기를 올리는 길이라 생각합니다.」

「대의명분을 따지자면 박선비의 말씀이 옳습니다. 그러나 현재의 어려운 상황을 우선 감안해야 합니다. 하지만 병사들의 마음을 헤아려야 합니다. 그들의 마음을 읽어야 하겠지요.」

「양선비께서 말씀하시는 병사들의 마음은 무엇입니까?」

「어제 전투가 끝나고 병사들과 많은 이야기를 나누었소. 병사들은 복수를 다짐하면서도 내일을 걱정하고 있었소.」

「병사들이 무엇이라 하던가요?」

「예, 나리. 어제의 패배를 반드시 되돌려주어야 한다는 것에는 모두 한 마음이었습니다. 하지만 병사들은 이구동성으로 "왜적들은 전투력이 강하다. 또 싸우더라도 우리가 질 것이다. 우리의 뜻은 높지만 싸우는 훈련이 되어 있지 않다. 나리께서 병사들을 높은 곳으로 집결시킨 후 적에게 돌진하지 않았다면 모두 왜적의 칼에 희생됐을 것이다"라고 하더군요.」

「병사들이 보는 눈이 맞습니다. 우리는 뜻만 높았지 현실을 직시하지 못했어요. 병사들은 훈련이 되어있지 않았고, 지휘부에도 문제가 있어요. 우리는 글만 읽었지 실제로 전투를 해본 무장이 없어요. 병사를 지휘할 능력이 없는 나 같은 사람이 군대를 지휘했으니 패배할 수밖에.」

「나리. 우리는 왜 실패했는지를 알고 있습니다. 그렇다면 어떻게 하면 성공할 것인지도 알게 될 것입니다. 우리의 이상이 높듯이 현실의 벽도 무너뜨릴 것입니다. 나리께서 우리가 이기는 방법을 찾아주시기 바랍니다.」

*****

김천일은 장수들과 논의 끝에 합의점을 찾았다. 이후 김천일 부대는 용인의 행산고성에서 웅거하면서 훈련에 매진했다. 병사 개인에 대한 훈련뿐만 아니라 집단훈련도 병행했다. 훈련을 거듭할수록 병사들의 사기 또한 높아졌다. 두 달이 넘는 훈련은 병사의 눈매부터가 확연히 달라졌다. 초여름에 나주를 떠났는데, 이제 더위가 한풀 꺾였다.

김천일은 20명 단위로 부대를 편성하여 성 밖으로 순찰을 내보냈다. 순찰조는 철저하게 몸을 숨기고 이동했고, 일본군과 마주치면 일단 피하며 일본군의 동향을 살폈다. 그리고 기회를 보다가 일본군을 공격하여 전과를 올리기 시작했다. 점차 활동반경을 늘려나간 끝에 용인의 금령(金嶺)에서 일본군 15명의 목을 베는 등의 전과를 올리기도 했다. 병사의 사기도 올라갔다. 강한 왜적이 문제가 아니라 조선군의 전투력이 준비가 되지 않았음을 통감했다.

김천일은 전투기록을 상세히 적어 의주에 머물고 있던 임금께 보고했다. 임금은 보고를 받기만 하는 것이 아니라 조선 전체의 전황을 연락병에게 알려주어 각 부대가 어떤 역할을 해야 하는지를 지휘했다. 이 때 김천일은 조정으로부터 창의사(倡義使)라는 군호(軍號)를 받고 장례원판결사(掌禮院判決事)에 임명되었다.

김천일은 또 다른 고민을 하기 시작했다. 소수의 일본군을 공격하여 전과를 올리기는 했지만 왜군 역시 전술을 감지할 것이 분명하기 때문이었다. 드디어 척후병에게 일본군 500여명이 처인성(處仁城)에서 출발했다는 보고를 받았다. 장수들은 싸우자는 측과 피하자는 측, 둘로 나뉘었다. 논란 끝에 김천일에게 전권을 일임하기로 했다. 김천일은 우선 일본군을 기습하여 타격을 주기로 결정했다. 부대는 20명 단위로 나뉘어 행산고성 주변에서 진을 치고 있던 적군을 포위했다. 적군이 잠든 틈을 타 기습을 감행했다. 기습은 성공적이었다. 적군은 야간 경계병을 제대로 두지 않고 대부분 잠든 상태에서 큰 타격을 입었다. 김천일 부대는 처음으로 큰 승리를 맛 본 후 약속된 장소로 집결했다.

*****

김천일은 부대를 이동시키기로 결정했다. 얼마 전 전라병마사가 강화도로 옮겨 함께 전투를 벌이자고 제안한 것을 받아들이기로 한 것이다. 김천일 부대가 강화도에 이르자 강화부사와 전라병마사가 김천일 부대를 맞이했다.

전라병마사 김천일에게 말을 걸었다.

「어서 오세요. 창의사 대감. 많은 병사를 이끌고 오시니 참으로 든든합니다.」

「저 역시 장군을 뵈니 안심이 됩니다. 세력이 커져야 왜적과 맞설 수 있지 않겠습니까? 그리고 장군의 제안이 설득력이 있기에 함께 싸워보기로 했습니다.」

「맞습니다. 왜적이 강한 것은 사실이지요. 우리가 전략을 잘 세워야 왜적을 물리칠 수 있어요. 그리고 사기가 드높은 전라도 병력이 이렇게 합류했으니 이제 제대로 전투를 치를 수 있을 것 같습니다.」

「장군. 외람되지만 이곳 강화도를 택하신 이유를 듣고 싶습니다.」

「말씀드려야지요. 강화는 섬이 아닙니까? 왜적이 섬으로 들어오려면 배가 있어야 하는데, 왜적은 지금 배가 없어요. 경상도 앞바다에서 이순신장군이 왜선을 다 부순 까닭에 왜선은 이곳 강화까지 오지 못합니다. 그러니 강화는 방어하기가 좋아요. 그리고 강화는 평안도와 전라도 뱃길의 중심입니다. 이곳이 안전해야 물자와 군대, 서찰이 소통될 수 있습니다. 저는 이곳에서 군사력을 키워 경기도와 한양을 도모해보고자 합니다.」

「장군께서 보시는 눈이 정확하십니다. 제가 행산고성에 두 달 있으면서 소규모 전투를 벌렸지만 그 성은 오래 있을 곳이 못됩니다. 왜적의 대군을 감당하기에는 약점이 많습니다. 그래서 이곳으로 온 것입니다.」

최원과 김천일의 대화를 듣고 있던 강화부사가 한 마디 거들었다.

「두 분께서 이렇게 말씀해주시니 아주 든든합니다. 그리고 제가 이곳 강화에 대해서는 잘 알고 있으니 필요한 것이 있으면 언제든지 말씀해주십시오.」

「고맙소, 부사. 부사께 급한 것 한 가지만 묻겠소.」

「예, 장군. 하명하시지요.」

「군량이 충분한지 알고 싶습니다.」

「예, 충분합니다. 지난 해 강화는 풍년이 들었습니다. 올해도 풍년이 예상됩니다. 다른 지역은 왜적이 출몰하여 양식을 탈취해갔다고 들었습니다. 그러나 강화는 안전합니다. 아직 왜적이 들어온 적이 없어 피해가 전혀 없습니다.」

「알겠습니다. 그래도 대비를 튼튼히 해야겠습니다. 성을 수리하고, 방책을 쌓아 전투 준비부터 하십시다. 그런 후 김포, 통천, 양천으로 진출하며 한양을 압박합시다.」

아군의 힘은 모으고
적의 힘은 분산시켜야 한다.

5장

전라좌의병장 황진

1592년 5월 2일 한양성이 함락되었다. 그 후 5월 18일, 7일 이상의 대치 끝에 임진강 방어선이 무너졌다. 일본군이 평양성으로 북진할 때 동복현감 황진*은 병사를 이끌고 광주목으로 들어갔다. 광주 관군과 함께 근왕군에 합류하기 위해서다. 광주목사 권율*은 황진이 도착했다는 소식을 듣고서 동헌 밖까지 나와 황진과 그의 병사를 맞이했다. 권율은 병사들을 편히 쉴 수 있도록 조치하고서 황진을 동헌으로 안내했다. 내실에는 이미 저녁상이 차려져 있었다.

「황현감, 오랜만이오. 참으로 반갑소.」

「예, 영감마님. 아주 건강해보이십니다. 반갑습니다.」

「근왕군 참여가 결정된 후 황현감이 함께 한다고 해서 무척 고대하고 있었소.」

* 황진(黃進, 1550~1593)은 전북 남원 출생으로 1576년 무과에 급제하여 선전관을 지냈으며, 1583년 니탕개난(尼湯介亂)에서 공을 세웠고, 1591년 조선통신사 황윤길(黃允吉)을 따라 일본에 다녀왔다. 임진왜란이 일어나자 동복현감으로서 근왕군에 참여하여 용인전투, 이치전투 등에 참여한 공로로 이듬해 충청도병마절도사에 승진하여 각종 전투에서 승리했다. 김천일, 최경회 등과 가세하여 2차 진주성전투에서 전사했다.

* 권율(權慄, 1537~1599)은 영의정을 지낸 권철의 아들로 태어나 1582년 46세에 식년문과(式年文科)병과로 급제했다. 1591년 의주목사를 지내다 파직되었다. 1592년 임진왜란이 일어나자 광주목사에 재기용되었다. 근왕군에서 중위장으로 참여하여 용인전투에서 패하였으나 일본군이 전주로 진격할 때 이치에서 이들을 물리쳤다. 다음해 행주대첩을 지휘하여 승리한 공로로 도원수가 되었다가 도망병을 즉결처분한 죄로 해직되었으나, 곧 한성부판윤으로 재기용되었고, 1596년 충청도순찰사에 이어 다시 도원수가 되어 정유재란 때 전군을 지휘했다. 노환으로 사망했다.

「기다리셨다니 감사합니다. 하루 빨리 전투에 참여하려고 고대하고 있었는데, 근왕군을 모집한다니 한걸음에 달려왔습니다. 영감마님을 뵈니 기쁨이 더욱 큽니다.」

「역시. 황현감은 확실한 무장이오. 무장은 전쟁터에서 활약을 해야 어울리지요. 우리 함께 싸워봅시다.」

「예. 영감마님. 오늘 같은 날을 손꼽아 기다렸습니다.」

「우리가 이번 근왕군에 꼭 참여해야만 하는 이유가 있소.」

「제게 특별한 임무가 있습니까? 어서 말씀해 주십시오.」

「근왕군을 모집 한 사람은 전라감사 이광과 전라방어사 곽영입니다. 그런데 두 분은 군대를 지휘한 경험이 없습니다.」

「예상하고 있었습니다. 우리 조선은 무관보다 문관이 우선 아닙니까? 대부분 문관이시니 전투 경험이 없을 수밖에요.」

「지금까지 모인 병사가 3만이 넘어요. 이 같은 추세라면 5만 명이 넘을 것 같습니다. 그런데 최고 지휘관이 병법을 모르면 문제가 될 수 있소.」

「그러면 전투경험도 많고, 병법에 조예가 깊으신 영감마님께서 병사를 지휘하시면 될 것이 아닙니까?」

「그렇게 간단하지 않소. 나 역시 천 명 이상은 지휘해본 경험이 없소. 더구나 만 명은 근본이 다르오. 그런데 5만 명이 넘는 병사를 지휘할 지휘관이 없다는 것이 문제요.」

「저야 고작 100여 명의 병사를 이끈 경험밖에 없으니 뭐라고 말할 처지가 못 됩니다. 그렇다면 특별히 생각하시는 바가 있으십니까?」

「남도근왕군의 세가 커져 적들이 놀라 퇴각하면 특별히 우리가 할 일이 없을 것이오.」

「왜적의 전투력이 만만치 않다고 들었습니다. 귀신같은 기마술을 통달하여 여진족을 대상으로 백전백승을 거둔 바 있는 신립장군도 왜적에게

1592년 6월 평양성 점령 시기 일본군의 최대 세력

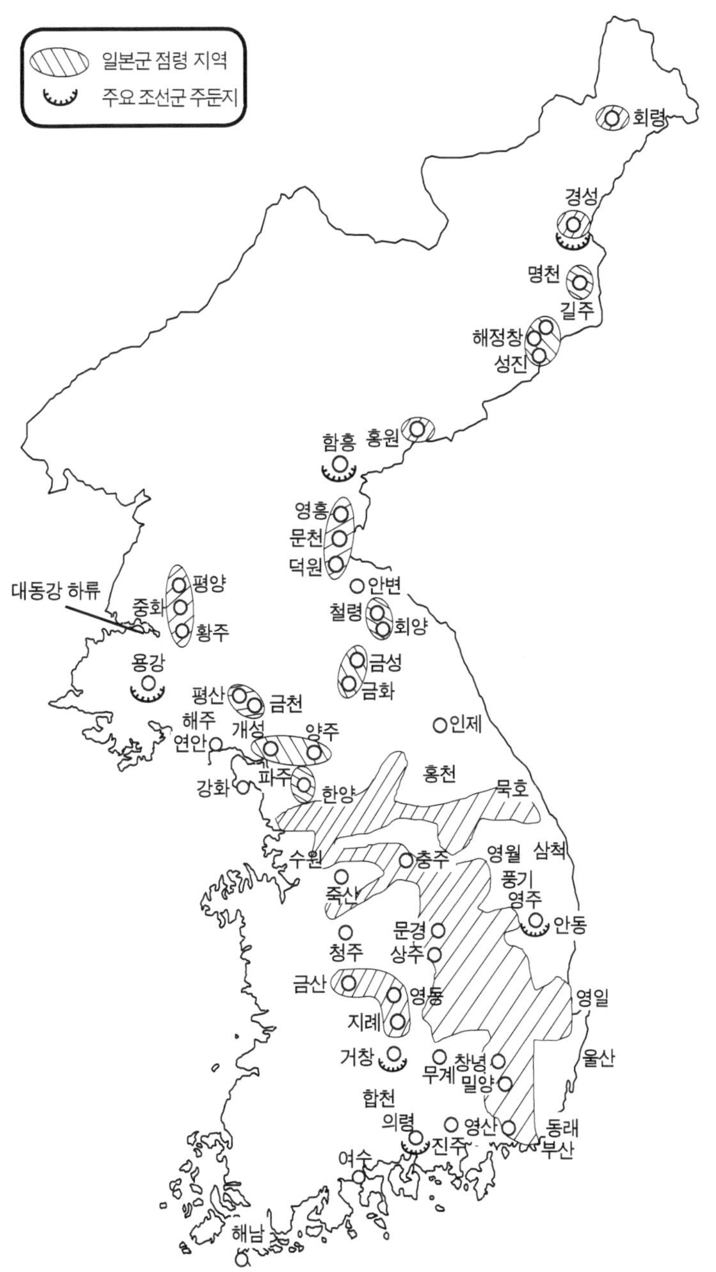

패퇴하지 않았습니까? 저들이 우리의 군세를 보고 물러날 리 없습니다.」

「나도 현감과 같은 생각이오. 그러니 병법을 아는 우리가 정신을 바짝 차릴 필요가 있다는 것이오.」

「그러면 어떻게 하면 되겠습니까?」

「바로 그것이오. 우리 나름대로 대책을 세워야 할 것 같소.」

「영감님께서 우선 말씀해주시지요.」

「내가 보기에 근왕군 지휘를 책임지고 있는 감사와 방어사는 많은 병력을 모아 군세를 왜적에게 보여주는 것 이외의 전략을 마련하고 있지 않은 것 같소. 그런데 큰 병력일수록 사기와 대세가 중요하지요. 만일 왜적이 후퇴한다면 감사와 방어사의 전략이 옳은 것일게요. 그렇다면 우리도 감사와 방어사의 의도대로 한양까지 밀고 올라가면 되오. 하지만 근왕군의 선봉이 왜적에게 당하게 되면 사기가 떨어져 근왕군이 뿔뿔이 흩어질게요. 내가 우려하는 것은 만의 하나 벌어질 수도 있는 사태를 최소로 막아야 한다는 것이오.」

「구구절절 옳으십니다. 그러면 영감님과 제가 근왕군의 선봉을 맡겠다고 하면 어떨지요?」

「선봉은 이미 김천일 부사께서 자청하여 병력을 이끌고 한양성을 향해 떠나셨소.」

「담양부사와 수원부사를 역임하신 분 아닙니까? 그분의 명성은 저도 들었습니다. 용의주도하신 분이니 적임자라 생각합니다.」

「나도 그렇게 생각하오. 그런데 김부사께서 이미 병사를 이끌고 북진하고 계시오. 아마 그분은 따로 생각이 있으신 것 같소. 내 생각에는 담양과 수원에 들러 병력을 늘려가면서 한양성을 직접 압박하실 것 같소.」

「그렇다면 선봉을 자청했지만 실질적으로는 독립부대를 운영하겠다는 것 아닙니까?」

「그렇소. 김부사께서 감사와 많은 이야기를 나눈 후에 결정했다고 하는구려.」

「그렇다면 근왕군을 이끄는 선봉부대가 따로 필요하지 않겠습니까? 영감마님과 제가 근왕군 선봉을 자청하면 어떻겠습니까?」

「이미 자청했지요. 그런데 감사께서 내게 중위장을 맡아달라고 합디다. 선봉은 맡길 부대가 있다고 하더군요. 그러니 중위장으로서 계책을 마련해야 하오.」

「알겠습니다. 저는 어떤 역할이든지 상관없습니다. 결국은 왜적을 만나게 되겠지요. 제가 맡을 역할을 말씀해주십시오. 죽을 때까지 싸워보겠습니다.」

*****

전라도관찰사 이광과 전라도방어사 곽영을 중심으로 근왕병이 광주 외곽에 모였다. 경상도관찰사 충청도관찰사 병력도 이들과 합류했다. 병력으로만 보면 전라도, 충청도, 경상도의 조선 남부 8만여 명의 군대가 모였다. 근왕군의 선봉대는 이광이 주장, 나주 목사 이경복이 중위장, 조방장(助防將)* 이지시가 선봉장을 맡았다. 선봉대 4만여 명은 광주를 출발하여 용안과 임천을 거쳐 북쪽으로 전진했다. 곽영은 2만 명을 거느리고 광주목사 권율을 중위장으로 삼고, 좌장 백광언을 선봉으로 하여 여산을 거쳐 금강을 건너 북진했다. 경상우감사 김수는 수하 군관 30명과 군사 300명, 충청감사 윤국형은 충청방어사 이옥, 충청병마사 신익 등

* 지휘관을 도와서 적의 침입을 방어하는 장수.

충청도 병사는 2만 명이 합류했다. 8만 명에 이르는 대군은 사기가 충천했다.

그러나 현실은 달랐다. 실제로 남도근왕군은 부딪치게 될 왜적과의 전투에 대한 두려움을 느끼기 시작했다. 근왕군에 참여하기는 했으나 왜적이 경상도와 충청도, 한양성과 임진강 전투에서 어떻게 조선군을 격파했는지를 상세하게 알게 되면서 사기는 급격히 저하되었다. 대부분의 병사가 전투훈련을 받은 적이 없는 농부로 칼과 활을 처음 만져보았기 때문이다.

결국 왜적을 만나기도 전에 사건이 터졌다. 순창과 옥과의 선봉대가 더 이상 북으로 진군하기를 거부했다. 이들은 같은 고향 출신 부대장인 형대원과 조인이 고향으로 돌아가자고 부추기자 가던 길을 멈추고 남쪽으로 발길을 돌렸다. 심지어 자신의 진지는 물론 본군의 진지까지 불태웠다. 관찰사 이광은 반란군에 대한 토벌을 명하기까지 이르렀다. 이 사건이 발생하자 담양, 남원, 구례, 순천 등 각 지역의 병사들이 군대를 이탈하여 그 수는 점점 더 늘어났다. 각 고을 수령의 명령도 듣지 않았다.

어수선한 분위기에서 선봉대는 수원에 이르렀다. 이들은 처음으로 일본군과 마주쳤다. 엄청나게 많은 조선관군이 갑자기 밀어닥치자 수원에 머물고 있던 500여 명의 일본군은 용인까지 도주하여 와키사카 야스하루(脇坂安治)의 수군과 합류하였다. 당시 용인의 일본군 병력 1,600명은 바로 조선군을 공격했다.

6월 5일 용인전투가 벌어졌다. 전투 진영을 갖추지 않은 채 무리지어 북진하던 조선군 선봉이 왜군의 습격을 받은 것이다. 조선군은 우왕좌왕하다가 적군에게 일방적으로 당했다. 그나마 백광언, 이지시 등의 장수가 일본군과 맞섰지만 끝내 두 장수가 전사하면서, 근왕병 선봉이 일순간에 무너졌다.

다음 날 아침식사를 준비하던 조선군 본진은 일본군의 기습으로 순식간에 전열이 무너지며 오합지졸이 되었다. 조선군이 후방으로 도망가기 시작하자 모두 자신의 목숨을 건지기 위해 뒤로 뛰었다. 그렇지 않아도 정비되어 있지 않은 채 북상 중이던 조선군의 혼란이 가중됐다. 북쪽으로 밀려오는 군대와 남쪽으로 쫓기는 병사들이 부딪쳐 부대의 구분이 없어졌고, 병사들의 공포심은 삽시간에 퍼져 8만 명의 대군이 일시에 흩어졌다.

*****

반면 권율과 황진은 군대를 조직적으로 통솔하면서 북진하고 있었다. 권율과 황진은 밀려드는 병력을 인근 야산 위로 이끌었다. 남쪽으로 도망치는 조선군 뒤를 일본군이 쫓고 있었다. 황진은 부대 앞으로 일본군이 지나가기를 기다렸다. 적의 후미가 황진 부대 앞을 지나자 공격 명령을 내렸다. 대기하고 있던 부대원은 일제히 활을 쏘았다. 일본군 후미가 화살을 맞고 쓰러졌다. 곧이어 황진이 앞장서서 언덕 아래로 내려가면서 주춤하던 일본군을 공격했다. 황진은 일본군보다 월등한 체격을 가지고 있었다. 그는 일본군보다 머리 하나 이상 컸고, 힘이 장사였다. 그가 내리친 칼을 일본군은 감당하지 못했다. 순식간에 20여 명의 일본군이 쓰러졌다. 황진을 따르던 병사들은 승리를 확신했다. 일방적으로 추격하던 일본군은 도망치기 시작했다.

맞은편에서 황진의 활약상을 보고 있던 권율도 공격명령을 내렸다. 권율 부대는 언덕 뒤로 밀려난 일본군을 쉽게 제압했다. 이렇게 일본군 선봉 300여 명은 황진과 권율 부대의 칼과 활을 맞고 쓰러졌다. 잠시 후 일본군 본대 천여 명이 언덕 너머에 도착했다. 이들은 조선군을 급하게 쫓다가 당했다는 사실을 직감적으로 알고 부대를 철수하며 주둔지로 돌아갔다.

전투가 끝나자 권율은 황진과 함께 전주성으로 들어가 병사들을 쉬게 하고 부하장수들과 후일을 논의했다.

「영감마님. 너무도 참담합니다. 예상을 전혀 하지 못한 것은 아니지만 이럴 수 있습니까?」

「그러게 말일세. 이렇게 처절하게 무너질 줄이야. 8만 대군이 단 한 번의 기습으로 무용지물이 되어버리지 않았나.」

「도대체 왜적의 군세는 얼마나 된답니까?」

「가늠해보니 천 명은 넘을 것 같고 2천은 되지 않더군.」

「전혀 납득할 수 없습니다. 영감님의 광주군과 저의 동복군만으로도 2,000명이 넘습니다. 8만이 넘는 근왕군이 단 하루 만에 무너졌으니.」

「훈련되지 않은 군대지만 이렇게 처참하게 무너질 줄은 몰랐네. 왜적은 병법을 잘 알고 있고 군기가 확립되어 있지 않던가. 대군에 맞서 전면전을 구사하고, 포위당하고도 부대를 쉽게 움직이지 않더군.」

「그렇지만 적도 사람입니다. 우리 공격을 받고서 우왕좌왕 하기는 마찬가지였습니다.」

「그렇지. 아무리 강한 적이라 해도 예상치 못한 기습을 받으면 당황하겠지. 게다가 황현감 같은 천하장사에게 공격을 받았으니 왜적도 별수 있었겠나. 아무튼 자네가 있어 얼마나 든든한지 모르겠네.」

「과찬이십니다. 적이 강하다는 것도 알았고, 적을 쳐부술 방법이 있다는 것도 알았습니다. 실전에서 병법이 통한다는 것을 알게 되었습니다. 그나저나 영감마님. 앞으로 우리가 무엇을 어떻게 대비해야 할까요?」

「우선 호남을 지켜내세.」

「명령만 내리십시오. 영감마님의 명을 받들겠습니다.」

「머지않아 왜적은 호남으로 밀려올 것일세. 우리가 알게 된 것은 왜적과 평원에서 싸우는 것을 피해야 한다는 것이지.」

「그러면 어떻게 싸워야 할까요?」

「왜적이 호남으로 오려면 고개를 많이 넘어야 할 걸세. 그러니 우리는 가파른 고갯마루에서 진을 치고 기습하는 것이 좋겠다는 생각이 드는군.」

「좋은 생각이십니다. 이번에도 언덕 위에서 적을 기다리고 있다가 내려가면서 공격한 것이 효과가 있었습니다. 그러면 충청도에서 호남으로 내려오는 고개가 있다면 어디입니까?」

「웅치와 이치가 어떨까?」

「웅치와 이치라. 그렇군요. 그곳은 산이 험해 숨기도 좋고, 위에서 아래로 공격하기에도 적격입니다. 반면 왜적은 몸을 내놓고 고개를 올라야 합니다. 딱 좋은 곳입니다.」

*****

도요토미 히데요시는 조선 8도를 점령하기 위해 각 2만여 명 규모로 9개 부대를 편성했다. 한 부대에게 1개 도를 맡게 하여 8개 부대와 한양성에 1개 부대를 추가로 배치했다. 도요토미 히데요시가 전라도를 점령하도록 명령한 부대는 일본군 제6번대이고, 이 부대는 1만 5,700명으로 구성되어 있었다. 제6번대는 선봉부대를 따라 북진하다가 영동과 무주를 거쳐 금산성(錦山城)에 주둔하면서 호남을 점령하려고 시도했다. 이 부대는 전라도 전역을 장악하기 위해 1592년 7월 웅치와 이치로 향했다.

전주성에 들어와 있던 광주목사 권율과 동복현감 황진은 지방 수령에게 전라도 방어를 위해 전주로 모여 달라고 요청했다. 이 요청에 따라 해남현감 변응정, 나주판관 이복남, 김제군수 정담, 전주의병장 황박 등이 전주로 들어왔다. 임시 도절제사를 맡은 권율은 정담, 이복남, 황박을 웅치로 파견하고, 황진을 이치로 보내 방어진지를 구축했다.

7월 8일 오전 일본군이 이치로 들어왔다. 황진은 유리한 고지를 선택하여 군사를 배치했다. 고갯길에 함정을 파고 방어책을 설치하며, 길 양편에 참호를 구축했다. 지형조건에서 조선군이 절대적으로 유리했다. 오와 열을 지어 일본군은 고갯길을 올라왔다. 황진은 일본군이 포위망에 모두 들어 오자, 공격명령을 내렸다. 고갯길 양편에 몸을 숨긴 채 기다리고 있던 조선군이 일제히 화살을 쏘아댔다. 일본군은 총을 보유하고 있지만, 절대적으로 유리한 지형지물을 이용하고 있는 조선군의 활이 총보다 더 큰 위력을 발휘했다. 시간이 지남에 따라 일본군의 피해가 커졌다. 그러자 일본군은 칼을 빼들고 매복한 조선군을 향해 달려들었다. 하지만 다가가기도 전에 조선군의 활에 쓰러지고, 매복해 있던 조선군의 창에 찔려 죽었다.

오후가 되자 조선군의 화살이 떨어졌다. 이때부터는 백병전이 계속됐다. 백병전에서도 위에서 아래로 공격하는 조선군이 절대 유리한 상황이었다. 그럼에도 불구하고 일본군은 용감했다. 쌍방 간의 희생이 늘어났다. 싸움이 절정에 달했을 때 추가로 일본군이 투입되었고 기세가 오른 일본군의 공격이 더욱 가열됐다. 황진은 병사들에게 후퇴 명령을 내렸다. 후방 방어진까지 후퇴했다. 기세가 오른 일본군이 후퇴하는 황진 부대를 쫓았다. 그러나 후방 방어는 권율 부대가 있어 일본군의 피해가 더욱 커졌다. 어둠이 깔리기 시작하자 갑자기 일본군이 후퇴했다. 조선군

웅치, 이치전투와 제1차 금산성전투

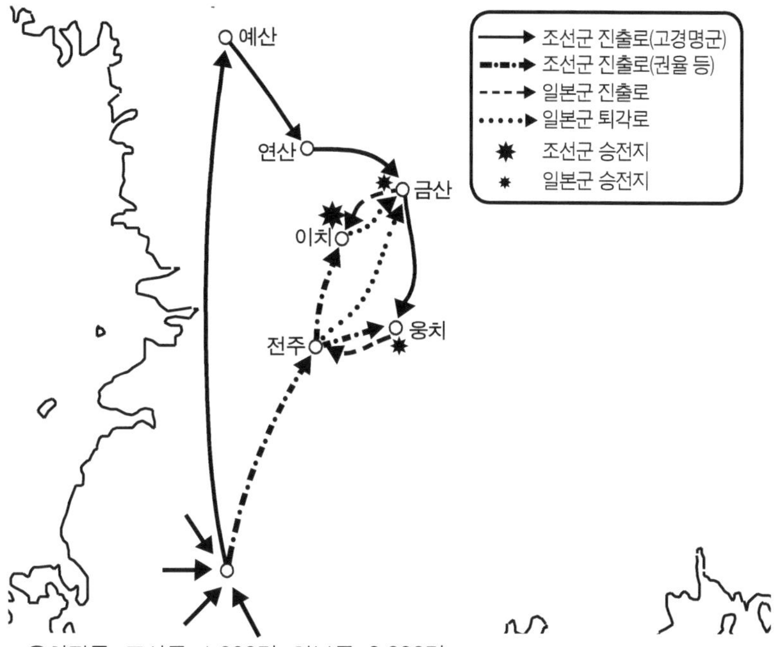

* 웅치전투- 조선군: 1,000명, 일본군: 3,000명
이치전투- 조선군: 1,500명, 일본군: 3,000명
금산성 전투- 조선군: 7,000명, 일본군: 13,000명

은 황진을 선두로 후퇴하는 일본군을 쫓았다. 그러자 총소리가 들렸다. 일본군을 원활하게 후퇴시키기 위해 매복한 조총병들이 조선군을 향해 총을 쏜 것이다. 조선군도 큰 피해를 입어 더 이상 일본군을 쫓지 않았다. 이치 전투는 이렇게 종결됐다.

「수고했소. 황현감. 총에 맞은 곳은 좀 어떻소? 내가 뒷마무리를 담당할 터이니 좀 쉬시오.」

「송구합니다. 영감마님. 어깨를 조금 다쳤을 뿐입니다. 왜적의 목을 하나라도 더 칠 수 있었는데 아쉽기만 합니다. 그래도 일본군을 물리쳤다는 것에 안도가 됩니다.」

「잘 싸워주었소. 값진 승리였소. 우리 군사들이 이렇게 용감하게 싸울 줄은 몰랐소. 특히 황현감의 용맹성에 감사할 따름이오.」

「저야 영감마님의 명령을 실행한 것에 불과합니다. 전략적 전투가 좋은 결과를 가져왔습니다. 그나저나 웅치는 어떻게 되었습니까?」

「우리 부대가 용감하게 전투에 임했지만 결국 웅치는 돌파당했다고 하는군요.」

「그러면 전주성은 온전합니까?」

「왜적들이 웅치를 넘은 후 바로 전주성으로 간 모양이오. 하지만 전주성에도 군사를 배치해 놓았으니 쉽게 함락되지는 않을 것이오. 방금 도착한 소식에 따르면 왜군이 전주성 앞에 당도한 후 바로 후퇴했다고 하더이다.」

「놈들은 전주성을 점령하기 위해 공격한 것 아닙니까? 무슨 까닭에 전주성 앞에서 퇴각했답니까?」

「원인이 곧 밝혀지겠지. 워낙 용의주도한 놈들이니.」

「두 번 맞서보았지만 왜적은 훈련이 아주 잘 되어 있더군요. 저들은 일사분란하게 명령을 따랐습니다. 죽음을 눈앞에 두고도 공격 명령이 떨어지면 앞으로 돌진합니다. 적이지만 참으로 용감했습니다.」

「그러게 말이오. 왜적과의 싸움에는 항상 준비가 잘 되어 있어야 한다는 것을 새삼 느꼈소. 그렇지만 우리에게도 황현감이 있지 않소. 황현감이 앞장섰기에 적을 물리친 것이오. 현감 같은 장수가 한 명만 더 있어도 두려울 것이 없겠소.」

「과찬이십니다. 부족하지만 언제든지 제가 선봉을 서겠습니다.」

「알겠소. 현감의 용맹함에 감사할 뿐이오. 하지만 서두르지 마시오. 적도 다른 전략을 가지고 나올 것이오. 일단 서둘러 전주성으로 갑시다.」

다음 날 오후 권율과 황진은 부대를 이끌고 전주성 인근에 도착했다. 전주성이 보이는 산등성이에 진을 구축하였다. 전주성 앞에는 아무도 없

웅치전투 전적비(전북 완주군 소양면 신촌리)

었다. 일본군은 이미 웅치를 넘어 금산성으로 퇴각했다. 황진은 부대를 이끌고 전주성으로 들어갔다. 권율은 각 부대의 장수들을 전주감영으로 소집했다.

「모두 수고가 많았소. 이복남 판관. 판관이 웅치에 다녀왔으니 웅치 상황을 보고해주시오.」

「예. 영감마님. 이틀 전 왜적이 웅치를 공격했습니다. 우리는 제1저지선에 의병장 황박 군사를 배치하고, 제2저지선에는 제가 이끄는 나주 부대, 제3저지선으로 고개 마루에 김제군수 정담의 부대를 배치했습니다. 늦은 오후부터 왜적의 공격이 시작되었고, 치열한 접전 끝에 밤이 되니 왜적이 물러났습니다. 그리고 어제 새벽부터 왜적이 다시 공격했습니다. 하지만 오전 중에 제1저지선이 무너졌습니다. 황박을 비롯한 의병부대는 이 전투에서 거의 전사했습니다. 제가 지키고 있던 제2저지선은 정오까지는 버텼습니다. 그러나 화살이 떨어지면서 접근전이 벌어지자 밀리기 시작했습니다. 저는 부대를 이끌고 고갯마루로 퇴각하여 제3저지선에 합류했습니다. 오후에 제3저지선인 고갯마루에서 싸움이 벌어졌습니다. 이 싸움에서 정담 군수와 종사관 이봉, 비장 강운과 박형길이 전사했고 변응전이 중상을 입었습니다. 저는 남은 군대를 수습하여 전주성에 들어왔습니다. 왜적은 우리 부대를 바로 쫓아오지는 않았습니다. 저녁이 되어서 왜적이 전주성 앞까지 몰려왔습니다.」

「승리할 수도 패배할 수도 있소. 다만 실패를 반복하지 않아야 합니다. 이치에서는 우리가 방어해냈소. 내가 여기에 온 이유는 전주성을 지키기 위해서요. 그런데 어제 저녁과 오늘 아침에 왜적이 전주성을 공격하지는 않았소?」

「왜적이 어제 저녁 진을 치는 것을 보아서는 바로 공격할 것 같았습니다. 그런데 오늘 아침이 되자 공격대형을 바꾸었습니다. 우리도 왜적의 공격에 맞서기 위해 병사를 배치했습니다. 하지만 왜적이 공격하지 않은 이유를 아직 잘 모르겠습니다.」

「왜적이 물러간 이유는 반드시 있을게요. 왜적의 배후에 이상이 발생한 것은 아닐까요?」

「그렇다면 고경명 부사의 부대를 의식하여 그럴 수도 있을 겁니다.」

「고경명 부사요? 아, 그렇군. 한양성을 치러 올라가던 고경명 부대가 회군하여 금산성으로 향한 것이로군.」

황진이 이들의 대화에 끼어들었다.

「고경명 부사요? 예. 저도 고부사님의 명성을 들었습니다. 연세가 많으신 것으로 알고 있습니다.」

「환갑이 다 되셨을 겁니다. 나라를 걱정하는 마음은 이분을 따라갈 수 없어요. 왜적이 금산을 떠나 전주로 향한다는 말을 듣고 우리가 웅치와 이치로 군사를 배치할 때, 전라방어사께서 고부사께 서신을 보냈다고 하더군요. 한양성을 치는 것보다 지금은 일단 호남을 지키는 것이 우선이라고 말이오. 왜적이 전주로 향할 때 왜적의 본거지인 금산성을 공격하게 되면 쉽게 전주성을 공격하지 못할 것이라고 말이오.」

「적을 쳐부수는 것이 힘으로만 되는 것이 아니군요. 아군의 힘은 모으고 적의 힘은 분산시켜야 한다는 말을 절감하게 됩니다. 그러면 우리도 금산성으로 진군해야 하지 않겠습니까?

「황현감. 급하면 문제가 생길 수 있어요. 차분하게 생각해 봅시다. 이 판관은 우리가 금산성으로 가는 것에 대해 어떻게 생각하시오?」

「저는 지금이라도 달려가 왜적에게 복수하고 싶은 마음입니다. 그러나 웅치와 이치전투로 병사들이 지쳐있습니다. 현재의 상태로는 수성이 우선입니다.」

「우리 때문에 고부사 부대가 금산성을 치는 것이고, 이곳에 왔던 왜적은 고부사 부대를 공격하기 위해 회군한 것이 아닙니까. 우리가 후원하지 않으면 고부사의 부대가 위험해지지 않겠습니까? 힘을 보태는 것이 마땅합니다. 영감마님.」

「두 분의 말씀에 모두 일리가 있소. 하지만 우리가 전주성을 나가게 되면 이곳을 지킬 군대가 없소. 우리가 없을 때 적이 들어온다면 전주성뿐만 아니라 호남 전체가 위험해지오. 그리고 고부사도 왜적의 군세가 강하면 군대를 뒤로 물리고 우리에게 연락을 취할 것이오. 그러니 상황을 좀 더 지켜봅시다.」

지휘관이 피하면 병사는 더 이상
전투를 하지 않는다.

6장

복수의병장 고종후

김천일 부대가 담양을 거쳐 한양으로 북진하고 있는 동안, 고경명은 담양 일대의 선비들에게 군대를 조직하자는 서신을 보냈다. 이에 유팽로, 양대박, 이대윤, 최상중, 양사형, 양희적 등의 선비들이 군대를 모아 고경명 집으로 모였다. 고경명의 아들 고종후*와 고인후도 참여했다, 행재소*에서 선조 임금에게 호남의 동향을 알리고 돌아온 양산숙도 합세했다.

「이렇게 모이니 참으로 반갑소. 우선 전하를 뵙고 오신 양산숙 학형의 말씀을 들어봅시다. 양 학형은 그간의 사정을 소상히 알려주시기 바랍니다.」

「예, 나리. 김천일 부사께서는 수원을 거쳐 한양으로 북진하고 있습니다. 각 고을을 돌면서 군사를 모으느라 북진 속도가 늦습니다. 그리고 저는 평양성에서 전하를 뵙고 왔습니다. 전하께서는 호남에서 군대가 자발적으로 일어났다는 것에 대해 크게 기뻐하셨습니다. 한양성을 수복하게 되면 김천일과 고경명 두 분을 직접 만나고 싶다고 하셨습니다. 그리고 고부사님을 공조참의겸초토사(工曹叅議兼招討使)에 임명하셨습니다. 여

* 고종후(高從厚, 1554~1593)는 고경명의 큰 아들로 태어나 1577년 별시문과에 급제하여 현령을 지냈다. 1592년 임진왜란 때 고경명을 따라 의병을 일으켰고, 금산전투에서 아버지와 동생 인후(因厚)를 잃었다. 이듬해 다시 의병을 일으켜 스스로 복수의병장(復讐義兵將)이라 칭하고 여러 곳에서 일본군과 싸웠다. 2차 진주성전투에서 전사했다.

* 행재소(行在所)는 임금이 멀리 거동(擧動)할 때에 머무르는 곳.

기 임명장이 있습니다.」

「이런 광영이 있나. 자, 망궐례*를 올려야겠네.」

고경명이 북쪽을 향하여 재배하고 다시 앉았다.

「이제 우리는 전하의 충성스런 관군이 되었소. 앞으로 어떻게 해야 할 것인지에 대해 논의합시다. 의견이 있으신 분은 말씀해주시오.」

유팽로가 말문을 열었다.

「나리의 소식을 듣고 여기 이렇게 담양에 있는 많은 분들이 모였습니다. 2,000명이 넘습니다. 나리의 마음을 아는 우리의 뜻입니다. 하지만 아직 병사가 부족합니다. 담양뿐만 아니라 인근 고을에도 서신을 보내 병사와 군량을 더 모을 필요가 있다고 생각합니다.」

「이대윤입니다. 저도 동의합니다. 근왕군이 패배한 후 각 지방수령들이 병사를 일으키지 못하고 있는 상황입니다. 나리께서 군사를 일으킨다고 하면 상황은 변할 것입니다.」

양대박이 말을 이어 받았다.

「그렇다마다요. 게다가 나리께서 초토사가 되셨습니다. 이제 많은 선비들이 호응할 뿐만 아니라 엄청난 장정이 몰려올 것입니다.」

둘째 아들 고인후가 나서며 말했다.

「아버님. 지금처럼 기쁜 때는 처음입니다. 저희들도 아버님을 보필하겠습니다.」

「저도 아버님을 따르겠습니다.」

유팽로가 이를 제지했다.

「아니 되오. 자네들 중의 한 명은 집안을 지켜야 할 걸세. 우리가 가는 길은 사지(死地)란 말일세. 초토사 대감. 아들 하나는 두고 가셔야

* 망궐례(望闕禮)는 임금을 직접 궁궐에서 배알하지 못할 때, 궁궐을 향해 예를 갖추는 행위.

조선 남부의 의병 거병 지역(1593년 5~6월 중)

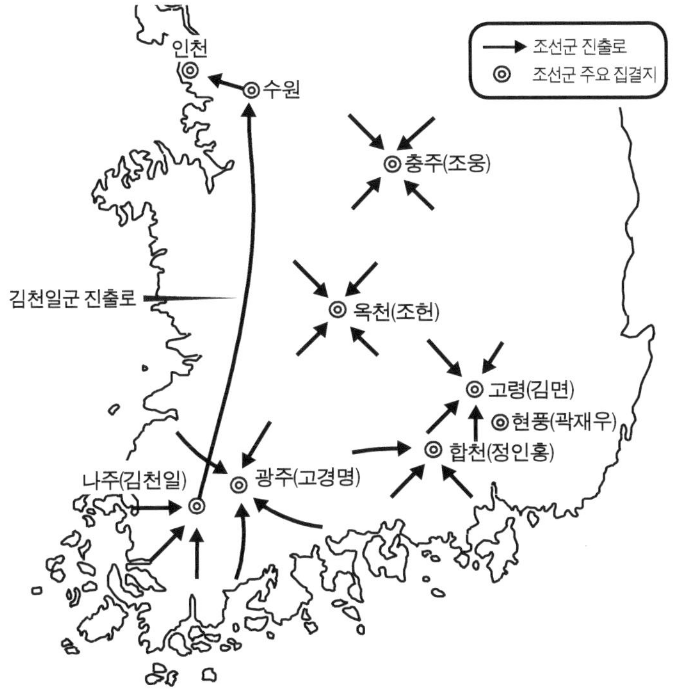

합니다.」

고경명이 단호하게 응대했다.

「아니오. 잘 생각했다. 너희 둘 모두 함께 가자. 전하와 나라의 안녕이 우선이다. 애비의 심정을 알아주니 기특하구나.」

「감사합니다. 아버님.」

「우리 집안일은 이렇게 마무리 짓겠소. 더 이상 다른 말을 하지 마시오. 인후와 종후는 인근의 선비들에게 즉시 서신을 보내거라. 군사를 모집하여 보름내에 여산으로 모여 주십사하고.」

「예, 알겠습니다. 아버님.」

*****

고경명 부대는 광주에서 거병하여 남원, 김제, 임피에서 군량과 군사를 모아 잠시 여산에서 하루를 묵었다. 이때 전주성에 있던 전라방어사 곽영으로부터 파발이 왔다. 금산성에 주둔하고 있던 일본군이 전주성을 공격하기 위해 웅치와 이치로 나뉘어 진군하고 있다는 내용이다. 이에 따라 고경명 부대는 여산에서 연산으로 가서 진을 쳤다. 이때 웅치와 이치에서 조선군과 일본군 간에 전투가 벌어졌다. 고경명 부대는 이치와 금산 사이에 있는 진산에 이르자 전라방어사 곽영과 영암군수 김성헌이 관군을 이끌고 고경명 부대를 기다리고 있었다. 조선군은 7,000명에 이르렀다.

조선군은 금산성을 포위했다. 김성헌 부대가 선봉에 섰고, 고경명 부대가 중군, 곽영 부대가 후위를 맡았다. 오후 늦게까지 김성헌 부대가 움직이지 않자 고경명이 500기의 기병에게 공격명령을 내렸다. 조선 기병은 금산성 앞까지 기세 좋게 달려갔다. 기병은 말에서 내려 성 위를 향해 화살을 쏘았고, 성위의 일본군은 아래를 바라보고 조총을 쏘았다. 조선 기병을 지휘하던 김정욱 군관이 부상을 당하고 피해가 커지자 고경명은 기병을 후퇴시키고 건장하고 날쌘 장정을 뽑아 토성을 공격하게 했다. 이들은 낮은 곳을 골라 재빨리 성을 넘었다. 선두 병사들이 줄사다리를 늘여놓자 수많은 보병들이 이를 이용하여 성을 넘었다. 고경명군은 진천뢰*로 달려드는 일본군을 공격하여 많은 효과를 보았다. 성안은 불길이 오르고 화약 연기를 내뿜으며 폭음이 진동했다. 성을 포위하고 있던 조선군은 승리의 함성으로 이들을 응원했다. 날이 저물어 어두워지기 시작하자 고경명은 군사들에게 본진으로 돌아오라는 명령을 내렸다. 고경명은 병사들을 쉬게 한 후 장수들을 본진으로 불러 모았다.

「모두들 수고했소. 이대로라면 내일 성을 함락시킬 수 있을 것 같소.」

* 철로 만들어진 용기 안에 화약을 넣어 만든 일종의 수류탄.

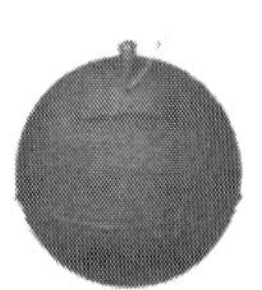
비격진천뢰

유팽로가 의문을 제기했다.

「나리. 저는 조금 이상하다는 생각이 들었습니다.」

「무엇이 이상하다는 말이오?」

「제가 듣기엔 왜적은 싸움을 잘 한다고 들었습니다. 특히 백병전에 능하다고 말입니다. 그런데 저들은 수성만 하고 있지 않습니까?」

「저들이라고 항상 승리만 하겠습니까? 우리의 기세를 보고 눌린 것 아닌가요? 우리 병사들이 얼마나 용감했습니까? 쏟아지는 총알에도 굴하지 않고 죽음을 두려워하지 않았습니다. 우리 병사는 승리에 굶주려 있어요.」

「아버님. 유선비님의 말씀에 일리가 있는 듯 하니 더 들어보시는 게 어떨지요.」

「그럽시다. 유 학형께서 생각하시는 바가 있으면 말씀하세요.」

「지금까지 왜적들이 싸움에서 물러났다는 말을 들어본 적이 없습니다. 그런데 저들은 오늘 상당히 소극적이었습니다. 그 이유가 무엇인가를 생각하고 있습니다.」

「그래요? 이유가 무엇이라 생각하시오?」

「우리를 이곳에 잡아두려는 것은 아닐까요? 금산성에 주둔하고 있던 왜적이 1만 명이 넘는다고 들었습니다. 그리고 일부는 웅치를 넘어 전주성에 도착했고, 또 다른 부대는 이치에 있습니다. 금산성이 함락되면 저들은 고립무원의 처지가 됩니다. 따라서 왜적들은 성을 보전하는데 우선

순위를 둔 것으로 보입니다. 전주성을 공격하기 위해 밖으로 출정한 본대가 오기를 기다리고 있는 것으로 사료됩니다.」

「아버님. 저도 유선비님과 같은 생각입니다. 군사를 온전히 보전하여 다음을 기약하는 것이 좋을 듯 합니다. 일단 돌아갔다가 기회를 봐서 다시 오는 것이 좋겠습니다. 야밤에 적들이 기습할 가능성도 있고, 내일 적의 대군이 뒤에서 밀려온다면 큰일입니다. 아버님도 걱정됩니다.」

「네가 나를 걱정하는구나. 나는 이 나라를 위해 죽을 각오가 되어 있다. 우리 병사 모두 이곳에서 죽을 각오를 해야 왜적을 물리칠 수 있다. 한 놈이라도 더 목을 베는 것이 우리가 해야 할 일이다. 여기 와 있는 병사 모두가 한 마음일 것이다. 우리는 내일 왜적과 결전을 치른다.」

「알겠습니다. 그러면 우리도 후방을 수비하면서 결전에 임하는 것이 어떠신지요.」

「저는 아버님과 함께 선두에 서겠습니다. 유선비께서는 종후 아우와 함께 후방의 수비를 맡으시는 것이 좋겠습니다.」

「아니 됩니다. 젊은 제가 아버님을 모시고 선두에 서겠습니다. 형님께서 후방에 남으시지요.」

「그래, 종후야. 너는 여기 남거라. 내가 출정하면 된다. 인후는 나를 따르거라.」

*****

동이 트자 고경명 부대는 금산성의 서문 앞으로 진격했다. 김성헌이 이끄는 영암 부대도 합류했고, 곽영이 지휘하는 전라방어군도 출정했다. 좌측은 영암 부대, 우측은 전라방어군, 중앙은 고경명 부대가 배치됐다. 조선군은 서서히 금산성에 다가갔다. 금산성의 서문이 열리자 일본군이 성문으로 쏟아져 나왔다. 일본군은 조선군 앞에 오와 열을 맞추어 공격진용을 갖추었다. 고경명이 먼저 선수를 쳤다. 800기의 기병에게 공격명령을 내렸다. 조선 기병과 일본군이 충돌했다. 고경명은 보병에게도 잇달아 공격명령을 내렸다.

치열한 육박전을 벌이고 있는 동안 일본군은 동문과 남문을 통해 조선군의 좌우를 공격했다. 김성헌 영암군수와 곽영 전라방어사는 공격명령을 내리기도 전에 일본군의 공격을 받았다. 수성을 예상했던 일본군이 갑자기 성문 밖으로 나와 공격을 하자 영암군과 전라방어군은 전열이 흩어졌다. 김성헌과 곽영이 뒤늦게 병사를 독려했지만 전열을 잃은 부대는 혼란에 빠졌다. 일본군이 공격수위를 높이며 조여오자 김성헌과 곽영이 말을 몰아 후방으로 달아났다. 남은 병사들은 살길을 찾아 흩어졌고, 병사들은 일본군이 휘두르는 칼에 별다른 저항 없이 쓰러졌다.

좌우의 두 진영이 무너지자 고경명 부대는 세 방향에서 조여오는 일본군을 맞아 싸워야 했다. 고경명은 포위당한 상태에서도 병사들을 독려하며 함께 싸웠다. 고인후가 고경명에게 달려갔다.

「아버님. 이대로 있으면 후방까지도 막힙니다. 완전히 포위되기 전에 빨리 피하십시오.」

「나더러 병사들의 기세에 찬물을 끼얹으란 말이냐? 나는 여기에서 뼈를 묻을 것이다. 이제 한 놈이라도 더 목을 베야겠다. 죽기밖에 더하겠느냐?」

유팽로 역시 고경명에게 피할 것을 권유했다.

「나리. 나리께서 몸을 보전하셔야 합니다. 그래야 다음에 기회를 잡을 수 있습니다. 이 말을 타십시오. 제가 앞장서겠습니다.」

고경명과 유팽로가 말을 탔다. 고경명이 말을 적진으로 몰았다.

「나리. 그쪽이 아닙니다. 반대 방향입니다.」

「지휘관이 피하면 병사는 더 이상 전투를 하지 않는다. 나는 내 병사들에게 모범을 보일 것이다. 나를 따르라. 저 간악한 무리들을 짓밟아라.」

유팽로도 말을 돌렸다. 그리고 고경명의 뒤를 따랐다. 고인후는 유팽로의 뒤를 따랐고, 주변의 병사들도 고인후를 따랐다. 유팽로는 결국 고경명 옆까지 다가갔다.

「유 학형이구려. 어찌 다시 돌아왔소. 나는 지휘관이니 여기서 죽어야 하지만 유 학형이 죽으면 다음을 누가 기약한단 말이오.」

「제가 어찌 대장을 버리겠습니까? 패하면 저도 나리와 함께 죽는 것이 도리입니다.」

「이런 고집을 보았나. 알겠네. 우리 끝까지 함께 하세.」

포위망이 점점 좁혀졌다. 드디어 고경명도 칼을 쥐고 일본군과 겨뤄야 했다. 고경명이 앞에 있는 일본군의 칼을 막고 있는 차에 옆에 있던 일본군이 고경명의 허리를 노리고 찔렀다. 이것을 본 유팽로가 몸으로 막았다. 칼은 유팽로의 가슴에 깊이 박혔다. 고경명이 유팽로를 찌른 일본군의 목을 베었다. 또 다른 일본군이 고경명의 뒤에서 목을 내려쳤다. 고경명의 목이 잘려나갔다. 고인후가 고경명을 공격한 일본군의 배를 찔렀다. 옆에 있던 또 다른 일본군이 칼을 꺼내고 있던 고인후의 옆구리를 칼로 찔렀다. 이렇게 고경명 부대는 무너졌다. 포위된 부대원 전원이 전사했다. 일본군은 아직 숨이 남아 있는 조선군을 모두 죽였다. 그리고 금산성 안으로 철수했다. 전투가 끝나자 후방을 지키고 있던 고종후가 10여 명의 병사를 대동하고 격전장에 도착했다. 고종후는 눈물을 쏟으며 고경명, 고인후, 유팽로의 시신을 거두었다.

고경명의 금산성 공략이 실패한 이후 조헌과 영규가 700명의 충청도 부대를 이끌고 금산성을 공격했다. 조헌과 영규는 다른 부대와 함께 청

청주성전투 및 제2차 금산성 전투

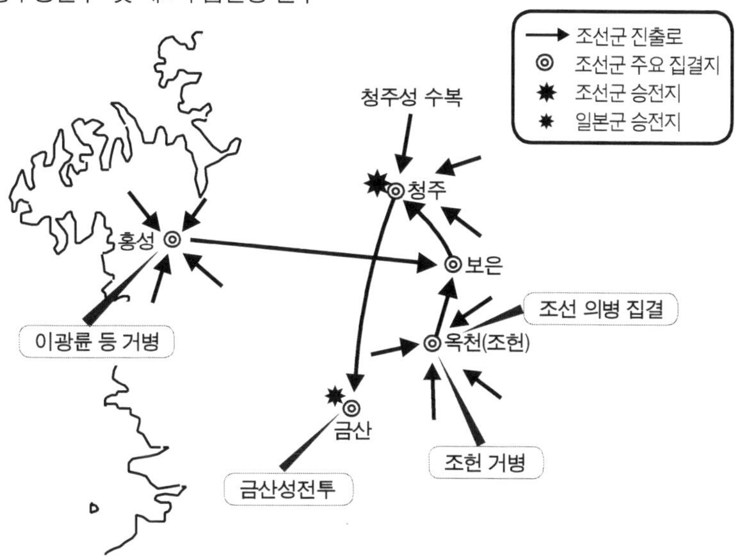

* 청주성 전투- 조선군: 2,600명, 일본군: 1,000명
금산성 전투- 조선군: 700명, 일본군: 10,000명

주를 탈환한 후 금산성에 왜적이 있는 한 충청도와 전라도 지역이 안전할 수 없다며 다른 부대의 장수들을 설득했다. 그러나 많은 장수들이 금산성에 있는 일본군의 수가 많은 까닭에 공격이 쉽지 않다며 후일을 기약하자며 받아들이지 않았다. 하지만 조헌과 영규는 각오하고 금산성으로 바로 쳐들어갔다. 조헌과 영규의 부대 700명은 1만 명이 넘는 일본군을 향해 금산성을 공격했다. 일본군은 성문을 열고 밖으로 나와 이들을 맞았다. 조헌과 영규의 700명은 중과부족임에도 불구하고 사투를 벌였다. 결국 조선군 700명은 모두 금산성 앞에서 전사했다.

언젠가는 나도 이 전쟁터에서 죽을 것이다.

7장
전라우의병장 최경회

영암군수 최경회는 모친이 사망하자 군수직에서 물러나 고향인 화순으로 돌아와 두 형과 함께 시묘살이를 치렀다. 이 와중에 임진왜란이 터졌다. 일본군이 경상도 남부 해안에 침입했다는 소식을 듣고 장남인 최경운 집에 모였다.

최경운이 동생들에게,

「어머니를 모시느라 수고했네. 이제 각자 생업으로 돌아가게. 남은 일은 내가 정리하겠네.」

최경장이 대답했다.

「수고했다는 말씀은 거두어 주십시오. 고생은 형님께서 다 하셨습니다.」

「그리 말해주니 고맙네. 이렇게 모인 김에 나라 일을 논의하세. 지금 우리가 알고 있는 대로 전쟁이 터졌네. 우선 나라 사정에 밝은 경회 아우가 의견을 말해주게.」

「예, 왜적이 쳐들어올 것이니 전쟁 준비를 하라는 조정의 명을 어머니 임종 전에 받았습니다. 그리고 즉시 형님께 서신을 보내드렸지요.」

「그렇지. 그 때부터 우리가 무엇을 어떻게 해야 할 것인가에 대해 논의해오지 않았나.」

「예, 형님. 전쟁이 나면 우리 모두 목숨을 바치기로 하였지요.」

「그랬지. 그래서 하는 말이네. 한 달 전에 경상도 지역을 침략한 왜군과 우리 관군이 전투를 벌였다고 들었네. 그런데 어제 전하께서 보낸 격문을 보았네. 3일 전에 한양성이 함락되었고, 평양으로 몽진을 가셨다고 하는군. 전하께서는 이제 믿을 수 있는 것은 오직 백성들 뿐이라 하셨네.」

「부산진성과 동래성이 단 하루 전투에 모두 일방적으로 밀렸다고 들었습니다. 부산진성과 동래성은 반나절 이상 걸리는 거리입니다. 그런데도 하루만에 모두 함락되었답니다. 왜군의 진격이 엄청나게 빠릅니다. 또한 왜적은 밀양성과 상주성을 연파하고, 탄금대에서 신립장군의 중앙군마저도 패퇴시켰다고 합니다.」

「나도 들었네. 이 상황에서 우리가 할 수 있는 것은 무엇인가?」

듣고 있던 최경장이 나섰다.

「예, 형님. 시급한 일은 병사를 모으는 일입니다. 하지만 사람만 모은다고 전투에 임할 수는 없습니다. 병기도 준비해야 하고, 병사를 훈련시켜야 하며, 병량도 있어야 합니다.」

「작은 형님 말씀이 옳습니다. 그렇지만 일에는 순서가 있습니다. 제 생각으로는 병량이 우선입니다. 병량이 있어야 사람을 모을 수 있고 사람이 모여야 전투병사를 양성할 수 있습니다. 병기는 훈련과정에 준비하면 될 것입니다.」

「사람보다 자금이 우선이란 말이군.」

「예, 형님, 돈과 먹을 것이 있어야 사람을 모으고 병기를 만들 수 있습니다.」

최경운이 말을 받았다.

「알겠네. 우선 우리 곳간에 곡식이 얼마나 있는지 살펴봐야겠군. 최소한 1년치 병량이 마련되어야 그만한 병사를 모을 수 있지 않겠나?」

「예, 형님. 우리의 병량으로 몇 명의 병사를 모을 것인가를 정하고나서 인근에 있는 사림에게 함께 도모하자고 하면 어떻겠습니까?」

「아우 말에 일리가 있네. 경회 아우는 바로 창고에 있는 곡식과 올해 추수할 곡식을 점검하게. 나는 작은 아우와 인근 양반들에게 보낼 서찰을 준비하겠네.」

「알겠습니다. 형님.」

「우리 삼형제 중에 누가 전투에 나가야겠는가?」

경운의 말에 최경장이 바로 말을 받았다.

「그야 제가 가야지요. 형님은 집안을 지키셔야 하구요, 아우는 그 동안 타지로 벼슬을 하러 떠난 지 오래되어 이곳 유지들과 교감이 덜 이루어졌을 테니 말입니다.」

경장의 말을 받아 바로 최경회가 나섰다.

「형님. 제가 오랫동안 사졸들을 거느려 본 경험이 있습니다. 경험이 있는 제가 나서는 것이 순서가 아닙니까?」

「모두 일리가 있네. 하지만 장남인 내가 모범을 보이지 않는다면 누가 우리말을 따르겠나?」

「그건 안 됩니다. 형님, 연세가 얼마인데 전쟁터에 나가신단 말입니까?」

「이보게, 동생. 자네도 환갑이 지나긴 마찬가지일세.」

「오뉴월 하루 볕이 얼마인데 그러십니까? 형님, 첫 출정은 제가 합니다.」

「그러면 자네와 내가 함께 가세. 집안은 작은 아우에게 맡기고.」

「예, 형님의 뜻에 따르겠습니다. 힘에 부치면 동생이 우리를 따르면 될 것이네.」

「형님들. 환갑이 넘으신 분이 먼저 전쟁터에 가시다니요? 제가 어찌 편안히 집에 있을 수 있습니까? 제가 앞장서겠습니다. 저는 병사를 이끈 경험이 있습니다. 우선 제가 출정하고 부족하면 형님들께서 나서도 됩니다.」

「이보게. 작은 아우. 자네는 문관이고, 우리는 무관일세. 전쟁에는 무관이 나서는 것이 순리 아닌가? 이야기는 더 이상 할 필요가 없겠어. 또한 자네는 타지에서 벼슬을 오래 하여 고향 사정에 어두우니 아직 나설 때가 아니네.」

「아우, 그렇게 하게. 형님, 저는 내일 병량을 준비하겠습니다. 그리고 바로 장정들을 모아 훈련에 임하겠습니다.」

「그렇게 말씀하시니 하는 수 없군요. 하지만 저도 지켜볼 수만은 없지요. 일차로 모은 장정들을 이끌고 먼저 출정하십시오. 저는 병량과 병사를 더 모은 후 전국적인 전투상황을 살펴보면서 거병할 시점을 정하겠습니다.」

*****

최경운의 대문 밖까지 장정들이 가득하다. 장정들 손에는 대부분 활과 화살통을 지고 있다. 언뜻 보기에도 큰 전투를 위해 모인 장정임을 알 수 있다. 사랑채에는 10여명의 양반들이 모여 앉아서 곧 일어날 일을 논의하고 있다.

「모두들 장정을 이끌고 모이느라 수고 많았습니다. 장수현감과 영암군수를 지낸 내 아우가 상황을 정리하여 보고해 드리겠습니다. 아우는 말해 보게.」

최경운이 나섰다.

「두 해 전부터 왜적이 쳐들어 올 것이니 각 고을은 전쟁 준비를 하라는 명령이 하달되었습니다. 이에 우리는 일찍이 군사훈련을 해왔습니다. 우리 화순지역은 여러분의 협조로 200명의 장정을 모아 전투준비를 했습니다. 이제 지금까지의 전투상황으로는 지난 4월 13일 왜군이 부산진에 상륙한 후 다음 날 부산성이 함락되었습니다. 그 다음 날 동래성, 5월 2일에 한양성이 함락되었습니다. 왜군은 지금 평양성으로 향하고 있습니다. 이에 이광 전라도관찰사와 곽영 전라도방어사, 윤선각 충청도관찰사와 김수 경상도관찰사 등 삼남지방에서 근왕군을 모집하고 있습니다. 우리가 근왕군의 소속으로 전투에 임할 것인지, 아니면 따로 전투가 벌어지고 있는 곳으로 가서 전투를 할 것인지 결정을 해야 합니다.」

「논의할 것도 없군요. 삼남지방 관찰사와 방어사들이 근왕군을 모집하여 한양성을 탈환하기로 결정했으니 우리도 근왕군에 참여하는 것이 당연하지 않습니까?」

「더 생각해 봐야 할 문제가 있습니다. 삼남지방의 근왕군이 모인다면 군세가 엄청나게 많을 것입니다. 그러나 수가 많다고 적을 물리치는 것은 아닙니다. 많은 수의 근왕군은 자칫 군대의 규율과 훈련을 등한시할 수 있습니다. 반면 우리가 모은 군사는 정예군입니다. 근왕군의 역할과 우리가 할 일이 다를 수 있습니다.」

「역시 내 아우는 꼼꼼합니다. 돌다리도 두드려보고 가는 아우입니다. 하지만 이번에는 다릅니다. 세가 크면 우리도 좋지요. 함께 적을 쓸어버리는데 우리가 참여하는 것도 좋은 방법일 것입니다.」

「제 의견을 말씀드려도 되겠습니까?」

「예, 말씀하시지요. 병법을 알고 무공이 뛰어난 이선달께서 함께 해주시니 든든합니다.」

「과찬이십니다. 나리의 말씀대로 근왕군에 참여하는 것을 보류하고 우리 병력으로 전세를 호전시킬 곳에서 싸우는 것이 좋을 듯 합니다.」

「저도 한 말씀드리겠습니다.」

「말씀하시지요. 김진사.」

「예, 일단 조선백성이 하나가 되어야 한다는 생각이 듭니다. 최현감이나 이선달의 말씀처럼 근왕군은 실전보다 군세를 내세워 전하에 대한 충성심을 보이고자 한 것은 사실입니다. 그러나 한양성을 잃고 나서 전하께서 내리신 격문을 보면 이제 모두가 하나되어 왜적을 소탕할 때입니다. 이에 따라 하삼도*에서 근왕군이 모집된 것으로 알고 있습니다. 그러니 이번 근왕군은 전투에 대한 의지와 사기가 충천해 있을 것으로 사료됩니다.」

「알겠습니다. 경회 동생은 김진사의 말씀에 동의하시나?」

「저 또한 같은 생각입니다. 제가 우려하는 것을 김진사께서 이해하기 쉽게 설명해주셨습니다. 지금 왜적의 군세로 보아 전투가 한 번으로 끝날 것 같지 않습니다. 우선 근왕군에 편입되어 경험을 쌓는 것도 유익할 것 같습니다.」

「이선달께서는 어떻게 생각하십니까?」

「최현감께서도 저렇게 말씀하시니 일단 근왕군에 편성되어 전투에 임해보시지요.」

「좋습니다. 다소 차이가 있지만 모두 다 한 마음입니다. 그러면 내일 날이 밝는 대로 화순 동헌으로 병사를 이끌고 갑시다. 가서 관군과 함께 합시다. 자, 이제 날이 어두워졌으니 모두 자신이 이끌고 있는 병사들에게 우리의 일치된 의견을 전달하고 푹 쉬도록 하세요. 모두 수고들

* 하삼도(下三道)는 한양성 남쪽에 있는 3개의 지역. 경상도, 충청도, 전라도의 3개도를 일컬음.

하셨습니다.」

*****

두 달 후, 한 무리의 장정들이 최경회의 집으로 몰려왔다. 옷차림으로 보면 영락없는 거지 떼다. 하지만 그들의 눈에는 핏발이 서려있어 가까이 하는 것 자체가 부담스러웠다. 많은 사람들이 이들이 지나갈 때 길을 비켜주며 서로 누구인지를 아느냐고 쑥덕거렸다. 이들은 마치 자기 집에 돌아온 듯 최경회 집 대문을 거리낌 없이 밀어젖히고 마당에 들어섰다. 마침 사랑채에서 창문을 열어놓고 책을 읽고 있던 최경회가 이들을 보고는 놀라 달려 나왔다.

「아니 형님 아니십니까? 형님. 살아오셨군요.」

「전쟁터에서 죽어야 할 몸이 이렇게 살아서 돌아왔네.」

「제가 어찌 형님을 몰라 뵐 수 있겠습니까? 많이 여위신 것이 걱정이지만 무탈하시니 여간 다행이 아닙니다. 그런데 둘째 형님은 어디 계십니까?」

「할 말이 없네. 한 놈이라도 더 베어야 한다며 왜적에 달려드는 모습을 본 것이 마지막이라네. 아우가 살아왔어야 했는데. 면목이 없네. 내가 죽일 놈이야.」

「형님. 그런 말씀 거두시고 안으로 들어가시지요.」

「형님. 절 받으십시오. 참으로 다행입니다.」

「미안하네. 아우는 그동안 잘 지냈나?」

「집에 있는 저야 잘 있었지요. 그나저나 집을 떠나신 지가 벌써 두 달이 되었습니다. 그동안 어떤 일이 있었습니까?」

「제가 말씀드려도 되겠습니까?」

「아, 김진사. 말씀해주시오.」

「두 달 전에 우리는 이곳에서 200여명이 모여 출정을 결의하고 광주로 가서 이광 전라감사 부대에 편입되었습니다. 광주에서 한 달 정도 기다리다가 전주를 거쳐 북으로 진격했습니다. 수원에 이르러 왜적의 무리와 대적했습니다. 왜적은 우리의 군세를 보고 도망쳤습니다. 왜적이 진을 치고 있다는 말을 듣고 용인 처인성까지 북진했습니다. 처인성 인근에서 야영을 한 후 아침식사를 준비하고 있는데 왜적이 들이닥쳤습니다. 우리 화순부대는 최경장 어르신과 이선달을 중심으로 무기를 들고 왜적이 오는 방향으로 다가갔습니다. 그런데 선두에서 전투를 벌이던 우리 측 병사들이 후퇴하기 시작했습니다. 우리는 후퇴하는 병사들에 떠밀리지 않으려고 옆으로 비켜섰습니다. 시간이 조금 흐르자 왜적의 선두 몇 명이 보였습니다. 최경운, 경장 두 분이 우리 병사를 이끌고 적의 선봉에 맞서 싸웠습니다. 왜적은 정말 잘 싸우더군요. 우리도 맞섰지만 왜적의 수가 갑자기 늘어났습니다. 칼솜씨가 뛰어난 왜적을 어떻게 해볼 도리가 없었습니다.」

「근왕군의 수가 8만에 이른다고 들었는데, 왜적은 얼마나 되었습니까?」

「왜적의 수도 꽤 됐지만 우리의 군세에는 비할 바가 못됐지요.」

「그럼, 얼마 되지 않는 왜적에게 8만 명이 당했다는 말입니까?」

「그렇습니다. 왜적들이 싸움에 능한 것은 사실입니다. 그러나 왜적이 강했다기보다는 우리가 너무도 약했기 때문입니다.」

「우리 군대가 약했다? 보다 구체적으로 말씀해보시오.」

이선달이 나섰다.

「그 부분은 제가 말씀드리겠습니다. 첫째로 근왕군은 미숙한 부대였습니다. 우리가 광주에서 한 달 이상을 기다리고 있는 동안 변변한 군사훈련이 없었습니다. 둘째로 근왕군의 무기가 형편없었습니다. 우리는 칼과 활을 가지고 있는 병사가 많지 않았습니다. 낫이나 심지어는 몽둥이를 들고 전쟁터에 나갔습니다. 셋째로 근왕군은 부대편재가 엉성하고, 명령체계가 단일화되어 있지 않았습니다. 그저 떼지어 몰려다닐 뿐이었지요. 그에 비해 왜적은 조직과 훈련이 잘 되어 있었고, 개개인의 전투능력도 강했습니다. 그들의 칼솜씨는 모두 귀신같았습니다. 우리의 칼을 단박에 부러트리기까지 했습니다. 부대 전체의 움직임도 마치 약속이나 한 듯 한 몸처럼 움직였습니다.」

「그랬군. 그러니 지금까지 우리가 계속 밀릴 수밖에 없었던 것이군요.」

「그렇습니다. 전혀 싸움이 되지 않았습니다. 용인까지 가는 도중에도 근왕군은 문제가 많이 있었습니다. 선봉 부대가 이탈하는 사고가 있어 부대의 수장을 잡아 목을 베기도 하는 등 분위기 자체가 어수선했습니다.」

「단 한 번의 전투로 8만 명이 한꺼번에 와해된 것이군요.」

「그렇습니다. 이제 누가 나서도 그만한 병사들을 다시 모으기가 어려울 것입니다.」

*****

최경회는 그동안 고경명, 김천일과 서신을 지속적으로 주고받았다. 고경명이 금산성에서 전사한 이후에는 큰 아들 고종후와 서신을 교환했다. 따라서 전쟁 상황을 잘 파악하고 있었다. 최근에는 진보현감을 지낸 바 있는 임계영과 함께 거병할 것을 논의했다. 최경회는 이미 화순에서만 200여명의 병사를 모집했지만, 이에 만족하지 않고 임계영과 전라도 지역을 돌아다니며 군세 확장을 도모했다. 최경회는 담양, 순창, 임실, 진안을 거쳐 장수에 도착하여 논개를 만났다.

「논개야, 오랜만에 마주하는구나. 그동안 잘 있었느냐?」

「예, 나리. 덕택에 잘 지내고 있었사옵니다. 그간 안녕하셨는지요?」

「벌써 1년이 넘는구나.」

「예, 나리. 참으로 반갑사옵니다. 이제부터 소녀는 나리와 헤어지지 않으렵니다.」

「나도 네가 보고 싶었다. 어쩌겠느냐. 어머니 상을 치러야 했기에 너와 잠시 떨어져 있었던 것을. 그러나 이제 나는 전쟁터에 가야 할 몸. 오늘이 너와 함께하는 마지막 날이 될 수도 있겠구나.」

「나리. 그럴 수는 없사옵니다.」

「그럴 수 없다? 전쟁터에 나가지 말라는 말이냐?」

「제가 감히 가지마시라고 말씀을 올릴 수 있겠사옵니까?」

「그럼, 무엇이냐?」

「제 본분은 나리를 잘 모시는 것이옵니다. 나리께서 가시는 곳은 어디든 갈 것이옵니다. 지옥인들 마다하겠습니까?」

「참으로 가상하구나. 하지만 아녀자가 갈 곳이 못된다. 전쟁터는 언제든지 죽을 수 있는 곳이다. 나는 이제 목숨 바칠 곳을 찾았다. 지금까지 은혜를 입으며 평안하게 살아온 만큼 이 한 목숨 나라를 위해 바치련다. 그러니 너는 집을 지키거라.」

「나리 없는 세상은 저도 없사옵니다. 아녀자라고 해서 전쟁터에 가지 말라는 법은 없습니다. 아녀자이지만 웬만한 남자 일을 거뜬히 할 수 있사옵니다. 부디 저를 데리고 가 주십시오. 절대 방해가 되지 않겠사옵니다. 전쟁터인들 아녀자가 할 일이 없겠사옵니까?」

「그러나 전쟁터는 삶과 죽음이 오가는 곳이다. 차마 눈뜨고 보기 힘든 일이 언제든지 벌어지는 곳이다.」

「저는 어린 나이에 부모를 모두 잃었사옵니다. 더 이상 못 볼 일이 무엇이 있겠사옵니까? 이제 나리밖에 없사옵니다. 나리가 없는 이곳보다 전쟁터에서 함께 하는 게 감당하기 쉽사옵니다. 밥 짓고, 빨래하는 일뿐만 아니라 부상병 간호는 아녀자의 손이 필요합니다. 그리고 제가 남장을 하면 아무도 저를 아녀자로 보지 않을 테구요.」

최경회와 논개는 긴 시간동안 신경전을 벌였다. 논개가 울음을 터뜨렸다. 논개는 최경회 앞에 엎드려 하염없이 눈물을 흘렸다.

「네가 많이 외로웠구나. 좋다. 네 뜻이 정 그렇다면 같이 가기로 하자. 하지만 네 말대로 너는 남장을 해야 한다. 그리고 내가 특별히 너를 배려할 수 없다. 괜찮겠느냐?」

논개가 울먹이며 대답했다.

「감사합니다. 나리. 절대로 나리의 짐이 되지 않겠사옵니다. 그리고 다른 병사들에게도 결코 짐이 되지 않겠사옵니다.」

「기특하구나. 다른 이들은 남자로 태어났음에도 전쟁터에 나가는 것을 꺼려 도망가기도 하는데 말이다.」

「육십이 된 나리께서도 출정하십니다. 젊은 제가 나서는 것은 당연한 일이옵니다. 그나저나 여쭐 것이 있사옵니다.」

「그래, 알겠다. 널 믿으마. 궁금한 것이 무엇이더냐?」

「앞으로의 계획을 들려주십시오. 제가 준비해야 할 것이 있으면 미리 준비하고자 하옵니다.」

「든든하구나. 지금 이곳 장수에 전라도 각지에서 모인 장정 1,000여명이 있지 않더냐. 나는 이들과 함께 전라도 지역을 돌며 장정을 더 모으려고 한다. 그런 후에 북쪽의 금산으로 가려고 한단다. 금산에는 전라도를 노리는 왜적이 있으니 말이다.」

「알겠사옵니다. 그럼 소녀가 알아서 준비하겠습니다.」

「그래. 난 마지막 점검을 위해 돌아봐야겠다. 준비를 잘 해놓고 있거라.」

*****

다음 날 최경회는 병사를 이끌고 광주로 향했다. 대부분의 병사는 칼과 활, 창을 소지하고 있었다. 열흘 이상 먹을 비상식량도 준비했다. 또한 선비와 군대를 지휘할 무장도 포함되어 있었다. 관군 못지않은 위용을 갖추었다. 그동안 만반의 준비를 갖추었기 때문이다. 또한 최경회 옆에 남장을 한 논개가 뒤를 따랐다. 최경회는 광주로 가면서 각 고을에 들러 미리 연락해둔 지인과 만나 병사의 수를 늘려가며, 이후 담양과 순창을 거쳐 남원에 도착했다. 남원에 도착하니 병사 수가 2,000명에 이르렀다.

같은 시기 진보현감을 지낸 임계영은 최경회와 서신을 교환하며 전라도 보성에서 거병하여 낙안, 순천, 구례를 돌며 남원에 도착했다. 임계영 역시 1,000여 명에 이르는 병력을 모았다. 사흘 간격으로 최경회와 임계영은 남원 동헌에서 만나 향후 전투계획을 논의했다.

「반갑소, 임현감. 서신만 주고받다가 직접 만나니 더욱 반갑구려.」

「저도 최현감님을 뵈니 상상했던 바로 그분이라는 생각이 듭니다. 나리 덕분에 많은 것을 배웠습니다.」

「과찬은 거두시지요. 임현감의 우국충청에 백성들이 따르는 것이지요.」

「아직 부족한 것이 많습니다. 무엇보다 병사를 모으기 위해 전라도 지역을 나누어 돌자는 나리의 제안이 주효했습니다. 주저했던 수많은 백성들이 함께 모였습니다. 나리께서 일러주신 대로 저는 보성에서 출발하여 낙안, 순천, 구례를 거쳐 이곳에 왔습니다. 나리보다 군사를 모으지는 못했지만 그래도 1,000명이 넘는 백성이 자원했습니다.」

「훌륭합니다. 자, 병사가 모였으니 그에 합당한 이름을 지어야 빛날 것입니다. 어떤 이름을 지었으면 좋겠소.」

「저는 아직 이름까지는 생각해보지 않았습니다. 나리께서 말씀해주시지요.」

「우리가 전라도에서 병사를 일으켰으니 전라도 병사이고, 왜적을 물리치겠다는 대의(大儀)가 있으니 의병이라 하면 어떨 것 같소. 전라의병이라고 말이오.」

「아주 좋은 작명입니다. 그럼 나리께서는 전라우도에서 병력을 모으셨으니 전라우의병, 저는 전라좌도를 중심으로 병사를 모집했으니 전라좌의병으로 하면 되겠습니다.」

「전라좌의병과 전라우의병이라. 좋습니다. 이렇게 손발이 잘 맞으니 앞으로 일이 잘 풀릴 것 같소이다.」

「예. 왜적을 하루라도 빨리 물리치길 소망합니다. 이제 어디서 왜적과 전투를 벌이는 것이 좋겠습니까?」

「전라좌의병과 전라우의병이라 하였으니 상황에 따라 함께 출동하기도 하고, 따로 전투를 벌이기도 하면 될 것이오. 나는 금산으로 출동하려고 하오. 왜적들이 금산을 근거지로 하여 호시탐탐 전주를 노리고 있지 않소? 일전에 고경명 부대가 금산에 출동하여 모두 전사한 바도 있고. 우선 금산에 있는 적을 몰아내어 전라도의 안전을 확실하게 도모하는 것이 중요하다고 판단되오.」

「그럼 나리와 함께 금산으로 출동할까요?」

「그럴 필요까지는 없을 것 같소. 나는 왜적과 정면대결은 피할 방침이오. 왜적은 정면대결에서 항상 강했소. 병사수가 많다고 해서 저들과의 정면대결에서 승산이 있는 것은 아니오. 그러니 금산에 가서 왜적의 이동경로를 차단할 생각이오.」

「예, 잘 알겠습니다. 그렇다면 전라우의병은 금산성으로 향하고, 전라좌의병은 경상우도로 가겠습니다. 경상도는 전투를 치르는 곳이 많으니 말입니다.」

「그렇습니다. 경상우도 전역에서 낙동강을 사이에 두고 전투가 벌어지고 있지 않습니까? 경상우도에 힘을 보태시는 것이 호남의 안전도 보장할 수 있겠지요.」

「그렇습니다. 저는 경상우도 북부에 힘을 보태겠습니다. 금산에 있는 왜적이 김산(金山)*과 성주에 주둔하고 있는 왜적과 서로 통교하고 있을 것이니 이들과의 내왕을 끊으면 금산의 왜적이 위협을 느낄 것입니다. 그리고 언제든 나리의 우의병과 합류가 가능하구요.」

*****

최경회와 2,000여 명의 전라우의병은 일본군이 주둔하고 있는 금산성을 먼 곳에서 포위했다. 보름 이상 금산성에 주둔하고 있는 일본군은 최경회의 전라우의병이 금산성을 포위하고 있다는 것을 알고 있는지 꼼짝

* 김산(金山)은 김천(金泉)의 옛 지명.

도 하지 않은 채 금산성에 웅거하고 있었다. 보름이 지나자 수십명씩 금산성 밖으로 나와 정찰을 하고는 성으로 들어가곤 했다. 또한 10여 명으로 편성된 일본군 연락병은 주로 지례성을 왕래하였다. 전라우의병은 처음부터 매복하여 이들을 공격했다. 일본군은 순순히 당하지만은 않았다. 일본군은 몇 명되지 않았지만 물러서지 않았다. 오히려 그들은 조선군에 달려들며, 일부는 전라우의병의 포위를 벗어나곤 했다.

최경회는 병력을 동서남북으로 주요 길목에 집중 배치했다. 일본군 연락병과의 작은 전투보다, 앞으로 벌어질 일본군의 이동시 벌어질 전투에 사활을 걸 작정이었다. 최경회는 금산성을 포위하고 있는 전라우의병의 식량이 떨어지는 것과 동시에 성 안의 일본군 역시 보급품에 문제가 있을 것을 간파했다. 최경회의 예상대로 일본군 부대는 금산성 주둔을 포기하고 성을 나와 지례성으로 향했다.

최경회는 지례성으로 가는 길목에 전병력을 이동시켰다. 윗쪽에서 아래로 내려 오면서 공격하기 좋은 장소를 택해 병력을 배치했다. 금산성에서 지례성까지는 모두 산길로 이어져 있어서 매복할만한 곳이 많았다. 일본군 역시 조선군이 매복해 있을 것을 예상하여 부대를 분산하여 이동시켰다. 따라서 부대의 이동선이 길었다.

드디어 전라우의병이 매복한 지점으로 일본군 선두가 진입했다. 그러나 군병력이 워낙 많아 부대 모두가 포위망에 들어올 수가 없었다. 최경회는 선두 부대가 매복지점을 통과할 때까지 공격명령을 내리지 않았다. 절반 이상의 일본군이 매복지점을 통과하자 최경회는 공격명령을 내렸다. 모든 화살이 적군을 향해 쏘았다. 많은 적군이 화살을 맞고 쓰러졌다. 화살이 동이나자 최경회는 전군에 돌격명령을 내렸다. 초기 전투에는 전라우의병이 절대 우위에 있었다. 산위에서 아래쪽으로 밀려 내려오는 전라우의병의 기세에 일본군의 전열이 무너졌다. 그러나 전투가 길어지자 일본군의 전투력이 살아나기 시작했다. 또한 매복지점을 통과한 일본군은 후방이 습격당했다는 것을 알게 되면서 적군이 계속 증원되었다. 일본군의 개인 전투력이 살아나면서 이제 수세에 몰리기 시작했다. 이때를 대비하여 배후에 남겨둔 우의병이 일본군의 후방을 공격했다. 그때까지 힘을 비축한 까닭에 강한 전투력을 보여주었다. 일본군이 주춤하는 사이에 전라우의병 본진 역시 산 위로 올라가 부대의 전선을 회복했다. 결국 조선의병과 일본군 사이에 격렬한 몸싸움은 끝나고 서로를 멀리서 견제하는 양상으로 바뀌었다. 그렇게 시간이 흘렀고 깊은 산속에 어둠이 깔리기 시작하자 두 부대는 서로의 갈 길을 향했다.

매복전이 끝난 후 최경회는 지례성을 향했다. 일본군이 지례성으로 피한 후 전라좌의병은 지례성 외곽 산중에 진을 치고 일본군과 대치하고 있던 김면 부대와 합류했다. 김면 부대는 일본군과 직접 전투를 벌이지는 않았지만 김시민의 진주관군과 함께 보급품을 싣고 지례성으로 가던 일본군에게 두 차례에 걸친 전투를 승리하여 지례성을 압박하고 있었다. 김면과 최경회 합동부대는 지례성으로 들어가는 길목에 병사를 배치하여 다른 곳에 주둔하고 있는 일본군의 왕래를 끊으며 대치전을 펼쳤다.

이 과정에서 진주목사 김시민이 보낸 서신이 합동부대에 당도했다. 서신 내용은 수만 명의 일본군이 진주성을 향해 몰려오고 있으니 진주성 밖에서 일본군을 견제하고 전투가 끝난 후 후퇴하는 일본군을 공격할 원군을 보내달라는 것이다. 이 서신을 받고 김면과 최경회는 누가 진주성으로 갈 것인가에 대해 논의하다가 다음 날 아침에 결정을 하자며 헤어졌다. 저녁 늦은 시간 최경회는 부대로 돌아와 깊은 생각에 빠졌다. 이때 논개가 저녁 밥상을 들였다.

「논개로구나. 생각 없다. 물리거라.」

「나리. 잡수셔야 하옵니다. 힘이 나셔야 일이 되옵니다.」

「알겠다. 거기 놓아 두거라. 입맛이 당기면 먹겠다.」

「예, 나리.」

「선뜻 물러가지 않은 걸 보니 내게 전하고 싶은 말이 있는 게로구나. 거기 앉거라.」

「나리. 저는 나리께서 많은 일을 하시는 것이 그저 안쓰러울 따름입니다.」

「내가 안쓰럽다? 그래. 네가 보기에 내가 잘못하고 있는 일이 있더냐?」

「아닙니다. 없사옵니다. 나리께서는 훌륭하십니다. 저는 나리께서 하고자 하는 일은 모두 함께 할 것이옵니다. 다만 고뇌하는 모습이 안타깝습니다.」

「그렇겠지. 너도 알다시피 이 전쟁터에서 나를 따르던 많은 백성들이 희생되지 않았더냐. 그들 모두 한 가정의 아비요, 지아비이고, 아들들인데 말이다. 먹을 것도 제대로 먹지 못하고, 전쟁터에서 죽어가는 것이 너무도 가슴 아프구나.」

「나리께서 일부러 백성들을 고생시킨 것은 아니옵니다. 그들도 나리와 마찬가지로 나라를 위해 일어섰습니다. 그들 역시 자신의 죽음이 결코 헛된 것으로 생각하지 않을 것이옵니다.」

「위로해주니 고맙다. 그러나 나는 그들을 잊을 수가 없단다. 꿋꿋하게 자리를 지키다가 쓰러져간 이들을 생각하면 억장이 무너지는구나. 나라를 구하겠다고 깃발을 들고 나선 이들을 돌아오지 못할 곳으로 인도한 것이 아닌가 하는 생각에 무척 번뇌스럽구나.」

「그럼. 나리께서 하신 일을 후회하고 계시는 것이옵니까?」

「그럴 리가 있겠느냐. 대의를 위한다고 나섰지만 전쟁터에서 쓰러져간 이들을 보고 있자니 가슴이 아파서 그러는 게지.」

「큰일에는 문제가 없으나 작은 문제에 마음이 쓰인다는 말씀이시군요.」

「대를 위해서는 소를 희생해야겠지. 그럼에도 불구하고 요즘 부대를 이탈하는 병사들에게 군율로 다스리기가 힘들구나. 탈영하는 병사를 보고도 못 본 체 하고 있단다.」

「나리께서는 스스로 따르는 무리를 인도하고 계시옵니다. 병사들도 모두 그것을 알고 있습니다. 대의를 위해 희생할 준비가 되어 있으니 병사들도 기꺼이 따르고 있사옵니다.」

「네 말이 맞다. 그런데 너는 전쟁터가 겁나지 않더냐?」

「죽고 죽이는 모습을 그렇게 많이 보아왔건만 아직도 보면 겁이 나옵니다. 피하고 싶사옵니다.」

「그렇겠지. 논개야, 지금도 늦지 않았으니 집으로 돌아가거라.」

「제발 그 말씀은 거두어 주십시오. 나리 곁에 있으면 무엇이든 이겨낼 수 있사옵니다. 겁이 나다가도 나리를 뵈면 안심입니다. 제가 바라는 것, 저의 행복이 여기 있는데 어디로 가겠사옵니까?」

「나는 이곳에서 뼈를 묻을 것이다. 언젠가 나도 이 전쟁터에 죽을 것이란 말이다.」

「나리께서 가는 곳은 어디든지 저도 따라 갈 것이옵니다. 이곳에서 나리가 돌아가시면 저도 이곳에서 죽을 것이옵니다. 」

「아서라. 아직 젊지 않으냐. 너는 죽기에는 너무 아까운 나이다.」

「자기 목숨 소중하지 않은 사람은 없사옵니다. 나리께서는 이 나라를 위해 목숨을 내놓고 계십니다. 저는 나리께서 소중하게 생각하시는 이 나라가 얼마나 소중한지 아직 모르고 있사옵니다. 나리께서 소중하게 여기는 것은 제게도 모두 소중하옵니다. 부디 나리께서 옳다고 생각하신 일을 하시기 바랍니다. 나리를 따르는 이들은 나리께서 소중하게 생각하시는 일을 똑같이 소중하게 생각하고 있사옵니다. 제가 나리를 따르듯 말이옵니다.」

이제부터는 조선군의 장점이
발휘될 차례이다.

8장
거제현령 김준민

김준민*은 1년 전, 일본이 침략해 올지도 모르니 대비하라는 조정의 명을 받고 전투준비를 해왔다. 임진왜란 초기에는 김준민 역시 거제에서 전쟁의 진행 상황을 지켜보았다. 한양성이 함락되고 나서 임금의 격문을 접하자 자발적으로 군사를 이끌고 전투가 벌어지고 있는 경상도 내륙지방으로 출동하였다. 그는 기습작전으로 일본군을 소탕했다. 그의 활약이 알려지자 합천에서 낙동강을 사이에 두고 일본군과 대치중이던 정인홍*이 서신을 보내 만남이 이루어졌다.

「반갑소, 김현령의 활약은 익히 들어 잘 알고 있었소만 이렇게 늠름할 줄은 몰랐소. 김현령을 보기만 해도 왜적은 오금이 저릴 것 같소. 함께 온 병사들도 범상치 않소이다.」

「부모님께 물려받은 것입니다. 타고난 대로 사는 것이 운명이라는 생각으로 살고 있습니다. 그런데 저를 만나자고 하신 특별한 이유가 있습니까?」

「오시면서 보셨겠지만 왜적과 싸워보겠다고 모인 병사들이 현재 천명

* 김준민은(金俊民 미상~1593)은 단성 출신으로 20세에 무과에 합격했다. 임진왜란이 일어나기 10년 전에 함경도 병마절도사인 이제신과 함께 군관으로 출정하여 함경도에서 일어난 오랑캐의 반란을 무찌른 경험이 있으며, 임진왜란이 일어났을 때 거제현령으로써 각종 전투에 참여했고, 2차 진주성전투에서 전사했다.

* 정인홍(鄭仁弘, 1535~1623)은 1573년 학행으로 천거되어 6품직에 오르고, 황간현감과 장령을 지냈다. 북인의 영수(領首)로 임진왜란이 일어나자 합천에서 군대 3,000명을 규합하여 성주, 합천, 고령, 함안 등 경상도 일대에서 전투를 지휘했다. 임진왜란이 끝난 후 우의정과 영의정을 지내다 인종반정 때 참형됐다.

이 넘는다오. 그런데 전투를 지휘할 장수가 없소.」

「저도 나리의 명성을 익히 들었습니다. 여러 전투에서 승리를 거두시지 않으셨습니까? 지휘할 장수가 없다니요. 나리 휘하에 손인갑 가장이 있지 않습니까? 손가장의 용맹함은 널리 알려져 있습니다.」

「그렇소. 합천가장 손인갑이 중위장을 맡아 병사를 잘 지휘했어요. 훌륭한 장수였다오. 손가장도 김현령과 같이 우람했소, 전투마다 앞장서서 왜적을 무찔렀어요. 무계전투에서 적병 100여명을 사살한 전과를 올린 것은 오롯이 손가장 덕분이지요. 그밖에도 크고 작은 전투는 손가장이 모두 진두지휘하였소.」

「손가장의 활약도 나리께서 뒤를 받쳐주신 덕분이 아니겠습니까? 그런데 손가장께 무슨 일이 있었습니까?」

「얼마 전 마진전투에서 전사했네.」

「아니, 전사하셨습니까? 어떻게 그런 일이……」

「며칠 전에 낙동강을 거슬러 올라가던 왜적 선단 두 척을 발견하고는 손가장이 앞장서서 공격하였소. 한 척은 불질러버리고, 남은 한 척에 있는 왜적을 섬멸하려고 강에 뛰어들었다가 진창에 빠져서 움직일 수 없게 되었소.」

「안타까운 일입니다. 큰 인물을 잃으셨군요.」

「안타깝기 그지없소. 지금은 전쟁중이라 부대를 이끌 장수가 필요할 때이지요. 그래서 김현령을 급히 뵙자고 한 것이오. 김현령, 합천가장을 맡아주셨으면 하오.」

「저는 이곳 사정을 잘 모릅니다.」

「이곳 사정은 우리가 자세히 알려드리겠네. 김현령은 이곳까지 전투를 하면서 온 것이니 타지에서도 금방 익숙할 것으로 아네.」

「알겠습니다. 왜적을 몰아내고자 이곳에 온 제게 기회를 주신다니 마

경상도 지역 전투(1593년 5~6월)

다할 이유가 없습니다. 미력하나마 힘을 보태겠습니다. 그러나 부대 전체를 지휘하는 것은 아직 때가 이르지는 않을까요?」

「사양하지 마시게. 김현령이 적임자요. 이곳엔 전투경험이 많은 김현령 같은 장수가 필요하오. 왜적을 무찌르겠다는 마음 하나면 충분하오.」

*****

정인홍 부대는 낙동강을 사이에 두고 일본군과 대치하고 있었다. 주로 부산에서 낙동강을 따라 상주로 보급품을 실어 나르는 일본군 선박을 공격했고, 낙동강을 건너 점령지를 넓히려는 일본군과도 수시로 충돌했다.

정인홍은 김준민에게 부대의 실질적인 지휘권을 맡겼다. 김준민은 일본군의 동향을 살피는 척후병을 늘리고 병사들의 훈련을 강화하여 부대를 재편했다.

정인홍은 전투지역을 넓히기 위해 장수회의를 소집했다.

「우리의 군세가 날로 커져 병사가 2천 명이 넘었소. 특히 합천가장을 맡아 군사훈련에 여념이 없는 김준민 가장 덕분에 우리 군대의 사기가 매우 높아졌소.」

김준민이 정인홍의 말을 받았다.

「부끄럽습니다. 저뿐만 아니라 정기룡, 조경형, 정방준 등 장수들의 협력이 많은 보탬이 되었습니다. 무엇보다도 대감께서 병사를 충원해주시고, 병량도 충분히 제공해주시니 이제 전투에 나가도 될 것 같습니다.」

「참으로 든든하오. 이곳 합천군은 전투할 기회가 적었지만 다른 지역은 사정이 다르다고 하오. 동쪽은 낙동강이 왜적의 진출을 막고 있지만 남쪽은 진해와 창원까지 쳐들어와 함안과 의령을 넘보고 있고, 북으로는 성주에 진을 치고 고령을 압박하고 있다고 하는구려. 정방준 부장이 상세히 알려주기 바라오.」

「이곳 경상우도는 모두 왜적이 점령한 것으로 보면 됩니다. 나리께서 말씀하셨듯이 왜적은 경상도 남부해안선을 따라 들어와 현재 창원을 지나 서쪽으로 향하고 있습니다. 의령에서는 곽재우 장군과 교전 중이고, 함안을 비롯한 남부 해안선에서는 유숭인* 함안군수와 격전 중이라고 합니다. 경상도 북부의 왜적은 상주와 성주, 김산, 금산을 점령했고, 고령과 전주까지 세력을 넓히려 하고 있습니다.」

* 유숭인(柳崇仁, 1565~1592)은 임진왜란 때 함안군수로서 병사를 규합하여 함안, 창녕, 진해 등지에서 일본군과 전투를 벌인 공으로 경상우도병마사로 특진됐다. 1차 진주성전투를 돕기 위해 진주로 출동했다가 전사했다.

「그렇지요. 우리 합천은 북으로는 고령, 남으로는 의령과 함안이 있기에 무사했지요. 이제 이 두 지역을 지원해주어야 우리 지역의 안전을 보장받을 수 있을 것이오.」

「예, 잘 알겠습니다. 우리 군대는 항상 출동 준비가 되어 있습니다.」

「그렇게 말해주니 참으로 든든하오. 그러면 남과 북, 어느 쪽으로 출동해야겠소? 아니면 나누어 의령과 고령으로 보내면 어떻겠소.」

정방준이 다시 나섰다.

「군사를 둘로 나누는 것은 하책이라고 생각합니다. 우리 군사의 훈련상태가 좋다고 하지만 전투경험이 부족합니다. 우선 하나로 집중하는 것이 좋겠습니다.」

김민준이 정방준의 말을 이었다.

「저도 정부장의 의견과 같은 생각입니다.」

「알겠소. 정부장과 생각이 다른 분이 있으면 말하시오. 다른 의견이 없으면 병력을 나누지 않기로 합시다. 의령과 함안으로 갈 것인지, 아니면 고령 방향으로 가야 할 것인지에 대해 의견을 말해주시오.」

「저는 남쪽을 먼저 평정해야 한다고 생각합니다. 왜적이 해안선을 따라 창원까지 들어왔다면 함안을 거쳐 진주로 향할 것입니다. 남쪽 해안선은 비교적 산지가 높지 않아 방어하기 쉽지 않은 곳입니다. 만일 왜적이 진주에 들어가게 된다면 경상좌도 전체가 위협을 받을 수 있습니다.」

「저도 김가장과 같은 생각을 하고 있었습니다. 의령의 곽재우 장군과 함안의 유숭인 군수께서 분전 중이지만 지원이 필요합니다. 남쪽 지역은 김가장께서 지리를 잘 알고 계시니 전투효과가 클 것입니다.」

*****

김준민은 정예병사 500명을 이끌고 의령으로 향했다. 의령에 들어서자 곽재우*로부터 만나자는 전갈이 왔다. 곽재우는 관우를 연상하게 하는 붉은 얼굴에 긴 수염을 지닌 40세의 장대한 풍채의 선비였다. 외모만으로는 전형적인 무장의 풍채였다. 곽재우는 김준민 부대를 동헌에서 10여 리 떨어져 있는 산속 본거지로 안내했다. 병사 500명이 모이기에 충분히 넓은 장소였다.

곽재우는 김준민을 비롯한 장수들과 밤늦게까지 군사작전을 논의했다. 이들의 대화는 의령에 주둔 중인 200여 명의 일본군을 몰아내는 작전으로 모아졌다. 동이 틀 무렵 곽재우와 정인홍 부대는 출동 준비를 마쳤다. 병사들에게는 아침 식사를 하고 있을 때 의령 수복에 대한 작전계획을 하달하였다. 600여 명의 부대는 100명 단위로 나뉘어 본거지를 떠나 각자 정해진 위치로 출발했다. 김준민이 이끄는 100명의 기병은 의령성 앞 넓은 들판을 향해 4열로 맞추어 북을 치고 꽹과리를 두들기며 천천히 행진했다. 마치 승리한 부대가 성으로 돌아가는 모습이었다.

기병부대는 성 안에 있는 사람들의 얼굴을 식별할 수 있는 거리에 이르자 2열씩 양편으로 갈라져 성을 감싸며 전진해갔다. 김준민이 명령을 내리자 좌우로 전개되어 있던 기병부대가 2열 횡대로 진영을 바꾸어 성을 바라보았다. 성 안에 있는 일본군과 조선 백성은 모두 성 위로 나와 이들의 행동을 숨죽이며 바라보았다. 김준민은 누각의 중앙 기둥을 향하여 활시위를 당겼다. 이를 바라보고 있던 조선 백성들은 탄성과 환호를 보냈다.

* 곽재우(郭再祐, 1552~1617)는 경남 의령 출신으로 1585년 별시에 합격했으나 관직에 나가지 않았다. 임진왜란이 일어나자 최초로 의령에서 의병을 규합하여 합천, 현풍, 창녕 등에서 전공을 세웠다. 1차 진주성전투에서 외부 응원군으로 참전했고, 임진왜란이 끝난 후 성주목사, 경상좌도방어사, 경상좌도병마사, 한성부윤 등을 지내다 병사했다.

김준민의 기병부대는 성 안에 있는 백성들의 환호에 화답이라도 하듯 모두 칼을 빼어 들고 일정한 거리를 둔 채 성 주위를 행진했다. 얼마 후 성문이 열리고 일본군이 쏟아져 나왔다. 약 200명 정도의 일본군이 오와 열을 맞추어 김준민의 기마부대에 접근을 시도했다. 기마부대는 일본군이 접근하는 만큼 두 부대로 나뉘어 후퇴했다. 일본군이 멈추면 기마병도 멈춰 섰고 뒤로 물러나면 그 만큼 전진했다. 김준민 부대와 일본군이 전진과 후퇴를 반복하며 긴장을 높이고 있는 사이에 곽재우는 부대를 이끌고 의령성을 넘었다. 좌우로 100명씩 200명의 조선군이 성으로 들어갔다. 김준민의 기마병과 일본군 간의 충돌을 지켜보던 20여 명의 일본군은 갑자기 들이닥친 조선군을 보고는 주춤거렸다. 하지만 바로 조선군에게 칼을 빼들고 달려들었다. 그들은 중과부족임을 알면서도 공격적으로 나왔다. 그러나 전투는 오래가지 않았다. 조선군은 성문을 닫고 성 밖의 일본군을 향해 함성을 질렀다.

성 밖에 있던 일본군은 머뭇거리다가 성으로 달려갔지만 화살이 쏟아져 내렸다. 일본군의 후방에서 김준민의 기마병이 화살을 쏘아댔다. 앞뒤가 막힌 일본군은 성벽을 뒤로하고 다시 기마병에게 접근했다. 기마병은 일본군과 거리를 두고 접근하는 만큼 두 편으로 나뉘어 물러났다. 일본군은 완전히 포위된 상태에서도 오와 열이 흐트러지지 않았다. 오전에 시작된 쌍방간의 신경전은 해가 질 때까지 전진과 후퇴를 반복했다.

해가 지자 일본군은 전열을 가다듬고 좌측 기마부대에 달려들었다. 조선군은 지금까지 해온 대로 일본군이 접근한 만큼 후퇴했고, 후방에 있는 기마부대는 일본군에게 그 만큼 접근했다. 일본군이 빠르게 접근하면 기마부대는 빠르게 후퇴하며, 결국 의성에서 함안으로 가는 고갯길에 이르렀다. 일본군은 함성을 지르며 고갯길로 올라왔다. 기마부대는 더 높은 곳으로 후퇴했고, 후방에 있던 기마부대는 일본군 배후를 따라 붙었다. 일본군이 고갯길로 계속 치고 오르자 전방에 있던 기마부대가 고갯마루까지 밀려났다. 이때 김준민이 다시 나타나 불화살을 장착하고 일본군을 향해 쏘았다.

김준민의 불화살이 오르자 고갯길 양편에 있던 조선군이 함성을 지르며 나타났다. 일본군은 앞뒤에 기병, 길 양옆에는 매복한 조선군으로 포위됐다. 매복하고 있던 조선군은 고갯길 아래로 화살과 돌을 던졌다. 일본군은 함성을 지르며 돌진했지만 고갯길이 가파르고 좁아서 공격하기가 쉽지 않았다. 양옆에 포진하고 있던 조선군의 화살에 일본군들이 쓰러져갔다. 김준민이 두 번째 불화살을 쏘았다. 이를 신호로 앞뒤 좌우에서 일본군을 공격하던 조선 기병과 보병이 일본군을 덮쳤다. 어둠이 짙어지면서 칼 부딪히는 소리, 기합소리, 비명소리가 점차 줄어들었다.

*****

김준민 부대는 의령에서 하루를 쉰 후 함안으로 향했다. 저녁에 함안성에 도착할 수 있었다. 유숭인이 성 밖에서 김준민을 맞이했다. 두 사람은 처음 만났지만 마치 오랜 친구처럼 서로를 얼싸안았다. 병사들도 두 지휘관을 보고 환호성을 지르며 화답했다. 짧은 인사를 마치고 김준민 부대를 함안성 안으로 안내했다. 각 부대장은 동헌에 모여 함께 저녁식사를 했다.

「수고 많이 하였소. 여러분을 만나니 기쁘기 그지없소. 특히 이틀 전에 있었던 의령성전투를 전해 들었소. 참으로 멋진 전략이었소. 이제 함안에 들어온 왜적의 조무래기들도 없애버려야겠소.」

「과찬입니다. 곽장군께서 지도해주신 대로 실행했을 뿐입니다.」

「그래도 현장에서 왜적의 목을 벤 사람은 김가장 아니겠소? 하루만에 200명이 넘는 왜적을 베어버리다니 말이오. 큰 일을 해냈소.」

「곽장군께서 일러주시길 왜적은 정면에서 승부하기를 좋아한다하여 그 반대로 매복과 기습, 거리를 두고 전투를 벌인 끝에 좋은 결과를 거둔 것입니다.」

「그렇군요. 살아서 도망간 놈은 몇이나 됩니까?」

「단 한 놈도 없습니다. 왜적이 대단하기도 했습니다. 패할 것이 뻔한데도 칼을 빼어들고서 우리에게 달려들었습니다.」

「그러기에 저들이 이곳까지 쳐들어온 것 아니겠소. 그런데 나는 정면승부가 좋아요. 남자답지 않소.」

「예, 저도 정면승부를 해보고 싶습니다. 그런데 곽장군의 말씀에 일리가 있습니다. 적의 장점으로 승부하면 혹시라도 패할 수도 있고, 승리한다고 해도 아군의 피해가 클 것이라고 말씀하셨습니다.」

「음, 곽장군께서 소수 병력으로 왜적과 싸워 이긴 이유를 알겠소.」

「예, 저는 이번 전투에서 무관도 병법을 더 봐야할 필요가 있다고 생각했습니다. 한 번 더 참고, 생각하면 더 좋은 방책이 나온다는 것이지요.」

「곽장군의 인품에 푹 빠지셨구려.」

「그런 것 같습니다. 이웃을 도우러갔다가 오히려 더 많은 것을 얻은 격입니다. 나리께도 많은 것을 배우고 싶습니다.」

「내게 배울 것이 무엇이 있겠소. 왜적을 어떻게 무찌를 것인가를 생각하고 실천하는 것일 뿐.」

「나리께서는 부산에서 창원을 넘어 해안선으로 밀려오는 왜적을 막고 계시지 않습니까?」

「전쟁은 나 혼자 하는 게 아니지요. 조선은 훌륭한 장수가 많이 있어요. 특히 조선 수군에 걸출한 인물이 있지요. 전라좌수사를 맡고 있는 이

순신 장군은 왜선을 보이는대로 수장시켜버려요. 우리 바다는 전혀 염려할 필요가 없어요.」

「그 정도입니까? 나리께서는 이순신 장군과 함께 전투를 해보신 적도 있습니까?」

「여러 번 있어요. 왜적들이 바다 전투에서 밀리면 육지로 도망치는데 도망가는 적을 육지에서 없애버리곤 했지요.」

「조선 수군이 그렇게 강합니까?」

「강하다마다요. 지난 번 진해 앞바다의 전투를 목격한 적이 있어요. 우리 수군이 일방적으로 적을 눌러버립디다.」

「어떻게 말입니까?」

「왜적은 모여서 중심부를 향해 진격을 하는 반면, 우리 수군은 양 옆으로 퍼져 왜적을 에워쌉디다.」

「그럼 왜적의 힘은 한 데 모이는 반면, 우리 수군의 힘은 흩어지는 격이 아닙니까?」

「나도 처음엔 그렇게 생각했소. 그런데 우리 수군의 힘의 원천이 바로 거기에 있더군요.」

「다음 말씀이 기대됩니다.」

「우리 수군이 왜적의 함대를 둘러싼 이후 화포를 쏘아대더군요. 적이 한 데 모여 있으니 포탄의 적중률이 매우 높았지요. 대부분 화염에 쌓여 침몰할 때 조선 함대가 서서히 포위망을 좁혀 적의 배를 들이받아 부숩디다. 그리고 허우적대는 왜적을 화살과 창을 사용하여 손쉽게 소탕해버리더군요. 순식간에 왜적 함대가 괴멸되었소. 우리 육군은 멀리서 구경하다가 살아나온 왜군을 처리하면 끝이었소.」

「감탄스럽습니다. 우리 수군의 전투태세가 완벽했단 말이군요.」

「꼭 그렇지도 않소. 경상도 수군은 왜적과 전투를 해보지도 못하고 괴

거북선

멸되었다고 하는구려. 그런데 이순신과 이억기가 이끄는 전라도 수군은 경상도 수군과 달리 많은 준비를 한 모양이오.」

「같은 조선 수군임에도 준비 여하에 따라 결과가 다르다는 말씀이군요. 새겨들어야 할 것 같습니다. 수군이 그러하니 육군도 역시 마찬가지 아니겠습니까?」

김준민은 유숭인과 많은 대화를 나누었다. 두 사람은 같은 무관이어서 말도 잘 통했다. 특히 적을 섬멸할 방안에 대한 대화를 나눌 때는 흥분했다. 다음 날부터 실전 훈련에 돌입했다. 최근 함안으로 쳐들어왔다가 유숭인 함안군에 패한 후 호시탐탐 재침을 노리고 있는 일본군 진영을 공격대상으로 택했다. 목책 안에는 150명의 일본군이 주둔해 있었다.

*****

일주일 후, 두 사람은 이른 아침에 각각 300명의 병력을 이끌고 길을 나섰다. 척후병을 앞세우고 천천히 이동했다. 점심시간이 돼서야 일본군 주둔지에 도착했다. 합동부대는 일본군 목책이 보이는 산중턱에 적을 포위하는 형세를 유지하고 점심식사를 준비했다. 합동부대의 이동을 감지한 일본군은 목책 밖으로 척후병을 여러 명 내보냈다. 유승인은 아무 대응도 하지 말라는 지시를 내렸다. 합동부대는 여유롭게 점심식사를 마치고 예정대로 부대를 배치했다.

유승인이 100여 명의 기병을 이끌고 일본군 목책 앞으로 가서 조총 사거리 밖에 기병을 전개했다. 부대 배치를 끝낸 기병들은 유승인의 명령에 따라 목책을 향해 함성을 질렀다. 두 시간 정도 지나자 드디어 일본군이 모습을 드러냈다. 일본군은 소수의 인원만 남기고 대부분 밖으로 나와 전투대형을 갖추며 결전을 치르려는 태세였다.

유승인이 칼을 빼어들고 명령을 내렸다. 조선 기병이 모두 칼을 들고 일본군을 향해 함성을 질렀다. 일본군도 조총수를 일렬로 배치하고 기병의 공격에 대비했다. 그러나 조선 기병은 돌격하지 않고 제 자리에 있었다. 잠시 후 유승인이 또 다시 칼을 휘두르며 명령을 내리자 기병들도 이에 따라 일본군을 향해 함성을 질렀다. 조선 기병이 돌진해오지 않자 이제 일본군이 전열을 정비하여 천천히 기병에게 다가왔다. 유승인이 명령을 내렸다. 조선 기병은 명령에 따라 일본군이 전진하는 만큼 후퇴했다. 그리고 일본군이 후퇴하면 조선 기병은 일본군의 조총 사거리를 유지하면서 전진했다. 수시간이 흘러도 조선 기병은 일본군의 움직임만큼 전진과 후퇴를 지속했다. 그러자 일본군 장수가 돌격 명령을 내렸다. 일본군은 일사분란하게 오와 열을 맞추어 기병에게 달려왔다. 조선 기병은 일본군이 전진하는 만큼 후퇴했다. 조선 기병이 산 아래까지 밀렸다. 일본군은 때를 놓치지 않으려는 듯 달려들었다. 하지만 기병이 빨

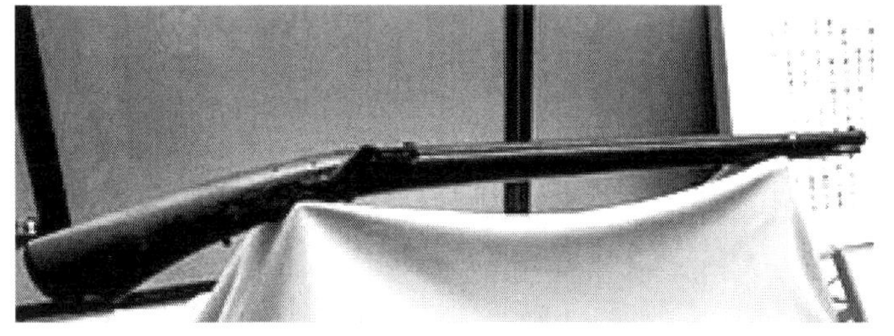

조총

랐다. 기병은 좌우로 나뉘어 일본군의 포위망을 피했다. 일본군이 기병이 있던 산 아래까지 이르자 화살이 쏟아져 내렸다. 산 위에 200명의 유숭인 보병 부대가 대기하고 있다가 일본군이 사정권 안에 들어오자 활을 쏜 것이다. 다수의 일본군이 화살에 맞아 죽거나 다쳤다. 이제 좌우로 흩어져 있던 기병이 일본군을 향해 돌진했다. 세 방향에서 유숭인 부대가 일본군을 공격하자 일본군의 오와 열이 무너졌다. 일본군은 강했지만 전방과 좌우에서 좁혀오는 조선군의 공격이 더 매서웠다. 일본군 장수가 후퇴를 명령했다. 이 때 일본군 후방에 김준민 부대가 나타났다. 일본군은 완전 포위됐다. 일부 일본군은 분전했지만 이미 사기가 꺾였다. 오래 지나지 않아 일본군은 칼을 땅에 내려놓고 항복하기 시작했다. 전투는 끝났다.

목책 안에 있던 10여 명의 일본군은 창원 방향으로 도망갔다. 김준민과 유숭인은 이들을 뒤쫓지 않았다. 부대를 정리하여 목책 안의 무기와 식량을 회수한 후 불을 질렀다. 이미 어두워진 산 아래에서 타오르는 불은 승리의 기쁨을 만끽하고 있던 조선군의 얼굴을 붉게 물들였다.

다음 날 김준민과 유숭인은 창원에서 함안으로 오는 산중에 진을 쳤다. 동이 튼 지 얼마 되지 않아 척후병이 일본군의 동태를 보고했다. 창원성에서 일본군 300여 명이 함안 쪽으로 이동하고 있다는 것이다. 유숭인은 함안에서 전투가 벌어지면 창원성에 주둔하고 있던 일본군이 지원해 올 것이라고 예상했다.

일본군 선두가 보였다. 이들은 빠른 걸음으로 산길을 넘었다. 김준민과 유숭인은 각각의 부대 400명을 이끌고 길 양편으로 나뉘어 기습을 준비했다. 드디어 일본군 선두와 후미가 모두 포위망에 들어왔다. 좌측에 매복해있던 김준민 부대가 함성을 지르며 일본군을 향해 활을 쏘았다. 화살 세례를 받고 한참 지나서야 일본군은 전열을 가다듬고 김준민이 매복해 있는 산 위쪽을 공격해왔다. 이때 반대쪽에 매복해있던 유숭인 부대가 배후에서 화살을 쏘아댔다. 일본군은 좌우에 매복해 있던 조선군에 완전히 노출이 된 채 화살을 맞고 쓰러져갔다. 일부 일본군은 칼을 들고 조선군을 향해 돌진했지만 높은 곳에서 대적하는 조선군의 포위망을 넘지 못하고 화살과 창에 찔려 쓰러졌다. 살아남은 일본군은 조선군과 백병전을 벌였다. 사기가 꺾인 일본군은 조선군의 상대가 되지 못했다. 전투는 순식간에 종료됐다. 조선군은 일본군 시체와 병기를 회수한 후 서로를 얼싸 안으며 자축했다. 그제서야 태양이 중천에 떴다.

*****

다음 날 김준민은 부대를 이끌고 합천으로 향했다. 김준민은 합천으로 돌아와 정인홍 부대와 합류한 후, 바로 성주성으로 향했다. 김준민은 성주성을 직접 압박하지 않았다. 다만 맞은편 산꼭대기에 조선군이 점령하고 있음을 알 수 있도록 각종 휘장을 꼽아두었다. 그리고 주요 길목에 병력을 집중적으로 배치하여 기습을 노렸다. 그리고 매복 부대에는 궁수를 배치하여 기습 공격을 감행했다. 성주성에 드나드는 길목이 막히는 까닭에 일본군은 외부와의 연락이 거의 끊겼다.

그러자 일본군은 500여 명의 대규모 부대를 성 밖으로 내보냈다. 김준민은 이들과 정면승부를 피하고 적의 배후를 노렸다. 일본군은 배후가 공격당해도 선두는 되돌아오지는 않았다. 김준민 부대의 초기 기습 효과는 높았다. 하지만 대규모 일본군 부대의 통행 자체를 막지는 못했다. 하루는 성주성에 있는 일본군 2/3가 빠져나와 남쪽을 향했다. 5,000여명의 일본군이 한꺼번에 쏟아져 나와 여러 방향으로 나뉘어 포위망을 뚫었다. 김준민은 성주성에 남아있는 일본군을 지속적으로 압박했다.

다음 날 정인홍 부대에 진주목사 김시민의 서찰이 도착했다. 그 다음 날에는 지례성에서 최경회가 부대를 이끌고 찾아왔다. 최경회는 정인홍 부대와 함께 전투를 치르고 있던 임계영 전라좌의병장을 만나 함께 진주성을 가자고 독려했고, 정인홍도 이를 받아들였다. 정인홍은 또한 합천가장 김준민에게 병력 500명을 이끌고 최경회, 임계영과 함께 진주성 전투에 참여하라는 명을 내렸다.

최경회가 김준민에게 다가와 말을 건냈다.

「김가장. 진주성 전투에 합류해 주어 기쁘오.」

「저는 지휘관의 뜻을 따를 뿐입니다.」

「김가장, 조선 땅에서 벌어지는 전반적인 전투 분위기가 어떻다고 생각하시오?」

「얼마 전까지만 해도 조선군이 왜적에게 밀리고 있다고 생각했습니다. 그러나 지금은 우리가 공세를 취하는 방향으로 양상이 바뀌고 있다고 생각합니다.」

「그렇지요. 이렇게 전쟁 상황이 바뀐 이유는 무엇이라 생각하오?」

「저는 무관으로서 전체적인 상황판단에 서툽니다. 다만 곽재우, 유숭인 장군과 함께 싸우면서 두 장군의 말씀을 들어보니 공통점이 있었습니다.」

「말해보시오.」

「예. 지금까지의 전투에서는 왜적의 장점이 발휘된 반면, 이제부터는 우리 조선군의 장점이 발휘될 차례라고 하더군요. 왜적은 야전에서 개인 전투력이 강하여 밀어붙이는 것이 특기라고 합니다. 반면, 조선군은 익숙한 지형을 이용하여 기습공격이 승리의 비결이라고 하였습니다.」

「두 장수의 야전경험이 옳소. 왜적은 현재 평안도와 함경도까지 갔으니 전선이 넓어져 많은 수의 병력을 한 곳에 집중하기 어려울 것이오. 그러니 각 지역의 소규모 전투에서 우리 조선군의 반격이 통하는 것이오. 그런 의미에서 다시 생각해보면 앞으로 벌어질 진주성전투의 결과가 전투의 방향을 바꾸는 전기가 될 것이라는 생각이 드는군.」

「장군께서는 이번 진주성전투가 매우 중요하다는 말씀이시군요.」

「그렇소. 우리가 중요한 거점인 성주성을 포위하고 있음에도 불구하고 적은 위험을 무릅쓰고 5,000명 이상의 병력을 빼갔소. 이것은 진주성 공략이 그 만큼 중요하다는 의미요. 왜적은 압도적인 병력을 동원하여 진주성을 공략하여 남부지역에서의 승기를 회복하려고 할 것이란 말이지.」

「그렇다면 왜적은 얼마나 많은 병력을 진주로 보낼까요?」

「2만 이상의 병력을 동원할 것 같소. 김가장이 이 사실을 알고 대비해야 할 것이오.」

「예, 장군. 제가 유념해야 할 것이 있다면 하명해주십시오.」

「김시민 목사도 이 전투의 중요성을 알고 우리에게 원군을 청한 것으로 보이오. 원병에게 진주성으로 들어와서 함께 싸우자고 하는 것이 아니라 주변에서 일본군을 압박해달라고만 하고 있소. 다만 왜적이 퇴각할 때 왜적의 배후를 공격해달라고 했소. 이것은 김목사가 대규모 병력이 몰려올 것임을 예상하고 있고, 적을 물리칠 준비가 되어 있다는 의지를 보여주는 것이오. 그러니 최소한 왜적의 집중력을 약화시켜 달라는 것과 퇴각하는 적을 한 놈이라도 더 목을 베자는 것이지요.」

「그렇다면 이번 전투에서 우리의 역할은 크지 않습니다.」

「그럴 것이오. 퇴각할 때 길목에서 왜적을 베는 것이 원군의 주요 임무일 수도 있소.」

「김목사께서 전투에 승리할까요?」

「쉽지는 않겠지만 서신 내용으로 보면 자신감이 묻어나고 있소.」

「그러면 승리할 수도, 패배할 수도 있겠군요. 제가 무엇을 어떻게 해야 할지를 말씀해 주십시오.」

「훌륭하오. 김가장은 무장임에도 불구하고 전반적인 전쟁의 흐름까지 생각하고 있다니 놀랍소. 이번 진주성전투는 전략적으로 매우 큰 의미를 가질 것이오. 왜적이 3만 명의 대군을 이끌고 진주성을 공격하는 이유는 이 전투에서 승리해야 하기 때문이오. 우리가 이번 전투에서 승리한다면 왜적은 더 이상 경상우도로 진출하지 못하게 될 것이오. 그러면 우리 조선군이 경상좌도에 있는 왜적을 공격하는 양상으로 바뀌게 됩니다. 그렇게 된다면 한양성 이북에 주둔하고 있는 왜적도 병참 수급에 위협을 받아 결국 후퇴할 것이오. 반면, 진주성이 왜적에게 함락된다면 경상우도 전 지역이 위험해지오. 현재 경상우도에서 전투를 벌이고 있는 조선군은 1만이 넘지 않소. 3만의 왜적이 경상우도의 각 지역을 돌면서 싸움을 걸어오면 우리는 산속으로 숨어야 할 처지가 될 수도 있소.」

이제 전투에서 이길
요건 모두를 갖추었다.

9장

김시민의 승리 비결

사천전투는 완벽한 승리였다. 이후 김시민은 조정으로부터 목사로, 성수경은 판관으로 정식 임명되었다.

김시민 목사와 성수경 판관은 진해성과 창원성에 주둔한 일본군을 몰아내고 모두 수복하였다. 나아가 350리가 넘는 김산까지 출동하여 김면장군과 함께 일본군을 격파했다. 일본군이 재차 진해성을 침공하자 포로로 잡힌 적군에게 진주목사임을 밝히고 풀어주었다. 진주관군의 막강한 존재를 알리고 큰 전투를 벌이자는 뜻이었다.

4차에 걸친 원정 모두 승리하고 진주성으로 개선하자 훈련중인 병사와 주민들도 손을 흔들며 환호했다.

목사는 동헌으로 들어가자마자 모든 장수들을 소집했다. 일본군의 동태에 관한 서찰이 각지에서 도착해 있었다. 지례와 성주, 상주, 부산 등에 주둔 중인 일본군이 동시에 진주로 이동하고 있다는 것이다. 예상대로 3만에 이르는 대군이 진주로 몰려오고 있다는 내용이다.

김시민 목사는 장수에 따라 역할을 부여하며, 방어 위치를 정해주었다. 또한 화포와 궁수, 보병, 기병을 재편성하였다. 장기전에 대비하여 모든 병사를 전투조와 휴식조로 나누는 방법도 논의하였다. 주민의 동원 방법과 시점도 주도면밀한 대책을 세웠다. 모두들 사기충전하여 오히려 왜적이 나타날 날을 기다리는 분위기였다.

김시민 목사는 지원군 요청을 위해 10여명을 선발하여 인근 고을로

김시민 목사의 출정로

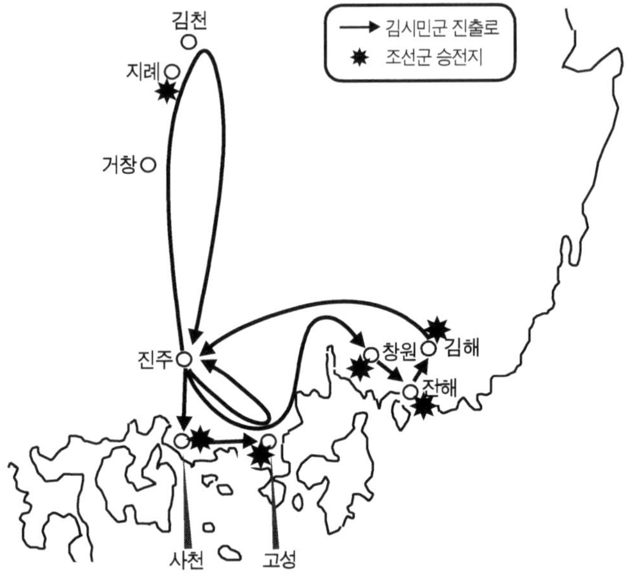

* 조선군: 1,000명, 일본군: 1,000명

전령을 보냈다. 각 고을의 장수들은 즉시 파견을 하겠다는 회신을 보내왔다. 전라우의병장 최경회와 전라좌의병장 임계영이 병력을 이끌고 진주로 오겠다는 전갈을 보내왔다. 인근 지역의 삼가의병장 윤탁, 초계가장 정언충, 곽재우 부대 선봉장 심대승, 승의장 신열, 곤양수성장 정기룡, 고성현령 조응도, 고성의병장 최강과 이달, 정인홍 부대의 합천가장 김준민도 원군 요청에 적극 호응하였다.

저녁이 되자 성수경 판관은 동문 누각에 서서 석양을 등진 채 말없이 동문 밖을 응시하고 있는 목사를 보았다. 건장한 풍채의 긴 그림자가 누각을 넘어 산 아래로 이어질 때까지 목사는 꼼짝도 하지 않았다. 그에게는 3,800명의 병사와 1만 명이 넘는 백성이 있다. 이들은 그를 따르며 다가올 전투에서 이길 것을 확신하고 있다. 목사의 뒷모습은 이 모든 짐을 안고 있는 듯 보였다.

목사는 천천히 돌아보며 엷은 미소를 성 판관에게 보내며 따라오라는 손짓을 보냈다. 성 위를 나란히 걸으며 만나는 병사에게 따뜻한 미소와 격려를 보냈다. 모든 전투준비를 확인하고 목사는 입을 뗐다.

「어떤가? 이기겠는가?」

「영감께서 이긴다고 하시면 이길 겁니다.」

「자네가 지휘를 맡더라도 이기겠는가?」

「제가 맡아도 해볼 만 합니다.」

「그럼 우리가 이기네.」

「그런데 아직 확신이 서지 않습니다. 이유를 듣고 싶습니다.」

「우리는 승리의 요건 모두를 갖추었어.」

「그것이 무엇입니까?」

「첫째는 우수한 병사, 둘째는 무기, 셋째는 병량, 넷째는 지리조건, 다섯째는 병사의 사기, 여섯째는 지휘관의 전략이라네.」

「우리가 적보다 우수합니까?」

「좋은 지적이네. 왜적도 여섯 가지 모두를 갖추었지. 그러나 우리가 저들보다 우수한 점이 분명히 있네.」

「병력수는 저들이 더 많습니다. 중과부적입니다」

「그러나 우리는 유리한 지리조건을 갖추고 있다네. 진주성은 천혜의 조건을 갖추었네.」

「하지만 저들은 우리보다 우수한 총을 가지고 있습니다.」

「그렇지만 성벽이 버티고 있는 한 저들의 총은 그리 위력을 발휘하지 못할 것일세. 우리에게는 화포가 있지 않은가? 저들은 성벽을 넘기 위해 공성무기를 만들 것이네만 우리의 화포는 공성기조차도 무용지물로 만들 것이네.」

「영감께서 왜 그토록 병사들의 전투경험을 중시하셨는지 이제 이해가

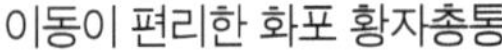

이동이 편리한 화포 황자총통

조선군의 유통식 화기 승자총통

됩니다. 전투에서 이겨본 병사는 이기는 방법을 알고, 이기는 방법을 아는 병사는 사기가 높고, 지휘관의 명령을 일사분란하게 수행할 것입니다. 그래서 외부 출정을 나가신 것이군요.」

「이제 자네에게 맡겨도 안심이겠네.」

「과찬이십니다. 왜 우리 조선군이 지금까지 왜적에게 당할 수밖에 없었는지 이제는 알겠습니다.」

「그래? 무엇인지 말해보게.」

「예. 말씀하신 여섯 가지 조건을 갖추지 못한 것입니다.」

「잘 보았네. 이번 전투는 얼마나 오래 걸릴 것 같은가?」

「한 쪽이 포기할 때까지 이어지는 것 아니겠습니까?」

「그야 당연하겠지. 왜적이 얼마나 버티겠느냐는 것일세.」

「거기까지는 생각하지 못했습니다.」

「이곳 진주성은 경상우도의 중심이네. 현재 왜적은 낙동강 동쪽에서는 활개를 치고 있지만, 이곳은 조선군이 지배하고 있네. 왜적은 이곳까지 별 제지를 받지 않고 올 수 있을걸세. 왜적은 3일에서 5일치 식량을 가지고 다니네. 전투병은 그 이상의 식량을 소유하고 전투하기는 어려운 법이라네. 저들은 5일 이상 공격할 여유는 없다고 보아야 할 것일세.」

「영감마님. 이제야 알 것 같습니다. 원군의 역할은 적의 보급로를 끊으시려는 생각이시군요.」

「하나는 맞추었네. 또 다른 이유가 있네.」

「영감께서는 원군과 단일대오로 편성하여 전투하는 일은 없다고 단언하시지 않았습니까? 보급 문제 말고 또 다른 이유가 무엇인지요?」

「적을 분산하는 것이네. 다음은 적의 퇴각시 한 놈의 적이라도 처치하는 것이네.」

「아, 이제 알겠습니다. 외곽 곳곳에 원병을 포진하면 진주성에만 집중할 수 없을 테니 말입니다. 원군의 존재만으로도 우리에게는 큰 힘이 되겠군요. 뜻을 이제야 이해했습니다.」

김시민은 동이 트기 전에 장수들을 동헌으로 소집했다. 목사는 전라도를 다녀온 최풍헌 선달에게 질문을 했다.

「최선달. 멀리까지 다녀오느라 수고했소. 원군의 규모는 어느 정도인가?」

「예. 최경회, 임계영 두 장군과 만났습니다.」

「잘 했네. 두 분은 뭐라 하시던가?」

「예. 흔쾌히 오시겠다고 하셨습니다. 진주성 주변에서 진을 치고 있다가 퇴각하는 적을 쫓아 격멸해 달라는 영감마님의 말씀을 정확히 전달하였습니다.」

「병력은 얼마나 이끌고 온다고 하시던가?」

「최경회 장군께서는 치열한 지례성전투때문에 대부분의 병사는 성주성 포위에 투입하고, 전투에 능한 병사 100여명과 함께 오시겠다고 했습니다. 임계영 장군께서는 1,000명을 말씀하셨습니다.」

「먼 전라도에서 이곳 진주까지 온다는 것은 우리 백성 모두가 왜적을 물리칠 자세가 되어 있다는 것이 아니던가. 인근 고을 사정은 어떻소?」

「예. 영감마님. 인근 고을도 병력을 보내겠다고 했습니다.」

「물론 후방지원을 요청했겠지?」

「예. 확실히 전했습니다. 길목마다 방책을 쌓고 전투에 필요한 물자도

진주성도(국립진주박물관, 2013)

조달하겠다고 했습니다. 또한 후퇴하는 왜적을 섬멸하겠다고 했습니다.

「그러면 원군이 총 몇 명이나 되던가?」

「예. 3,000명이 조금 넘습니다.」

「3,000명의 응원군이 포진한다면 적도 전투에만 집중하기는 어려울 것이야.」

「잘 알겠습니다. 적의 집중도를 분산시키겠다는 전략이시군요.」

이때 밖에서 이선달이 뛰어 들어왔다.

「영감마님. 동문으로 가보셔야 할 것 같습니다.」

「무슨 일인가?」

「많은 군사가 몰려오고 있습니다.」

목사는 장수들과 함께 동문으로 갔다. 기병과 보병의 혼합부대가 동문 가까이 달려오고 있었다. 조선군이었다. 목사는 즉시 진주관군에게 활을 거두라고 명령했다. 지휘관으로 보이는 장수가 동문 앞에 서서 외쳤다.

「경상우병사 유숭인이다. 성문을 열어라.」

「장군이시군요. 성문을 열어 드릴 수 없습니다. 진주성은 진주관군만으로 사수할 것입니다. 우병사께서는 인근에서 지원하시기 바랍니다.」

「이보시오. 김목사. 적의 수가 상상외로 많소. 우리와 함께 싸우는 것이 좋을 듯하오.」

「아닙니다. 우병사 대감. 이길 방책을 마련해 놓고 있습니다. 우병사께서 성안으로 들어오시면 오히려 전략에 차질이 발생할 수 있습니다.」

「목사의 전략이 그렇다면 잘 알겠소. 그럼 외곽에서 지원할 터이니 꼭 승리해주시오.」

「감사합니다. 장군. 무운을 빕니다.」

유숭인 장군은 부대를 이끌고 진주성 북문 쪽 야산에 진을 쳤다. 얼마 지나지 않아 왜적은 유숭인 부대를 공격해왔다. 혈투가 벌어졌다. 수적 열세에도 불구하고 용감하게 싸웠지만 조총을 앞세운 엄청난 왜적을 감당할 수 없었다. 결국 함안 관군은 모두 장렬한 최후를 맞이했다.

유숭인 장군의 전사소식을 들은 목사는 아무 말도 하지 않은 채 입술을 굳게 물었다.

임진왜란 당시 조선의 지방관들은 일본군의 이동상황을 서신을 통해 주고 받고 있었다. 김시민 목사도 한 달 전부터 적의 대규모 이동상황을 전해 듣고 있었다. 특히 낙동강 전선의 상주와 성주, 창원, 밀양의 대규모 일본군이 김해로 집결했다는 점에 주목하였다.

보름 전부터 진해와 창원성을 적군이 침입하자 유숭인 경상우병사는 이들을 저지하였으나, 방어하기에는 역부족이었다. 주변의 지방관에게 원군을 요청했지만 시간이 부족했다. 유숭인은 세차게 밀려오는 일본군에게 지속적으로 밀리며 진주성까지 밀려났다.

유숭인의 패전으로 김시민 목사는 재차 연락병을 파견하여 주변 원군에게 일본군과 직접 교전을 피하고, 포위하여 위협만 해달라고 요청했다. 다가오면 물러나고 물러나면 그 만큼 전진하라며 재차 강조했다.

이후 김시민 목사는 40여명의 장수를 모아놓고 작전회의를 열었다. 진주 관군 3,700명과 곤양군수 이광악이 이끄는 관군이 100명, 총

김시민 장군 동상(진주성 소재)

3,800명이 진주성의 결사대이다. 장수별로 100명씩 편성하여 방어구역 및 역할을 지시하고, 위험 지역은 어떤 방식으로 협력할 것인가에 대한 세부적인 행동지침을 내렸다. 또한 진주성 외곽 동쪽에 500여명, 서쪽에 1,100명, 남쪽에 1,000명, 북쪽에 500명의 원군의 배치도 알려주었다. 이 전투는 결국 조선군이 승리할 것이며, 승리 후 후속조치도 지시했다. 모두 결전을 앞두고 승리의 다짐을 결의하였다.

김시민 목사는 이광악 곤양군수와 성수경 판관을 따로 불렀다.

「이군수와 성판관은 이길 것 같소」

이광악이 먼저 대답했다.

「승리할 것입니다. 영감마님.」

「어떻게 장담하는가?」

「영감님의 얼굴에 그 어떤 근심과 걱정도 찾아볼 수 없습니다. 이미 승리를 확신하는 모습입니다.」

「판관은 어찌 생각하는가?」

「저도 이군수의 말씀에 전적으로 동감합니다. 다른 장수들도 영감님의 기운을 받고 있습니다. 그런데 영감마님. 저희만 부르신 특별한 이유가 있으신지요?」

「이제 내 마음을 꿰뚫어 보는군. 자네들에게 특별히 당부할 일이 있네.」

「무엇이든 말씀해주십시오. 받들겠습니다.」

「이군수. 왜 자네를 중위장으로 기용했는지 아는가?」

「중위장은 모든 상황을 파악하고 전체 부대에게 명령을 내리는 자리가 아닙니까? 저의 전투경험을 고려하신 것으로 생각합니다.」

「옳은 말이네. 그런데 한 가지 더 있네. 적은 내 목숨을 노릴 것이야. 혹시라도 내가 죽으면 자네가 맡아 임무를 완수해야 하네.」

「말씀 거두어주십시오. 영감님 없이는 진주성은 생각할 수 없는 일입

진주성 외원군 배치도

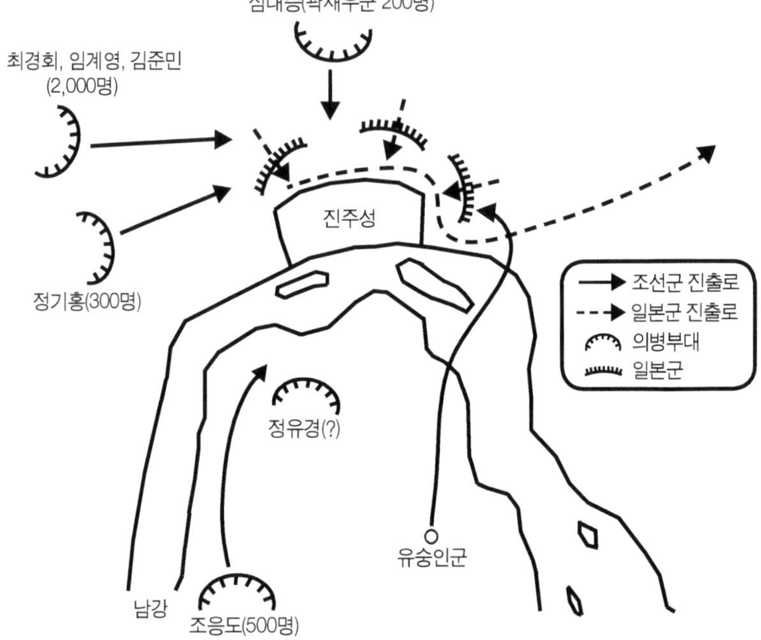

니다.」

「일부러 죽기야 하겠나. 그러나 전투에서 상대방 지휘관을 표적으로 삼는 것은 당연한 일. 그렇다고 내가 목숨을 사리며 승리를 바랄 수는 없지 않은가? 사즉생이네. 그러니 자네는 뒤에서 모든 전투를 내다보고 있게. 필요하면 내가 자네에게 따로 지시를 내릴 것이니.」

「분부 받들겠습니다.」

「판관은 자신에게 맡긴 임무를 어떻게 생각하나?」

「공세가 가장 치열한 곳이 동문입니다. 제게 동문 수비대장을 맡기셨습니다. 동문을 사수하겠습니다.」

「그렇다 해도 목숨을 내놓지는 말게. 자네가 없으면 쉽지 않은 전투가 될 것이니. 승리를 위해서도 살아있어야 하네. 내가 없을 때 자네가 중위장이 되어야 하니 꼭 살아있어야 하네.」

*****

10월 5일 드디어 일본군은 진주성 동문에서부터 진격하였다. 적은 3만 명. 첫 날은 특별한 움직임을 보이지 않았다. 3,800의 진주관군 역시 대응을 하지 않았다.

10월 6일 오후, 일본군은 첫 번째 공격을 감행했다. 이들은 3열 횡대의 조총부대 3개조를 동문 성벽에 도열시킨 후 사격을 감행했다. 진주관군은 성벽 뒤로 몸을 숨기다가 적의 사격전에는 몸을 드러내고 징과 꽹과리를 치며 함성으로 맞섰다.

적은 조총사격 중에 사다리를 성벽에 걸치고 오르기 시작했다. 진주관군은 적이 성벽을 2/3 정도 오를 때까지 기다렸다가 활을 쏘고, 뜨거운 기름을 쏟아 붓고, 쇳조각을 담은 짚 뭉치에 불을 붙여 던지며 맞섰다. 해가 질 때까지 공방은 지속되었다. 성 위로 오르려는 일본군은 사상자만 늘어날 뿐이었다. 어둠속에서 벌어진 두 번째 전투 역시 일본군의 피해는 가중되었다. 첫 날 두 번의 전투에서 일본군은 1,000여 명의 사상자를 냈고, 조선군의 피해는 거의 없었다.

10월 7일 자정이 지나 일본군이 성벽을 오르며 세 번째 전투가 시작됐다. 일본군이 성벽에 접근할 때까지 조선군은 아무런 대응도 하지 않았다. 동문 지휘부의 명령에 따라 불을 밝히고 기어오르던 일본군을 일시에 공격했다. 조선군은 화살과 돌, 끓는 물과 기름을 퍼부었다. 그리고 화약과 쇳조각을 짚단뭉치에 싸서 불을 붙여 일본군에 던졌다. 화약이 터지면서 안에 있던 쇳조각이 사방으로 퍼졌고, 주변의 일본군이 쓰러졌다. 일본군의 사상자가 늘어나자 퇴각했다.

네 번째 전투는 날이 밝자마자 이어졌다. 일본군은 성벽 앞 해자를 메운 후 공격을 감행했다. 이 전투 역시 진주관군의 일방적인 승리로 끝났다. 다섯 번째 전투는 오후에 벌어졌다. 일본군은 부대를 바꾸며 전투를 이어갔다. 하지만 일본군 사상자만 늘어날 뿐 진주성은 난공불락이었다.

10월 8일 새벽 일본군은 여섯 번째 공격을 시도했다. 일본군은 대나무와 판자를 이용해 성벽보다 높은 가건물을 짓고, 성벽 앞에 흙성을 쌓았다. 일본군은 흙성 뒤에 숨어 있다가 공격신호가 떨어지자 나무 가건물을 성벽 앞으로 밀고 나왔다. 성보다 높은 가건물 위에는 조총병 10여명이 사격자세를 취하고 있었다. 조선군은 170문의 대포를 성벽 사이에 설치하고 대응했다. 가까이 다가오자 조선군 화포가 불을 뿜으며 가건물을 순식간에 무너뜨렸다. 동시에 김시민 목사가 직접 기마병을 이끌고 동문에서 출동했다. 김시민 목사가 이끄는 기마병은 일본군의 배후를 돌아 퇴로를 차단한 후 닥치는 대로 적을 사살했다. 적의 공격방법을 간파한 대승이었다.

같은 날 밤에 일곱 번째 전투는 시작되었다. 적은 물량공세를 펼쳤다. 전군을 동원하여 대규모 공격을 감행했다. 조선군도 모든 방법을 동원했다. 성벽을 오르고 있는 일본군에게는 돌과 화살, 끓는 물과 기름을 퍼부었고, 화약과 쇳조각을 넣은 짚단에 불을 붙혀 투하하는 화공으로 대응했다. 대기중이거나 사격하고 있는 조총부대에게는 대포탄을 퍼부었다.

전투 사흘째부터 지원군도 움직였다. 정인홍 부대에 편성된 합천가장 김준민이 500여명을 이끌고 단성현의 일본군을 기습했고, 진주 한후장 정기룡이 조경형 부대와 합세하여 사천방향의 일본군을 공격했다. 단성현에서 대기하고 있던 전라도 의병장 최경회와 임계영의 군사 1,000여명은 일본군을 압박했다.

10월 9일 새벽의 여덟 번째는 전날 밤부터 시작된 전투의 연장이었다. 일본군은 희생자가 급격하게 늘자 9일 새벽에 잠시 주춤하더니 다시 공격의 고삐를 당겼다. 전투가 지속될수록 일본군의 사상자만 증가할 뿐이었다. 동이 트자 일본군이 물러났다.

10월 9일 아침부터 일본군은 더 높은 흙산을 쌓았다. 일본군은 흙산 뒤로 모든 공격무기를 감췄다. 어둠이 깔리자 일시에 공격을 감행했다. 조총병은 흙산위에서 쉼없이 총을 쏘아대면서 흙산 뒤에서 만든 가건물을 재빨리 성벽 가까이로 이동시켰다. 그리고 사다리를 이용해 성벽을 오르려 했다. 조선군도 이에 바로 대응했다. 조총병과 가건물은 대포로 격퇴하고, 성벽을 오르는 일본군은 기름과 화약, 화살로 대응하였다. 이 틈을 타 성문을 열고 기병을 투입했다. 일본군은 더 이상 조선 기병에게 대항하지 못했다. 이렇게 일본군의 아홉 번째 공격도 무위로 끝났다.

10월 10일 일본군은 새벽부터 곳곳에 모닥불로 주변을 밝힌 가운데 군막을 철거하기 시작했다. 지난 5일 동안 아홉 차례의 공격이 모두 실패하자 후퇴를 준비하는 듯 보였다. 그러나 김시민 목사는 오히려 경계태세를 더욱 강화했다. 동이 트기 전 일본군은 모두 죽음을 각오하고 공격에 박차를 가했다. 일본군의 공세가 강해질수록 진주관군은 더욱 강력하게 대응하며 일방적인 전투를 벌렸다. 결국 전투는 일방적으로 진행됐다. 동이 트자 김시민 목사가 동문 밖으로 기마병을 이끌고 일본군과 일전을 벌였다. 일본군은 기병에게 속수무책으로 당했다. 그러나 일본군 저격병이 쏜 총탄을 맞은 목사가 말에서 떨어졌다. 이 틈을 타 일본군이 후퇴를 단행했다. 4박 5일 동안 10회의 진주성 전투는 모두 조선군의 승리였다.

이제 진주성에 들어가 결판을 볼 것이다.

10장

승기를 잡다

판관 성수경은 똑똑히 보았다. 선두에서 달리던 김시민이 말에서 떨어지는 모습을. 성수경은 직감적으로 목사가 총에 맞았음을 알았다. 성수경은 부장에게 목사를 부탁하고 적을 쫓았다. 일본군은 단성으로 가는 고갯길에서 매복 중이던 김준민 부대의 기습으로 허둥대고 있었다. 성수경은 우왕좌왕하던 적의 배후를 치며 한껏 분풀이를 한 후에 김시민이 쓰러진 곳으로 돌아왔다. 김시민은 피를 흘리며 의식을 잃은 상태였다. 성수경은 김시민을 임시로 만든 가마에 태워 진주성으로 돌아왔다. 성수경이 진주성 동문에 나타나자 모든 주민이 나와 환호하며 맞이했다. 그러나 복귀하는 기마병들의 침통한 표정을 보고 주민들이 술렁이기 시작했다. 성수경은 동문 누각에 올라 곤양군수 이광악과 병사들에게 목사가 중태에 빠져 있음을 알렸다. 이광악은 곧바로 장수회의를 소집했다.

「어떻게 된 일이요? 성판관은 우선 사실을 상세하게 알리시오.」

「예, 나리. 퇴각하던 왜적을 단성고개 아래까지 쫓았습니다. 선두에서 말을 달리셨고, 제가 바로 뒤를 따랐습니다. 제가 척후병을 앞세우고 추격하자고 진언 드렸습니다만 영감께서는 그럴 시간이 없다, 한 놈이라도 더 처치해야 한다고 하시며 계속 선두에서 적을 추격했습니다. 단성고개 초입에 들어서자 적의 총탄을 맞아 영감께서 말에서 떨어지셨습니다. 영감의 명령에 따라 저는 단성고개를 오르는 적을 한껏 짓밟고 돌아와 보니 영감님은 이미 의식을 잃으셨다고 합니다.」

「알겠소. 이제 우리가 어떻게 하면 좋겠소?」

「말씀드려도 되겠습니까?」

「오, 정부장. 말해보시오.」

「예, 나리. 영감님께서는 전투 중에 혹시라도 당신께서 유고 사태가 발생하면 이군수께서 지휘권을 이어받으시라고 하셨습니다.」

「그 말은 나도 들었소. 하지만 이곳에서는 어떤 직함도 없소. 내 직책은 곤양군수요. 이번 전투가 끝나는 대로 곤양으로 갈 생각이었소.」

「하지만 나리. 영감님께서는 전투중에 의식을 잃으셨습니다. 이 상황에서 지휘권은 바로 나리께 주어진 것입니다. 아직도 전투 중입니다. 조정에서 어떤 명령이 있기 전까지는 나리께서 진주목사 대행이십니다.」

「허, 그리 말하니 더 할 말이 없구려. 알겠소. 목사님의 명을 받들어 내가 일단 지휘권을 행사하겠소. 그러면 이제 어떤 일을 먼저 하면 좋겠소.」

성수경 판관이 나섰다.

「예, 제가 말씀드리겠습니다.」

「성판관. 어서 말해보시오.」

「영감님께서는 전사자는 장사를 잘 지내주고 부상병을 위로하는 일이 우선이며, 다음으로 전투에 참여한 병사와 백성의 노고를 치하하는 일이 중요하다고 말씀하셨습니다. 그리고 왜적은 더 많은 병력으로 반드시 또 올 것이니 큰 싸움에 대비해야 한다고 하셨습니다.」

「알겠소. 정부장. 이번 전투에서 우리의 인명피해는 어느 정도요? 살펴보았소?」

「예, 나리. 사망자가 400명에 이릅니다. 그리고 전투에 임하기 어려운 병사가 400명 정도입니다.」

「이번 전투로 800명을 잃었군. 그러면 적의 피해는 어느 정도인지 파악하고 있소?」

「확실하지는 않지만 사상자만 1만 명이 넘을 것입니다.」

「확실하지 않다? 그러면 1만 명이라는 숫자는 어떻게 나온 것이오?」

「이번 전투는 5일 동안 10회에 걸쳐 있었습니다. 한번 전투가 벌어지면 3시간 정도를 끌었습니다. 주간 전투가 5회이고 야간에 벌어진 전투가 5회였습니다. 매번 사상자가 비슷하게 나왔다는 것을 분석해보니 적은 1회의 전투에서 1,000명 이상의 사상자가 발생한 것으로 보입니다. 그러니 10회의 전투에서 1만 명 이상의 사상자가 발생했다고 볼 수 있습니다. 적은 성 아래에서 위를 보며 전투를 한 까닭에 부상자보다 사망자가 많았을 것입니다. 왜적은 이번 전투로 7,000명 이상이 사망했고, 3,000명 정도는 심각한 부상을 입었을 것으로 추정됩니다.」

「정부장은 이 사실을 상세하게 기록하여 장계를 쓰시오. 전하께서 크게 기뻐할 일이요. 성판관은 즉시 전사자를 위해 극진한 장례를 준비하시오. 나는 즉시 부대를 시찰하며 부상자를 위로하고 병사들을 추스르겠소.」

*****

성수경은 목사의 부인에게 전갈을 보냈다. 3일 후 목사의 부인이 성에 도착했다. 목사는 깨어나지 못한 채 총탄을 맞은 8일 후 숨을 거두었다. 당시 나이는 39세. 목사의 사망 다음 날 조정에서 첩지가 왔다. 진주성전투 이전에 각지를 돌며 승리한 공을 인정하여 경상우도병마절도사에 임명한다는 것이다. 이 소식을 접한 진주성 주민은 더 큰 슬픔에 빠졌다.

김시민 목사의 장례식이 치러졌다. 모든 주민의 애도 속에 목사의 유해는 부인의 친정인 괴산 땅에 묻혔다. 피난 갔던 주민도 돌아왔다. 심지어는 다른 지역의 주민도 진주성이 안전하다며 몰려왔다.

목사의 장례를 마친 후 이광악 목사대행은 장수회의를 다시 소집했다. 또 닥칠 큰 전쟁을 대비하기 위해서이다.

「임무완수를 높이 치하하는 바이오. 모두들 수고 많았소. 여러 장수들 덕분에 전사한 동지의 상을 잘 치렀고, 부상병도 치료를 하고 있소. 성내 주민도 이제 평정심을 찾아가고 있소. 우리가 앞으로 무슨 일을 어떻게 해야 할지 논의하기 위해서요. 주저 말고 말씀해주시오.」

「성수경입니다. 영감님께서 사경을 다투실 때 무엇을 해야 할지 생각해보았습니다. 반드시 복수를 하고 싶습니다. 출격하게 해주십시오. 이것은 저만의 생각이 아니라 많은 장수들도 강력히 원하고 있습니다.」

「그 뜻은 충분히 알겠소. 나도 그러고 싶소. 하지만 냉정하게 생각해봅시다. 영감님께서는 지금 어떤 결정을 했을지.」

정영식 부장이 나섰다.

「당장이라도 전군을 이끌고 왜적을 닥치는 대로 해치우고 싶은 마음은 우리도 같습니다. 군수 나리의 의견에 동감입니다만 감정이 앞선 결과는 뻔합니다. 영감님께서는 승리를 확신할 때까지 준비한 이후 전투에 나섰습니다. 그리고 왜적이 크게 패했다고는 하지만 아직 우리보다 수적으로도 우세합니다.」

「그럼 어쩌란 말이오. 이대로는 분한 마음을 참기 어렵습니다.」

「판관 나리께서도 영감님께서 생전에 하시던 말씀을 알고계시지 않습니까?」

「무슨 말씀 말이오?」

「저는 똑똑히 기억하고 있습니다. 영감님께서는 우리가 이길 것이라고 여러 차례 말씀하셨습니다. 닷새만 버티면 된다고까지 말씀하셨지요. 그리고 이번 전투에서 왜적은 더 큰 규모로 다시 올 것이라고 말씀하셨습니다.」

「그렇소. 나도 기억하고 있소.」

「저는 저들을 더 크게 꺾는 것이 영감님의 복수를 철저히 하는 것이라고 생각합니다.」

이광악이 성판관과 정부장의 논의를 정리했다.

「내 생각으로도 지금 적을 쫓아 부대를 동원하는 것은 좋은 생각이 아닌 것 같소. 지난 전투에서 우리는 800명의 병사를 잃었소. 지금은 전투력을 회복해야 할 시기요. 우리는 영감님에 대한 복수를 위해서라도 대비에 총력을 다 해야 할 것이오. 정부장은 우리가 앞으로 무엇을 해야 할지 말해주시오.」

「우선 시급히 병량을 확보하는 일입니다. 아직 추수도 끝나지 않은 상태입니다. 병사를 풀어서라도 추수를 조기에 마치고 병량을 확보할 필요가 있습니다.」

「그렇구려. 추수가 늦어지면 수확량도 줄 것이니 서둘러야겠소. 내일부터 병사를 동원하여 마무리 짓도록 하시오. 다음으로 중요한 일은 무엇이라 생각하시오?」

「전사자와 부상자가 생겼으니 부대를 재편해야 합니다. 동시에 병기를 정비해야 하며, 화살과 화약도 만들어 두어야 합니다.」

「아무래도 전투준비는 판관이 맡아서 해주시오. 나는 언제 이곳을 떠나야 할지 모르니 말이오.」

성수경이 이광악의 지시에 응답했다.

「예, 알겠습니다. 나리. 제가 병사와 무기 관리는 곧 복원하겠습니다.」

「알겠소. 일단 만반의 준비를 갖춘 후 다음 전투를 대비합시다.」

*****

서예원은 김해성전투의 패배를 이유로 부사직에서 해임됐다. 그는 김해와 창원 일대에서 유격전을 전개하며 왜적의 보급품을 노리는데 주안점을 두었다. 그러다보니 자연스럽게 전투영역이 넓어져 특히 김면 부대와 활동을 같이 하는 경우가 많아졌다. 제1차 진주성전투에서는 김시민으로부터 관직이 없는 관계로 공식적인 원군요청을 받지 못했지만 부산에서 김해를 거쳐 진주성으로 향하던 일본군을 공격하여 진주성전투의 승리에 기여했다.

이러한 전공을 인정받아 서예원은 조정으로부터 진주목사에 임명됐다. 새로운 목사가 부임하자 이광악 진주목사 대행은 곽재우를 돕기 위해 고령으로 떠났고, 성수경 판관이 서예원을 맞이했다.

「어서 오십시오. 영감마님. 승진을 축하드립니다.」

「고맙소. 판관. 내 능력이 부족하나 이렇게 중책을 맡았으니 최선을 다하겠소. 판관 이하 군관들도 많이 도와주시오.」

「여부가 있겠습니까. 성심을 다하겠습니다. 영감님께서 왜적을 어떻게 격파하셨는지는 우리도 잘 알고 있습니다.」

「진주는 왜적의 대군을 물리친 곳이오. 어떻게 이 같은 엄청난 결과를 낳았는지 깊이 살펴보고 내 생각을 정리해 보겠소. 판관은 적은 병력으로 어떻게 적의 대군을 물리칠 수 있었는지를 우선 정리해주시오.」

「예, 영감마님. 진주관군은 3,700명이고, 곤양관군이 100명, 모두 3,800명이었습니다. 반면 왜적은 3만 명이었지요.」

「외원군이 많았다고 들었는데 왜 성안으로 들이지 않고 3,800명으로 전투를 치렀는지 궁금하오.」

「예, 영감님. 김시민 목사께서는 일사불란한 지휘체계와 훈련된 병사만이 치열한 전투를 감당할 수 있다고 강조하셨습니다. 따라서 외원군에게는 직접 전투를 할 것이 아니라 왜적과 거리를 두고 견제하며 퇴각하는 적을 섬멸하라는 요청을 했습니다.」

「수가 적음에도 승리를 확신하고, 전략을 세웠다는 말이로군.」

「그렇습니다. 적이 얼마나 오든지 반드시 이길 것이라고 확신하고 계셨습니다.」

「그 확신은 어디에서 나온 것인가?」

「영감마님께서는 전투는 벌어지기 전에 이미 승패가 결정된다고 하셨습니다.」

「이미 승패가 결정된 후에 전투를 했다? 엄청난 말이로군. 어떻게 승리를 확신한 것인가?」

「여러 상황을 볼 때 우리가 이긴다고 하셨습니다. 왜적이 우리보다 유리한 것은 수가 많다는 것과 총을 가지고 있다는 것뿐이라고 하셨습니다.」

「저들의 승리요인은 수적 우세와 우수한 무기인데도 목사님은 이를 하찮게 생각하다니.」

「예. 우리의 진주성벽이 높아 수적 우세가 결코 강점이 될 수 없다 하셨고, 접전이 벌어지면 총은 무용지물이라 하셨습니다. 또한 멀리서 총을 쏘면 성벽 뒤로 피하면 그만이기 때문에 큰 강점이 아니라는 것입니다.」

「그렇다면 우리는 무엇으로 이겼소?」

「3,800명으로 수성이 가능하니 더 이상 병력이 필요하지 않다고 하셨습니다. 위에서 아래를 보며 전투를 벌인다면 어떤 강군이 오더라도 막을 수 있다고 했습니다. 그리고 우리는 화포가 있기에 적의 공성무기를 일거에 부술 수 있고, 몰려드는 적은 염초로 만든 폭탄으로 대량살상이 가능하다는 것입니다.」

「판관. 그대는 정녕 훌륭한 장수 밑에서 많은 것을 습득했구려.」

「아직 많이 부족합니다. 이곳은 저 말고도 전투 경험을 가진 장수가 많습니다. 모두 전임 목사님께서 단련시킨 결과입니다. 이들을 적소에 기용하는 것이 매우 중요하다고 생각합니다.」

「좋소. 아주 든든하오. 전임 목사께서 돌아가신 이후에도 부대가 온전하게 유지되고 있으니 장수들 노고가 많았음을 알겠소. 부대를 돌아보면서 무엇을 해야 할지 좀 더 숙고해보겠소.」

*****

한편, 김천일은 송제민, 양산룡, 양산숙, 임환, 이광주, 서정후와 함께 300명의 군대를 이끌고 행산고성에서 강화성으로 들어가기로 했다. 강화성에는 이미 경기도 지역 전투를 벌이고 있던 전라도 부대가 들어가 있었다. 이들은 행산고성에 임시로 주둔하고 있던 김천일에게 함께 싸우자고 요청했다. 강화성은 일본군의 발길이 닿지 않은 곳으로 전라도와 충청도의 곡식을 평안도의 조정에 공급하고, 조정의 명령을 전라도를 비롯한 각 지역에 전달할 수 있는 전략상 요충지였다. 김천일은 강화부사, 전라병사와 협력해 연안에 방책(防柵)을 쌓고 병선을 수리해 전투태세를 재정비했다.

김천일의 참여로 조정과 전라도, 경상도, 충청도 간의 소통이 활발해졌다. 김천일은 이러한 공을 인정받아 선조 임금으로부터 장례원판결사

(掌禮院判決事)에 임명되었고, 창의사(倡義使)라는 군호를 받았다. 김천일은 강화성을 지키는 동시에 남쪽과 북쪽의 소통과 물자를 관리하는 권한을 갖게 되었다.

강화성이 안전하고 물자가 풍부하다는 소문이 돌자 각지에서 병사들이 모였다. 김천일은 한양성 탈환을 세워 500명의 병사로 돌격대를 조직하여 한양성 인근으로 출병하였다. 그러나 일본군의 매복대의 기습을 당해 병사 대부분을 잃고 부하 몇 명과 함께 겨우 강화성으로 돌아왔다.

김천일은 육지로 진출하는 것이 어렵다고 판단하여 더 이상 병력을 동원하지 않았다. 다만 한양 인근의 사정을 파악하기 위해 10명 이하의 소규모 부대를 내보내 적의 동태를 살피고, 일본군의 배치도를 파악해갔다. 10월 중순, 찬바람이 불기 시작하자 일본군의 활동이 눈에 띄게 위축되었다. 악착같던 일본군은 더 이상 볼 수 없었다. 조선군을 보고도 못 본체 하였다. 김천일의 파견부대는 2~3명의 일본군 수급을 가지고 돌아오는 전과를 올리기도 했다. 10월 말에는 한강 서쪽의 일본군이 한양성으로 철수했다. 이 결과 김천일은 김포, 양천 일대까지 세력을 확대해나갔다.

해가 바뀌었다. 선조 임금의 서신이 강화성에 도착했다. 진주성전투 이후 일본군의 기세는 급격히 꺾이고, 관군과 의병의 공세가 조선 전역으로 확대되고 있으니 강화성도 전투를 강화하라는 것이다. 김천일은 강화성의 전라병사, 경기수사, 충청병사, 강화부사, 진도부사를 불러 모았다. 각 수장들은 즉각 한양성을 탈환하자는 의견에서 아직 일본군의 세력이 강하니 사태를 관망하자는 쪽으로 나뉘었다. 김천일은 그 동안 수집한 정보로 군대를 한양성 인근까지 이동시켜 적을 압박하자고 제안하였다. 많은 장수들이 이를 받아들였다.

*****

평양성전투 패배 후 일본군은 한양성에 틀어박혀 꼼짝도 하지 않았다. 김천일은 정면충돌을 가급적 피하면서 일본군을 견제했다. 1월 말 벽제관전투에서 패한 명군은 개성으로 철수했다. 이 때 김천일은 양천에 주둔하면서 한강을 건너 한양성의 일본군을 압박했다. 김천일은 한강 서편 양천에 진을 치고 한강을 건너 양화도에서 승리하기도 했다.

2월 초 권율은 1만 여명의 병력을 이끌고 수원에서 행주산성으로 주둔지를 옮겨 한양성 탈환을 계획하였다. 김천일은 진도군수 선거이, 충청감사 허욱, 충청수사 정걸과 함께 행주산성 인근에서 권율을 지원했다. 이 무렵 일본군은 평안도와 함경도, 황해도, 강원도에서 퇴각하여 한양성 인근에 집결하였다. 따라서 한양성의 일본군은 3만 명이 넘었고, 1월 말 벽제관 승리 직후여서 사기 또한 충천해 있었다. 2월 12일 새벽 일본군은 전 병력을 동원하여 행주산성을 공격했다. 권율은 화차와 수차석포라는 특수한 무기를 제작하고, 산성을 증축하고 목책을 쌓아 일본군의 공격에 대비했다. 행주산성의 싸움은 3배가 넘는 일본군에 맞서 하루 종일 처절하게 전개되었다. 하지만 조선군은 또 하나의 기념비적인 육상전투를 승전으로 장식했다.

행주산성전투 이후 움추리고 있던 일본군을 김천일은 한양성 서부에서 지속적으로 압박했다. 4월이 되자 일본군은 남으로 퇴각하기 시작했다. 김천일은 즉시 한양성에 입성하여 굶주린 백성을 위해 식량을 공급했다. 그리고 조정의 명을 받아 바로 일본군을 추격하여 상주성까지 남하했다. 상주에서 김천일은 오래간만에 아들 김상건과 대화를 나눴다.

「상건아. 그동안 수고 많았다. 물러나는 적을 쫓게 되다니 감개무량하

평양성 전투

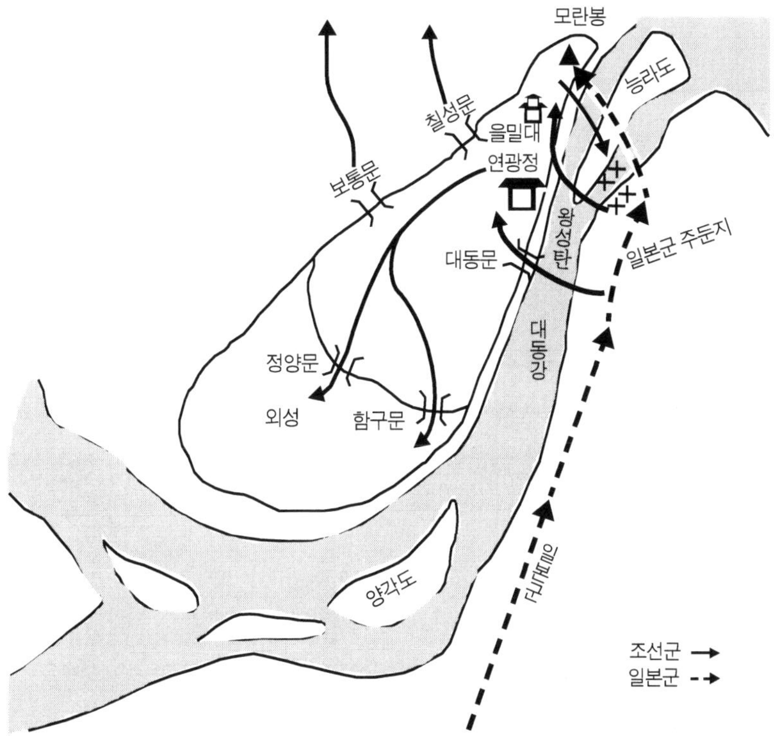

구나.」

「아버님을 비롯한 수많은 분들이 애쓰신 결과입니다.」

「조선백성 모두 목숨을 걸고 나라를 지키겠다고 들고 일어난 결과이지. 전하로부터 아래로는 병사들까지 이 나라를 지키고자 얼마나 애썼더냐? 하지만 아직 갈 길이 멀구나.」

「예, 저도 그렇게 생각하고 있습니다. 다만 명군의 태도가 참으로 마땅치 않습니다.」

「그래도 명군이 조선까지 와서 고생을 하지 않더냐.」

「너무 하지 않습니까? 아버님. 저들은 이 땅에 싸우러 온 것이 아니라 즐기고 누리기 위해 온 사람처럼 보입니다.」

「네 말도 틀린 말이 아니다.」

「명군은 절대 적을 쫓아 공격하지 않습니다. 눈앞의 적도 길을 터주기조차 합니다. 또한 우리가 왜적을 공격하려 들면 우리 앞을 막지 않습니까? 명군은 도대체 싸우러 온 군인입니까? 놀러온 집단입니까?」

「그래도 명군의 지원으로 평양성도 탈환했고, 적들도 한양성에서 물러나지 않았더냐.」

「저도 듣고는 명군을 고맙게 생각해왔습니다. 그런데 명군이 하는 행동을 직접보니 생각이 바뀌었습니다.」

「무엇이 네 생각을 바꾸게 하더냐?」

「명군은 평양성을 탈환했지만, 벽제관에서는 패하여 개성까지 물러났습니다. 왜적이 이곳 상주까지 후퇴한 것은 명군 때문이 아닙니다.」

「왜 왜적이 후퇴한다고 생각하느냐?」

「예, 아버님. 명군이 도착하기 전부터 왜적은 후퇴의 징조를 보였습니다. 작년 10월 중순 이후부터 공세에서 수세로 바뀌지 않았습니까?」

「너는 왜 작년 10월부터 왜적이 수세로 바뀌었다고 생각하느냐?」

「지난 해 10월 초 남쪽에서 우리 조선군과 왜적 간에 큰 싸움이 있었다고 들었습니다.」

「그래. 진주성의 혈투가 있었지. 조선군의 대승이었다.」

「예, 진주성전투는 왜적에게 우리 군대를 두려워 하고, 조선을 지배할 수 없도록 만들었습니다. 그 때부터 왜적은 수세로 전환한 것이지요.」

「네 말에 일리가 있구나. 왜적이 후퇴를 고려하던 중에 명군은 평양성을 공격했고, 평양성에서 패퇴하고 나니 한양성 이북의 왜적이 모두 한양성으로 후퇴했다는 것이구나. 그러면 벽제관전투와 행주산성전투에서 왜적의 악착같은 공세에 대해서는 어떻게 생각하느냐?」

「예. 퇴각하더라도 상대방에게 만만하게 보여서는 안 되기 때문일 겁니

행주산성전투

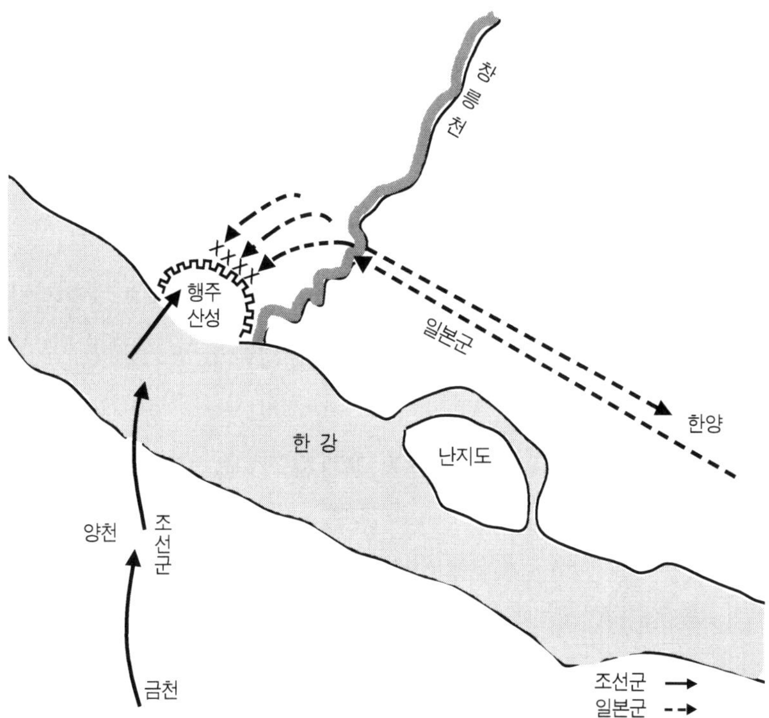

다. 벽제관까지 왜적이 후퇴하자 명군이 바로 왜적을 뒤쫓았습니다. 만일 명군을 패퇴시키지 않았다면 한양성의 왜적 모두가 순조롭게 퇴각하기 어렵게 됩니다. 그러니 사생결단하고 명군과의 전투를 치른 것이지요.」

「그런데 행주산성전투에서는 조선군에게 패하지 않았느냐. 행주산성에서도 왜적이 승리를 거두어야 소기의 목적을 달성할 수 있었던 것 아니냐.」

「행주산성전투는 생각에 따라 승패가 바뀔 수도 있습니다. 실제 전투에서는 조선군이 승리한 것은 확실합니다. 그런데 다음 날도 왜적이 산성에 쳐들어왔습니다. 조선군이 다음 날에도 산성에 머물렀다면 승리를 장담할 수 없었습니다. 그러니 왜적은 행주산성전투에서도 그들이 이겼다고 본 것입니다. 아무튼 조선군이 산성에서 퇴각하였으니 왜적의 힘을 보여주려던 목적은 달성한 것이지요.」

「그래. 너의 판단이 옳은 것 같구나. 그러면 앞으로의 전투는 어떻게 생각하느냐?」

「예, 아버님. 앞으로 주도권은 명군도, 왜적도 아닌 조선군이 쥐고 있다고 생각합니다.」

「그 이유는 무엇이더냐?」

「제 생각으로는 명군은 왜적과 싸울 의지가 없어 보입니다. 명군은 왜적이 물러가기만 하면 목적을 달성한 것이 되니 목숨 걸고 싸울 이유가 없습니다.」

「알겠다. 네 말이 옳다. 그럼 왜적은 어떻겠느냐?」

「왜적은 명군과 조금 다릅니다. 현재 많이 지쳤기 때문에 싸우고 싶지 않을 것입니다. 그러나 조선을 쳐들어 왔으니 빈손으로 물러날 수도 없지요. 왜적은 물러날 명분이 필요합니다.」

「그렇다면 조선을 배제하고 명군과 왜적이 합의라도 할 수 있다는 말이냐?」

「예, 그렇습니다. 그런 일은 벌어지지 말아야 하지만 지금 명군이 하는 짓으로 보아서는 언제든지 자신이 원하는 것을 얻고 더 이상의 희생 없이 명나라로 돌아가려고 할 것입니다.」

「그렇구나. 전하께서 우리의 노고를 칭찬하시면서 앞으로 더 노력하라고 당부하신 것이 사태를 꿰뚫어 보시고 계신 것이야. 그럼 지금 해야 할 일은 무엇이더냐?」

「예, 아버님. 앞장서서 왜적과의 전투를 벌여야 합니다. 조선인의 끈기를 보여주어야 합니다. 왜적이 명군과 어떤 합의를 하더라도 우리는 싸워 이겨야 합니다. 그래서 우리 손으로 우리 땅을 지켜내야 합니다.」

*****

최경회도 평양성을 탈환했다는 소식을 들었다. 벽제관과 행주산성에서의 전투, 한양성에서 일본군이 남으로 후퇴한다는 소식이 연이어 전해졌다. 최경회는 진주성전투 이후에도 김면, 임계영과 함께 지례성을 포위하고 압박을 지속했다. 특히 김면의 제안대로 일본군 보급부대를 중점적으로 공격했다. 2월이 되자 지례성의 일본군도 한양에서 후퇴하던 일본군 부대를 따라 성주성으로 이동했다. 물론 김면, 임계영, 최경회 부대도 후퇴하는 일본군을 추격하며 성주성으로 이동했다. 최경회는 그 동안의 전공을 인정받아 경상우도병마사에 임명되어 이후 성주성의 모든 부대를 공식적으로 지휘하게 되었다. 그는 부대를 재편성했다. 오랜만에 논개와 대화를 나누었다.

「논개로구나. 들어오너라.」

「대감마님. 우병사 임명을 감축 드립니다.」

「대감마님이라고 부르는구나. 듣기 좋구나.」

「전하께서도 대감마님의 노고를 인정하신 거지요.」

「나만 관직을 받으니 다른 장수들께 미안한 마음이다.」

「전하께서 다 뜻이 있어서 그리 결정하신 것 아니겠습니까?」

「지금 부대는 독자적으로 모인 병사들이라 지휘계통이 서지 않아 걱정이다. 큰 전투가 벌어졌을 때 일사분란한 대응을 못하니 패배로 이어질 가능성이 높지. 그러니 나이가 가장 많은 나에게 지휘를 맡으라고 관직을 내려주신 것 같구나.」

「연세때문은 아닙니다. 리더십과 지략을 믿고 내리신 것이지요.」

「더 이상 할 말이 없구나. 네 덕도 크다.」

「가당치 않습니다. 소녀까지 생각 해주시는 말씀만으로도 감읍할 뿐입니다.」

「아니다. 진심으로 네게 고맙구나. 힘든 기색 없이 병사들 수발을 들어주고 밤낮으로 부상병을 돌보고, 이 위험한 곳에서 아녀자의 몸으로 감당해온 네가 참으로 대견하구나.」

「저는 할 수 있는 일을 했을 뿐입니다. 목숨을 걸고 싸우는 병사도 있는데 뒤치닥꺼리를 못하겠습니까? 그보다 대감마님께서 연세가 많으심에도 불구하고 전쟁터에 나가 계시는 것을 보면 무한한 감동을 느끼고 있습니다.」

「나도 그저 할 일을 할 뿐이다. 그래도 나는 이렇게 살아있지 않으냐. 죽어간 이들을 보면 미안하고 감사한 마음이 드는구나. 이제 왜적이 물러날 기미를 보이지 않더냐.」

「참으로 다행입니다. 대감마님.」

「아직 안심하기는 이르다. 전하께서 경상우병사에 임명하신 까닭이 무엇일까 더 생각해보았다.」

「성주성의 모든 부대를 지휘하라는 뜻이라고 하지 않으셨습니까?」

「표면적으로 그렇지.」

「다른 뜻이 있다는 말씀이시군요.」

「그렇다. 경상우병사의 본영은 진주란다. 그러니 성주성전투 상황을 보며 진주성으로 갈 생각이다.」

「진주성은 그 자태만으로도 든든하더군요. 지난 번 전투에서 왜적 3만 명을 모두 물리쳤지 않습니까? 1만 명 이상의 적을 죽였구요. 저도 진주성에 가고 싶습니다.」

「내 생각으로는 또다시 진주에서 큰 전투가 일어날 것 같구나.」

「또 이기지 않겠습니까?」

「장담할 수는 없다. 진주목사가 목숨을 잃은 까닭에 지난번과 다를 수 있겠다는 생각이 드는구나. 3만의 적군이 실패했으니 이번엔 더 많은 적이 몰려올 수도 있고.」

「전하께서 대감마님을 믿고 명령하시는 것이니 따라야겠지요. 소녀는 대감님 곁에 있기만 하면 됩니다.」

*****

이치전투에서 승리한 황진은 익산군수와 충청도조방장을 겸직하게 되었다. 1593년 2월 전라병사 선거이(宣居怡)와 함께 수원에서 일본군을 물리쳤다. 이 공으로 3월에는 충청도병마절도사로 임명됐다. 황진은 이후 안성의 일본군과 대치하다가 역공하여 죽산성을 점령했다. 이에 따라 후퇴하는 일본군을 상주까지 추격했다.

황진은 충청도병마사의 이름으로 각급 수령에게 상주성으로 집결하라는 격문을 발송했다. 이에 따라 황간현감 박몽렬, 당진현감 송제, 태안군수 윤구수, 남포현감 이예수, 보령현감 이의정, 해미현감 정명세, 웅천현감 허일 등이 100여명씩의 병사를 이끌고 황진의 부대에 속속 합류했다. 황진은 이들과 격의 없는 대화를 나눴다.

「반갑습니다. 함께 하니 든든합니다.」

「황간현감 박몽렬입니다. 병마사 대감의 명성은 많이 들었습니다. 그렇지 않아도 전투에 참여하길 소망했는데 기회를 주시니 감사할 따름입니다.」

「어렵게 와주셨는데 제가 감사하지요. 오랜 전투로 병사들도 지쳐 있었는데 관군을 이끌고 참여해주시니 사기가 오릅니다.」

「태안군수 윤구수입니다. 먼길이라 늦었습니다. 지난해는 정신이 없었습니다. 변방에 있다 보니 소식도 잘 모르고 소문이 워낙 다양하여 무엇을 해야 할지를 몰랐습니다. 송구스러울 따름입니다. 이렇게 병마사 대감께서 참여를 독려해주시니 함께 해야지요. 지난해 속죄하는 뜻에서라도 열심히 소임을 다하겠습니다.」

황진이 답변했다.

「이제 갓 40이 넘은 사람이 병마사란 직책에 전하께서 하명하신 이유가 무엇일까를 생각해보았습니다. 그동안 병사와 병량의 부족이 가장 안타까웠습니다. 이제는 지방관으로부터 병량과 무기를 언제든지 지원받을 수 있게 되었지요. 그래서 가장 먼저 여러분 같은 무장 출신의 지방수령께 격문을 보낸 것입니다.」

「당진현감 송제입니다. 잘 하셨습니다. 황간현감과 태안군수께서 말씀하셨듯이 지방에서는 전쟁이 났다는 소식만 알뿐이지 어떻게 돌아가는지, 우리가 무엇을 어떻게 해야 하는지를 잘 알지 못했습니다. 장군께 직책을 부여한 이유는 바로 우리 같은 지방수령과 힘을 합해 적을 물리치라는 전하의 어명으로 생각합니다.」

「그렇게 말씀해주시니 마음이 놓입니다.」

「해미현감 정명세 인사드립니다. 저도 지방에 있어서 많은 소식을 듣지 못했지만 장군의 근황을 접했습니다. 천하장사라고 말입니다. 총탄을 맞고도 적을 물리친 이야기를 듣고는 무척 뵙고 싶었습니다. 실제로 뵈니 이해가 됩니다.」

「민망합니다. 저희 집안은 대대로 문관이었습니다. 그런데 어렸을 때부터 책을 읽는 것보다 밖에서 뛰어노는 것을 좋아해 아버님께서 무관으로 나가는 것을 허락했지요.」

「남포현감 이예수 인사올립니다. 장군께서는 활도 잘 쏘신다고 들었습니다.」

「저도 어려서부터 활쏘기와 말타기, 각종 무술을 배우고 익히는 것을 좋아했습니다. 함께 한 이유는 지금까지의 전황과 앞으로 우리가 해야 할 일을 논의하고자 함입니다.」

웅천현감 허일이 바로 응대했다.

「하명하시지요.」

황진이 그동안의 전황에 대해 설명했다.

「우선 지금까지의 전황을 말씀드리겠습니다. 지난 해 3월 왜적이 조선에 침입한 이후 초기에는 조선군이 왜적에게 밀린 것은 사실입니다. 부산진성과 동래성을 시작해 밀양성전투, 상주전투, 충주전투에서 우리가 완패했지요. 급기야 한양성을 내줄 수밖에 없었고, 이어 임진강전투와 평양성전투에서도 저들을 이기지 못했어요. 그러나 왜적이 주요 거점 도시를 장악했다고 해서 조선을 장악한 것은 아닙니다. 전하께서 북으로 몽진하시면서 각 지역에 격문을 띄운 까닭에 전 · 현직 수령을 중심으로 왜적에 대항했지요. 적을 웅치와 이치, 금산성전투에서 전라도를 지키고, 경상우도에서는 창원성과 진해성 등 남부 해안도시를 회복하고, 북부에서는 지례성과 성주성을 압박했으며, 급기야는 3만의 왜적을 진주성전투에서 완파했어요. 북부에서도 왜적이 주둔하고 있는 곳을 조선군이 압박하고 있고, 명나라 군대가 평양성을 수복했습니다. 왜적은 한양성에 주둔하고 있다가 벽제관에서 명군을 패퇴시켰지만 우리 조선군의 끈질긴 압박으로 드디어 이곳 상주성까지 퇴각한 상황입니다.」

허일이 바로 질문을 이었다.

「그러면 왜적이 계속 후퇴하다가 물러나지 않겠습니까?」

「이유가 있다고 생각합니다.」

「왜 그렇지요?」

「벽제관전투와 행주산성전투를 보면 알 수 있지요. 평양성전투에서 왜적이 명군에게 패퇴했음에도 불구하고 벽제관에서는 반격을 했습니다. 그리고 행주산성에서도 첫날은 완패했음에도 다음 날 다시 행주산성으로 쳐들어갔습니다. 이처럼 왜적은 순순히 물러나는 경우가 없었습니다.」

「그렇다면 또다시 큰 전투가 일어난다는 말이지 않습니까?」

「그렇습니다. 그러니 이번에 전하께서 저를 충청도병마사로, 최경회 장군을 경상우병마사로 임명하시면서 대비를 명하신 것입니다.」

*****

고종후는 7월 초 금산성전투에서 부친 고경명과 동생을 잃은 후 전사자의 시신을 수습하여 고향으로 내려갔다. 부친과 동생의 장사를 지낸 후 고종후는 시묘살이를 했다. 많은 사람들은 머물고 있는 움막까지 찾아와 대화를 나누었다. 특히 고경명과 각별하게 지냈던 양산숙이 자주 찾아왔다.

「이보게. 큰 조카. 그동안 잘 있었는가.」

「예, 숙부님. 별고 없으십니까?」

「내 몸에 별고가 있을 것이 무엇이 있겠는가. 자네 안색이 별로 좋지 않아 보이네. 이 난국에 시묘살이 3년을 꼭 해야 하겠는가?」

「시묘살이가 문제이겠습니까? 나라를 지키려고 싸우다가 전사하신 분들을 생각하면 제 한 몸 살아있는 것이 죄스럽기만 합니다.」

「그렇겠지. 부친과 의형제를 맺은 나로서 자네에게 시묘살이를 그만 거두어도 된다는 말을 할 수는 없네. 자네의 의견을 따르겠네.」

「숙부님. 저도 많은 생각을 했습니다. 제가 지금 효(孝)를 행할 것인지,

아니면 군대를 모아 아버님의 원수를 갚으러 나가는 것이 옳은 것인지. 저도 어떻게 해야 할지를 잘 모르겠습니다.」

「부모의 상을 잘 치르는 것이 효의 기본 아닌가. 그런데 효는 부모의 뜻을 잘 받드는 것이 우선일세. 또는 효는 나라에 대한 충(忠)에 어긋나지 말아야 함이지. 아버님께서는 효와 충을 실천하셨던 분이네.」

「숙부님께서 올바른 깨우침을 주셨습니다. 곧 아버님의 유지를 받들겠습니다.」

「고맙네. 나 역시 자네 아버님의 유지를 단 하루도 잊지 않고 있다네. 모두들 저 잔악한 왜적을 하루 빨리 섬멸해야 한다고 말하고 있네. 이미 삼삼오오 병사를 모집 중이라네.」

「잘 알겠습니다. 지금 전황은 어떠한가요?」

「내가 보기에 대치전 양상이네. 적이 경상도 지역까지 후퇴하는 것으로 보이지만 우리 조선 중앙군과 명군이 섣불리 왜적을 공격하지 못하고, 먼 거리에서 이들과 대치하고 있다네.」

「아버님의 원수를 갚기 위해서도 제가 힘을 보태야겠습니다.」

「그렇게 생각해주니 고맙네. 자네가 일어서기로 했으니 다시 병사를 불러 모으자고 해놓겠네.」

「알겠습니다. 숙부님. 아버님의 유지를 받들 생각을 하니 마음이 개운합니다. 아버님도 숙부님의 말씀을 따르라고 하셨을 겁니다. 시묘살이를 정리하고 내일부터 당장 출동준비를 하겠습니다. 많이 도와주시기 바랍니다. 숙부님.」

*****

김준민은 진주성에서 합천으로 돌아왔다. 그동안 정인홍은 공격을 자제하고 낙동강을 오가는 일본 함선 공격에 치중하고 있었다. 김준민이 돌아오자 정인홍은 부대를 정비하여 일본군 대병력이 주둔하고 있는 성주성으로 출정을 떠나기 위해 부하 장수를 소집했다.

「장수들 지금까지 수고 많았소. 특히 멀리 진주성전투를 성공하고 돌아온 김가장의 공적을 치하하는 바이오.」

「공을 치하하다니요. 해야 할 일이고, 하고 싶은 일을 하였을 뿐입니다. 함께 원정을 떠나 수고한 병사들에게 후한 저녁 한번 하사해 주시기 바랍니다.」

「역시 김가장은 기개가 남다르오. 당장 병사들에게 축하연을 베풀겠소. 진주성전투 이후 왜적이 경상우도로 더 이상 출몰하지 않으니 무척이나 다행스럽소. 우리는 이제 성주성 포위작전에 힘을 집중할 때요. 성주성을 손안에 넣는다면 왜적은 허리가 끊어진 격이 되오. 성주는 부산과 한양의 중간이니 우리가 꼭 손에 넣어야 해요.」

「그리 쉽지 않을 것 같습니다.」

「김가장. 지금 왜적이 물러나고 있지 않소. 고령과 함안 전투에서 승리를 거두었고, 최근 진주성에서도 대승을 거두었다고 하지 않았소?」

「예, 내용은 맞습니다. 하지만 더 큰 적이 몰려올 수도 있다는 생각이 듭니다.」

「아니, 진주성에서 3만 명의 적을 패주시켰고, 평양성도 회복하지 않았소. 이젠 왜적이 눈에 띄게 수비 자세를 취할 것이요.」

「예, 왜적이 수세로 나오는 것은 맞습니다. 그런데 고령과 함안에서 본 왜적은 비록 소규모라고 해도 사납게 덤벼들었습니다. 죽기 전까지 포기하지 않았습니다. 진주에서도 왜적은 사력을 다하는 모습을 보았습니다.」

「뒤에 더 무서운 본진이 있다는 것을 의미한다는 말이로군.」

「예, 그렇습니다. 그들 스스로 두려워하는 거대한 힘이 존재하고 있다는 생각이 듭니다.」

「그렇긴 하지요. 한양성에서 후퇴하고 있는 적은 더 많을 것이오. 이들도 반드시 경상우도로 나타날 것이란 말이오?」

「꼭 그렇지는 않겠지요. 그러나 이곳 경상우도와 진주성에서 워낙 피를 많이 흘렸기 때문에 이대로 물러날 것 같지 않습니다.」

「알겠소. 김가장의 말대로 아직 성주성의 왜적을 감당하기에도 힘이 벅찬 실정이오. 그러니 우리는 직접 공격보다는 매복에 주력하고 있는 것이지요. 김가장은 왜적의 대군이 쳐들어오면 어떻게 대응하겠소?」

「이곳으로 대군이 몰려올 것으로 생각하지는 않습니다. 아마도 진주성으로 갈 것입니다. 왜적은 진주성에서 다시 한번 더 큰 전투를 하려고 할 것 같습니다.」

「그러면 지난번처럼 외곽에서 후원하면 되지 않겠소?」

「아마 왜적도 실패를 반복하지 않을 것입니다. 온다면 배후를 철저히 구축하고 진주성을 겨냥하겠지요. 지난번엔 진주목사께서 후원군에게 싸움을 하지 말라고 당부하였습니다. 그러나 이젠 진주성에 들어가 결판을 보려 합니다.」

「김가장. 젊어서 그런지 기개가 좋군. 이런 모습에 내가 자네를 발탁한 것 아닌가? 하지만 항상 몸조심하게. 자네가 건재해야 적을 섬멸할 수 있으니.」

우리는 이곳에 뼈를 묻기로 하였다.

11장
다시 부는 폭풍

명군은 1593년 1월 4만 5천명의 병력을 파병할 때만해도 전쟁이 장기화 될 줄 몰랐다. 명군은 출병하기만 해도 일본군이 굴복할 것이라고 예상했다. 1월 9일 평양성 탈환 후 명군의 기세는 더욱 기고만장했다. 그러나 1월 27일 벽제관에서 이여송 부대는 일본군에게 대패하였다. 일본군이 만만한 상대가 아니라는 사실을 깨달았다. 이후 명군은 전투를 회피하면서 돌아갈 명분만을 찾기 시작했다. 2월 12일 행주대첩에서 대승을 거두자 명군은 조선군을 앞세우고 후방으로 빠졌다. 그리고 강화협상을 요구하는 일본군과의 만남을 적극적으로 추진했다. 명군은 전투의지는 없고 공을 챙기려는 기회만 엿보기 시작했다. 한강 이북을 수복한 것도 명군의 공이라고 주장하며, 이제는 협상을 통해 일본군을 철수시키겠다고 공언했다. 그들의 본심은 위험한 전쟁을 빨리 끝내고 고향으로 돌아가는 것이다. 전쟁이 예상보다 장기화되면서 명나라 조정에서는 전비(戰費) 부담이 가중되고, 벽제관에서 일본군의 전투력을 보고는 회피하는 분위기로 바뀌었다.

일본군 역시 승리를 거둘 수 없다는 것을 잘 알고 있었다. 한양성과 평양성을 함락시킨 초기에는 조선 전체를 점령하고, 나고야의 10만 명으로 명나라까지 진격하겠다는 계획이 순조롭게 이루어질 것이라고 생각했다. 그러나 평양성 함락 이후 일본군은 새로운 도전에 직면했다. 조선 병사와 백성들은 항복은 커녕 일본군에 거센 반격을 시작했다. 선조 임금

벽제관전투 경로

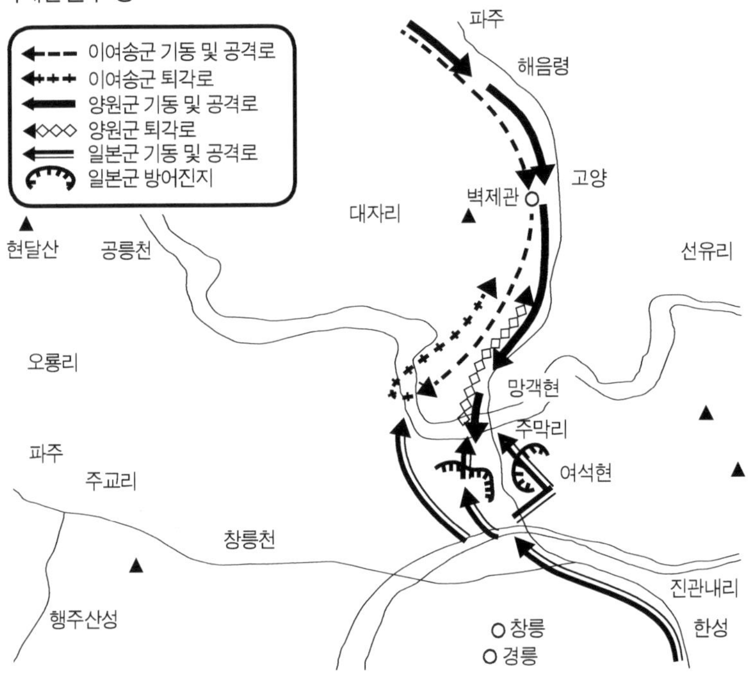

의 격문은 피신해있던 지방관들이 관군을 이끌고 나서 싸우게 했고, 전직 관료들도 가족과 친지, 지역주민을 이끌고 군대를 조직하였다. 모든 백성들도 하나같이 무기를 들고 일어난 것이다. 백성의 거국적인 봉기는 일본군을 수세로 몰며, 철수를 고려하지 않을 수 없게 되었다. 이 상황에서 도요토미 히데요시(豐臣秀吉)는 조선의 전황이 여의치 않다는 보고를 받고, 명군에게 화의협상을 제안하게 된 것이다. 도요토미 히데요시는 전쟁을 일으킨 명분을 살리기 위해 한강 이남의 영토를 할양받는다는 조건이 도요토미의 화의협상의 핵심이었다.

명군은 화의협상에 적극적으로 나섰다. 초기에는 일본군의 요구대로 한강 이남을 일본에게 할양하겠다는 뜻도 있었다. 그러나 선조 임금은 대노하며 일본군의 무조건 항복 및 축출을 고집했다. 그러자 명군은 도원수 권율에게 명나라 황제의 뜻임을 알리며 압박했다. 권율은 선조 임금의 어명을 거역할 수도 없고, 명군의 압력에 대항하기도 어려웠다. 임금의 명령을 거역하면 바로 삭탈관직에 처해질 것이고, 현실적으로 명군의 도움이 필요했기 때문이다. 권율은 명군이 없다면 조선군이 치러야 하는 막대한 희생을 염려할 수밖에 없었다. 따라서 권율은 외견상 명군을 따르면서 전쟁을 지속할 방법을 찾았다.

*****

신임 목사 서예원은 성수경 판관을 비롯한 장수들의 협력을 받아 신속히 군대를 정비했다. 병사훈련, 각종 무기의 제조 및 보수를 통해 전투력은 진주성전투 이전 상태로 회복하였다. 화포와 화약이 한층 강화됐다. 다만 병사의 절대수가 부족했다. 이전 전투에서 800명의 사상자를 대체하여 복원시킬 필요가 있었다. 서예원은 권율에게 병력 지원을 요청하려고 생각했다. 권율은 행주산성의 승전으로 도원수가 되어 조선 중앙군을 지휘하면서 명군과 함께 충주에 머물고 있었다.

권율은 명군의 요구를 들어주면서도 일본군을 공격할 방안을 찾고 있었다. 그는 도원수로서 조선군 전체의 운명과 진주성의 전략적 가치를 알고 자신의 오른팔 격인 전라도병마사 선거이를 진주성으로 급파하는 방안을 숙고하고 있었다. 마침 진주목사의 만남요청을 즉시 수용했다.

「어서 오시오. 서목사. 반갑소. 고생이 많소.」

「경황이 없으신데도 시간을 내주시니 감사합니다.」

「아. 그대가 성수경 판관이로군. 평판을 많이 들었소. 지난번 진주성전투는 전쟁의 판도를 바꾸었소. 김시민 목사를 비롯해 모든 장병의 노고에 경의를 표하는 바이오.」

「어찌 저희만 고생을 하였겠습니까? 도원수 장군님의 눈부신 전공을 만백성이 알고 있습니다. 이렇게 뵈니 영광입니다.」

「그렇소. 우리 모두 힘을 모으니 왜적이 물러가고 있지 않소?」

서예원 목사가 질문을 던졌다.

「장군님. 왜적이 물러갑니까? 그러면 더 이상 큰 전쟁이 없을까요?」

「앞으로 전투가 줄어들겠지요. 그러나 왜적은 어떻게 나올지 모르니 철저히 대비할 것이오. 특히 진주성은 이전보다 더 만전을 기해야 할 것이오.」

「명심하겠습니다. 지난 전투로 뛰어난 병사들을 상당수 잃었습니다. 전투력을 갖춘 병사의 증원이 필요합니다.」

「옳은 말이오. 즉시 전라도병마사에게 진주성으로 출정하도록 조치하겠소.」

「이미 대비하고 계셨군요. 감사합니다.」

「안심은 금물이오. 지금 명군과 왜군의 화의협상 중이오. 우리에게는 그리 좋지 않게 진행되고 있소. 특히 진주성은 매우 위험하오.」

「화의협상이란 싸움을 그만 두자는 것 아닙니까?」

「그렇소.」

「그렇다면 왜적과 우리는 전투를 계속할 수도 있다는 말입니까?」

「그들만의 화의협상이라 정확이 파악할 수 없지만 명군은 왜적이 조선 땅에서 완전히 철수할 것을 요구하고 있소. 하지만, 왜적은 한강 이남의 조선 땅을 넘겨줄 것을 요구한다고 하오.」

「이런 죽일 놈들이 있나. 장군. 그건 절대 안 됩니다.」

「누군들 그런 말도 안 되는 것을 수긍할 수 있겠소. 그렇기에 진주성이 매우 중요하오.」

「상세한 하명을 바랍니다. 장군.」

「명군도 우리가 왜적의 협상조건을 결사반대한다는 것을 잘 알고 있소. 전하께서도 진노하시며, 한줌의 땅도 왜적에게 줄 수 없다고 분명하게 말씀하셨소. 지금 명군은 왜적과의 전투를 주저하고 있소. 아니 명군은 평양성 전투 이후 왜군과의 전투를 피하고 있소. 특히 벽제관 패배 후에는 왜군을 두려워하고 있소.」

「그럼 대장군께서는 명군을 믿지 말라는 말씀이십니까?」

「이 상황에서 명군을 믿지 않을 수는 없지요. 그러나 명군은 우리 입장을 헤아리지는 않을 것이란 말이오.」

「그러면 어떻게 하면 되겠습니까?」

「우리가 싸우는 수밖에. 우리 힘으로 우리 강토를 지켜야 한다는 말이오.」

「아직 잘 이해가 되지 않습니다.」

「잘 들으시오. 명군의 존재만으로도 왜적은 부담을 느끼는 것은 분명하오. 그러나 명군도 왜적이 강하다는 것을 알고 있기에 전면전을 피하고 있소. 이 상황에서 왜적은 진주성을 점령하겠다고 명군에게 호언장담하고 있소. 그런데 명군은 진주성의 가치를 낮게 평가하고 있소. 하지만 전하와 나는 진주성의 가치를 잘 알고 있소. 진주에 있는 우리 군대가 강하게 버텨내 전세를 바꿔준다면 명군도 왜적과 더 이상 협상을 중단하고 압박하게 될 것이오.」

「그렇다면 제가 부대를 이끌고 적을 공격해야 합니까?」

「그럴 필요까지는 없소. 하지만 전투력을 키워 언제든지 적에게 확실한 타격을 줄 수 있어야 하네.」

「예, 잘 알겠습니다. 장군. 진주성은 어떤 전투도 감당할 준비가 되어 있습니다. 병량과 무기를 완비해 놓았습니다. 다만 전투 경험이 많은 병사가 부족합니다. 대감마님을 찾아뵌 것은 병력 지원을 요청 드리고자 합입니다.」

「알겠소. 목사. 바로 전라도병마사를 진주로 급파하겠소. 그리고 중앙군에 소속되어 있지 않은 진관군*을 진주성으로 보낼 생각이오. 전하께도 전라우병사, 충청병사, 창의사를 진주성으로 가서 집결하도록 진언드리겠소. 그러면 충청도, 경상우도, 전라도 진관군과 의병이 진주관군과 합세하게 될 것이오」.

「그럼 저는 바로 가서 다가올 전투를 준비하겠습니다.」

「현재 진행되는 화의협상이 결렬될 가능성이 높소. 그렇게 되면 왜적은 남부지역을 접수하려고 할 가능성이 높소. 적의 목표는 진주성이 될 거요. 적은 진주성만 장악하면 남부에는 그들을 견제할 세력이 없다고 생각할 것이니 사생결단으로 덤벼들 것이오. 조선의 운명이 목사의 어깨에 달려 있소.」

*****

이런 상황에서 명군과 일본군 간의 화의협상이 지속되었다. 협상대표인 심유경*과 고니시 유키나가(小西行長)*는 수시로 만나며 상대방의

* 진관군(鎭管軍)은 고을 수령이 지휘하는 지방군.

* 심유경(沈惟敬, 미상~1597) 임진왜란 때의 조승훈(祖承訓)이 이끄는 명나라 군대를 따라 조선에 들어와 활약한 명나라 사신으로 평양성에서 왜군과 화평협상을 하였다. 1596년 일본에 건너가 도요토미 히데요시를 만나 협상을 진행하였으나 매국노로 몰려 처형되었다.

* 고니시 유키나가(小西行長, 1558~1600) 도요토미 히데요시(豊臣秀吉)의 가신으로 임진왜란의 선봉에 섰으며, 부산진성전투, 동래성전투, 밀양성전투, 상주전투, 충주탄금대전투에서 승리하며, 평양성에 입성했다. 도요토미의 명으로 정유재란 때 다시 조선 침략을 감행하였다. 도요토미 사후에 세키가하라 전투에서 도요토미 아들을 후원하는 서군 편에 섰다가 패하여 처형됐다.

의중을 살폈다. 양측은 전투를 더 이상 하고 싶지 않다는 것을 알게 됐다.일본군이 먼저 행동에 나섰다. 진주성이라는 조선군 요새가 버티고 있는 한 한강 이남을 조선으로부터 할양받는 화의협상이 진전되기 어렵다는 것을 알게 된 것이다. 일본으로서는 진주성을 점령하는 것이 선결과제였다. 고니시 유키나가는 진주성을 함락해야 전라도와 충청도를 평정하고 한강 이남을 일본군 세력권으로 편입시키는 것이 우선되어야 명군을 설득할 수 있고, 명군이 조선 조정을 압박하게 될 것이라는 점을 알게 되었다.

고니시 유키나가는 심유경에게 진주성으로 갈 것임을 알렸다. 일본군의 수장인 도요토미 히데요시가 진주성 함락을 명령했다는 것을 통보한 것이다. 고니시 유키나가는 전투의지가 없는 명군이 멀리 떨어진 진주성을 방어하기 위해 군대를 보내지 않을 것이라는 것을 간파하고 있었다. 또한 명군은 자신의 안전을 위해 조선 중앙군을 명군 옆에 묶어 둘 것임을 알고 있었다. 실패했던 3만 병력보다 3배가 넘는 군대를 동원하면 천혜의 요새인 진주성이라 하더라도 쉽게 점령할 수 있을 것이라고 생각했다. 또한 진주성을 점령하고 나면, 전라도와 충청도에 흩어져 있는 조선군을 쉽게 격파할 수 있고, 그 후에는 도요토미 히데요시의 구상대로 어렵지 않게 한강 이남을 실효 지배할 수 있을 것이라고 생각했다.

일본군이 움직이자마자 권율은 선조 임금에게 화의협상과 전투상황을 보고했다. 선조 임금은 격노했다. 그러나 선조 임금은 명군에 대해 아무 권한이 없었다. 명군을 철수하라고 말할 형편도 아니었다. 선조 임금은 일단 권율에게 명군의 심기를 건드리지 말라고 하면서도 조선의 땅 단 한 줌도 일본에 내줄 수 없음을 분명히 했다. 선조 임금은 창의사 김천일, 충청도병마사 황진, 경상우도병마사 최경회에게 첩지를 내렸다. 김천일에게는 전라도에서 병사를 모집하여 진주성 방어를 지휘하라고 명령을 내렸다. 황진과 최경회에게는 병사를 모아 김천일을 도우라고 지시했다.

*****

상주성에서 일본군을 압박하고 있던 창의사 김천일에게 선조 임금의 서신이 도착했다. 그 내용은 다음과 같다.

「병사를 모아 왜적을 무찌르고 있는 창의사 김천일의 노고를 치하한다. 현재 왜적과 명군 간에 화의협상이 진행 중이다. 한편, 왜적은 한강 이남의 조선 땅을 자기들에게 내어줄 것을 요구하면서 모든 병력을 동원하여 진주성을 공격하겠노라고 명군에게 선포하였다. 왜적은 진주성을 공략하여 남부지방을 무력으로 지배하려는 야욕을 드러낸 것이다. 하지만 명군은 진주성 방어에 많은 위험이 따른다는 이유로 왜적에게 내어주려 하고 있다. 창의사 김천일에게 명령하노니 경상도, 전라도, 충청도의 동원 가능한 지방군과 의병을 모아 진주성을 구원하라. 이 서신 내용은 다른 이에게 알리지 말라.」

김천일은 북쪽을 향해 삼배를 올리고 경상우도병마사 최경회, 충청도 병마사 황진, 복수의병장 고종후에게 전령을 보내 선조 임금의 밀서 내용을 알렸다. 또한 전라도의 무장 출신 지방관에게 함양으로 모이라는 격문을 써서 돌렸다.

저녁 노을이 유난히 붉었다. 그의 얼굴은 굳은 표정이지만 입가에는 미소가 흘렀고, 촉촉이 눈물이 고였다. 한참 후에 아들 상건이 부르는 소리에 정신을 가다듬고 의관을 고쳐맸다.

「나를 찾았느냐.」

「예, 아버님. 무슨 생각을 골똘히 하십니까?」

「그렇게 보였느냐. 앞으로 우리가 무엇을 할 것인가를 구상중이다.」

「상 위에 놓여있는 것은 누구의 서찰입니까?」

「너는 알 것 없다. 신경 쓰지 말거라.」

「무슨 생각을 하셨는지 여쭈어 봐도 되겠습니까?」

「우리는 내일 바로 함양으로 간다.」

「함양이라면 경상도 서쪽 아닙니까? 이곳 상주에서는 길도 멀고 산이 높아 쉽지 않습니다.」

「전라도 의병과 진관군을 함양으로 모이라고 했다. 너도 알다시피 함양은 전라도에서 가깝고, 산이 높아 병력 집결지로 용이한 곳이다. 함양에서 병사를 모아 진주로 갈 것이다.」

「진주는 왜적을 크게 물리친 곳이 아닙니까?」

「그렇지. 진주로 가서 또다시 왜적을 물리칠 것이다.」

「왜적이 다시 진주성을 침범하려는 모양이군요. 지난 번보다 훨씬 많은 왜적이 오는 것이 아닙니까?」

「이 전쟁의 마지막 전투가 될 수도 있다는 생각이 드는구나.」

「엄청난 전투가 곧 벌어지는군요. 서신은 혹시 전하께서 보내신 것 아닙니까?」

「누구에게도 발설하지 말거라.」

「알겠습니다. 명심하겠습니다. 하지만 자랑스럽습니다. 아버님의 뜻대로 이 나라를 구하기 위해 전면에 나서시게 되는군요.」

「그리 간단하지 않구나.」

「예. 저도 알고 있습니다. 전투에는 항상 큰 희생이 따른다는 것을. 저도 이 나라를 위해 목숨을 바칠 것입니다. 아버님.」

「상건아. 애비 앞에서 죽겠다는 말은 불효이니라. 너는 집으로 가거라.」

「그 말씀은 거두어 주십시오. 아버님. 연세 드신 아버님도 전쟁터로 가시는데 젊은 아들놈이 목숨을 부지하기 위해 집으로 가다니요.」

「너는 그저 내 말을 따르거라. 한 사람은 나라를 위해 싸우고, 다른 한 사람은 가문을 지켜야 하지 않겠느냐?」

「아버님. 후세의 사가(史家)가 뭐라고 하겠습니까? 창의사 김아무개는 국가 위기를 맞아 나라보다 집안의 안위를 위해 아들을 빼냈다고 하지 않겠습니까?」

「기특하구나. 네 목숨을 정녕 나라를 위해 바치겠느냐?」

「예, 아버님. 비겁한 아들이 되지 않겠습니다.」

「장하다. 내 아들. 우리 함께 저 간악한 무리를 한 놈이라도 더 죽여 이 나라를 구하자.」

*****

고종후는 상주성 외곽의 김천일 부대 옆에 진을 치고 있었다. 진주성으로 출동하라는 명령을 받고 바로 김천일을 찾아갔다.

「장군님. 고종후입니다.」

「고장군. 어서 오시오.」

「장군. 왜놈들이 진주성으로 향하고 있다는 것이 사실입니까?」

「사실이오. 그것도 대부대가 진주로 향하고 있네.」

「그렇다면 이곳 상주성의 왜놈들도 진주성으로 가겠군요.」

「그럴 것이오.」

「잘 되었습니다. 이곳에 있는 왜놈들도 적극적으로 싸움을 걸겠군요.」

「그렇게 되기를 바라고 있소.」

「하루라도 빨리 진주성으로 가야겠네요.」

「그런데 다가올 싸움은 쉽지 않을 것이오.」

「영감마님. 쉬운 싸움, 어려운 싸움이 어디 있습니까? 모든 싸움은 목숨 걸고 하지 않습니까?」

「듣고 보니 그렇구려. 고장군은 이 싸움을 학수고대 하고 있던 사람 같소.」

「그렇습니다. 오랫동안 기다렸습니다. 언제 원수를 갚을지 자나 깨나 기다렸습니다.」

「이번 싸움에는 고장군 같은 분이 꼭 필요하오. 우리가 이겨야 하지 않겠소?」

「물론입니다. 대감마님.」

「대군이 온다니 우리도 더 많은 군사가 있어야 합니다.」

「예, 그렇습니다.」

「그러니 고장군. 우리 모두 함께 해야 왜적을 더 크게 격파하지 않겠소?」

「알겠습니다. 왜적들이 제 발로 몰려온다니 기쁜 마음에 제가 조금 흥분했습니다. 마음 놓으십시오. 냉정해야 이긴다는 것을 잘 알고 있습니다. 그러면 대감마님의 계획을 알고 싶습니다.」

「우선 진주성으로 가기 전에 전라도의 병력을 더 증강할 계획이오. 그리고는 함양으로 갈 생각이오.」

「지리산 자락에 있는 곳 아닙니까?」

「그렇소. 내가 전라도 지방관과 의병대장에게 격문을 띄워 놓았소. 각자 진관군과 의병을 이끌고 함양으로 오라고. 이들을 모아 진주성으로 들어갈 예정이오.」

「알겠습니다. 그러면 진주성에 있는 병력과 우리 병력, 전라도 병력이 진주성에서 합세하는 것입니까?」

「뿐만 아니라 황진 병마사가 충청도에서, 최경회 병마사가 경상우도에서 병력을 모아 진주성으로 향할 것이오.」

「알겠습니다. 장군께서 큰 전투를 계획하고 계시군요. 장군의 뜻을 따르겠습니다.」

「고장군의 강한 집념이 이리도 클 줄 몰랐구려.」

「아버님께서 왜놈의 칼에 돌아가셨습니다. 어떻게 제가 원한을 잊겠습니까?」

「나도 고장군의 아버님을 잘 알지요. 그 어른이야말로 정녕 충신이셨소. 고장군은 효자 중의 효자요, 충신의 아들이구려. 대를 이은 충신이오.」

「과찬이십니다. 왜놈에게 복수하는 것이 제 운명이라 생각합니다. 저와 복수의병은 모두 왜놈에 대한 복수만을 생각하고 있습니다.」

「알겠소. 나와 함께 바로 함양으로 가는 것으로 알겠소.」

「예. 내일 당장 대감마님을 따르겠습니다. 원수 갚을 기회를 주셔서 감사합니다. 장군.」

*****

성주성 외곽에 진을 친 최경회에게 김천일이 보낸 전령이 도착했다. 지금 왜적의 대병력이 진주성으로 이동 중이기 때문에 본인은 병력을 이끌고 상주에서 함양을 거쳐 전라도 진관군을 모아 진주성으로 들어갈 것이니, 최경회도 경상우도의 병력을 보충하여 진주성으로 와 달라는 것이다.

최경회와 김천일은 임진왜란 초기부터 모든 것을 상의하는 사이여서 그의 의도를 잘 이해했다. 이는 선조 임금의 뜻이란 것을. 큰 위기가 곧

닥친다는 것을.

최경회는 담담하게 장수회의를 소집했다. 일본군 대병력이 진주성을 향하고 있음을 알려주었다. 진주성에서 원군을 요청받아 경상우도에서 진관군을 소집하여 진주성으로 갈 계획을 설명했다. 임진왜란 초기부터 김천일과 함께 전쟁터를 누볐던 역전의 용사이기 때문에 대부분의 장수들은 이견 없이 그를 따르겠다고 했다. 장수회의가 끝난 후 경상우도 지방관에게 각자의 진관군을 이끌고 성주로 오라는 명령을 하달했다. 그리고 오래간만에 붓을 들었다.

「장군님. 생각이 많으신 모양입니다.」

「논개로구나. 어찌 아느냐?」

「어디 한, 두 해입니까? 장군께서는 깊이 생각할 때마다 천천히 걷든지 아니면 붓을 드셨습니다.」

「앞으로 어떻게 될 것 같으냐?」

「소녀가 큰 뜻을 어떻게 알겠사옵니까?」

「아니다. 너는 지혜로우니 말해 보거라.」

「그럼 말씀드리겠습니다. 장수들의 대화를 들어보니 진주성에서 큰 전투가 또 벌어질 것이라 했습니다.」

「맞다. 지난번보다 훨씬 치열할 것 같구나」

「장수들은 이번이 마지막 전투가 될 거라 했습니다. 비장함을 느꼈습니다.」

「벌써 감지하고 있었구나.」

「혼자 모든 짐을 지려하지 마십시오. 모두 목숨을 내놓은 사람들입니다. 고민을 함께 나누면 장군님을 더 따를 것입니다.」

「논개야. 나는 죽음이 두렵지 않다. 하지만 따르는 사람들이 희생되어야 한다는 것이 내 마음을 짓누르는구나. 나는 이기는 전투를 하려고 노력했다. 희생을 최소화하려면 이겨야 하기 때문이다. 비겁하다는 말을 들으면서도 패할 가능성이 높은 전투는 피했다.」

「예, 알고 있습니다. 장군님의 부하사랑은 지극하셨습니다.」

「그런데 이번 전투는 쉽지 않을 것 같구나. 어쩌면 우리 모두가 죽어야 할 전투가 될 것이다. 함께 죽으러 가자는 말이 입에서 떨어지지 않는구나.」

「장수들 모두 담담하게 받아들이고 있습니다.」

「그러니 더욱 가슴이 아프구나.」

「장군님께서는 죽음이 두렵지 않으십니까? 어떻게 부하들의 희생만을 말씀하시고 장군님 자신에게는 그리 담담하십니까?」

「살기를 바라는 것은 똑같지. 하지만 이 나라를 구할 수 있다면 목숨을 내놓아야 하지 않겠느냐.」

「저도 장군님을 따라 가렵니다.」

「너는 아직 젊다. 아까운 나이다. 이제 고향으로 돌아가거라.」

「그럴 수는 없습니다. 저도 왜적과 싸우겠습니다. 왜적을 한 놈이라도 더 죽이겠습니다. 죽음을 두려워했다면 처음부터 장군님을 따라 오지 않았을 것입니다. 제 옆에 장군님이 계신다는 것이 저의 행복이요 운명입니다.」

「허, 네가 나를 웃음 짓게 만드는구나. 네 고집을 어떻게 꺾겠느냐.」

*****

다음 날 아침 일찍 황진은 장수들과 함께 김천일 진영으로 찾아갔다. 김천일 진영은 인원을 점검하고 있었다. 황진은 김천일에게 달려갔다.

「장군. 이동을 준비를 하고 계시군요. 벌써 진주로 가십니까?」

「오, 황장군. 일단 함양으로 갑니다. 함양에서 전라도 진관군과 합류하여 진주성으로 들어갈 예정입니다. 진주성에서 만납시다.」

「저는 언제 출발하면 되겠습니까?」

「내 생각으로는 상주성의 왜적들도 진주성으로 이동하리라고 생각하오. 왜적을 뒤쫓아서 합류해도 늦지 않을 겁니다.」

「모든 왜적이 진주성으로 가는 것입니까?」

「그렇소. 조선 땅의 모든 왜적이 진주성으로 갈 것이오. 이들을 맞서려면 우리도 모든 병력을 동원하자는 것이오.」

「그러면 주요 길목에 병력을 배치하고 있다가 진주성으로 가는 왜적을 공격하며 이동하겠습니다.」

「좋은 생각이오. 무운을 빌겠소.」

「진주성에서 뵙겠습니다.」

황진은 본영으로 돌아왔다. 모두 깊은 생각에 빠졌다. 황진이 입을 열었다.

「장수들 우리 앞에 큰 전투가 닥치고 있소. 내가 진관군에게 합류를 요청한 것은 상주성의 왜적을 공격하기 위해서요. 그런데 어제 창의사 대감으로부터 진주성으로 합류해달라는 요청을 받았소. 이제 상황이 변했소. 그러니 각자 결정하시오. 진주성전투에 합류할 것인지 말 것인지를.」

당진현감 송제가 먼저 나섰다.

「저는 당진에서 왔습니다. 외진 곳에 있다 보니 전쟁이 어떻게 벌어지고 있는지 잘 몰랐습니다. 병마사 대감의 격문이 없었으면 불충을 계속 저지를 뻔 했습니다. 저는 어떤 전투든 나갈 것입니다.」

해미현감 정명세가 말을 받았다.

「송현감보다는 가까운 곳이지만 저도 꽤 먼 길을 기쁜 마음으로 왔습니다. 무장으로서 이제 역할을 할 기회가 왔으니 당연히 참여해야지요.」

황간현감 박몽열이 말을 이었다.

「우리 지역은 산세가 험하여 왜적이 들어오지는 않았습니다. 왜적은 매우 강하다고 들었습니다. 한양성과 평양성을 단숨에 넘어버렸다고 들었습니다. 저들이 물러가는 것은 힘이 다했다는 것이지요. 지금이라도 적과 대적을 하지 않는다면 앞으로 무슨 낯으로 살아야 하나요? 실추된 제 명예를 위해서라도 참여하겠습니다.」

보령현감 이의정도 거들었다.

「가까운 곳에서 오든, 먼 곳에서 오든 우리의 목적은 왜놈과 싸우기 위해서입니다. 우리 무장이 나서야 하는 것은 당연한 것 아닙니까?」

「알겠습니다. 그러면 허현감께서도 함께 하시겠습니까?」

웅천현감 허일이 당연하지 않느냐는 듯이 대답했다.

「여부가 있습니까? 너무나 당연한 질문에 응대하지 않았습니다.」

묵묵하게 듣고 있던 황진이 정리했다.

「우리 모두 참석하는 것으로 알겠습니다. 하지만 나는 여러분께 이 말을 꼭 하고 싶군요. 혹시 진주성으로 가고 싶지 않은 장수나 병사가 있거든 오늘 밤 돌아가시오. 잡지 않겠소. 우리는 진주성에서 목숨을 바쳐야 하오.」

*****

황진이 이끄는 의병 부대에 충청도 진관군이 속속 모여들고 있다는 소식이 정인홍 부대에게 알려지기까지 오래 걸리지 않았다. 그리고 정인홍 부대와 함께 성주성의 일본군과 대치하고 있던 최경회의 서신이 김준민에게 도착했다. 경상우도 무장은 이미 상주성과 성주성에 집결한 일본군이 진주성을 공격하기 위해 곧바로 이동하고, 황진의 충청도 진관군과 최경회의 경상우도 진관군이 이들과 대적하기 위해 진주성으로 갈 것이라는 소문이 돌고 있었다.

이 소식을 듣고 합천가장 김준민은 정인홍에게 달려갔다. 정인홍은 김준민이 오리라고 예상하고 있었다.

「어서 오시오. 김가장. 표정을 보니 하고 싶은 말이 많은 모양이오.」

「예, 장군. 아주 많습니다. 장군께서도 소문을 들으셨을 줄 압니다.」

「큰 싸움이 있을 것이라는 이야기를 들은 모양이구려.」

「왜적 모두가 진주성으로 몰려간답니다. 조선군 부대도 진주성으로 모이고 있구요. 그런데 장군께서는 아직 아무런 말씀이 없으십니다.」

「하나만 알고 둘은 모르는구려.」

「제가 모르고 있는 사실이 있다는 말씀이시군요.」

「이제 우리에게 유리해지고 있소. 왜적은 남으로 물러가고 있소이다. 우리와 대치 중인 왜적들도 곧 남으로 물러간다고 하고, 상주의 왜적도 남으로 간다고 하오. 조선군과 명군 모두가 적을 압박하는 것이 최선의 전략이 될 것이오. 왜적이 진주성을 공격한다고 해서 우리도 모두 진주성으로 간다면 저들이 원하는 곳에서 전투를 벌이는 격이 될 것이오. 저들의 계략에 걸려 잘못될 가능성도 높소. 작은 일에 연연하지 말고 신중하게 기다려봅시다.」

「지난 번 진주성 밖에서 왜적과 대적을 해보았습니다. 진주성에 들어가서 싸운다면 아무리 많은 왜적이 공격을 펴 붓는다고 해도 능히 막아낼 수 있습니다. 이 기회를 놓치고 싶지 않습니다.」

「김가장은 확실히 무인이오. 그러나 김가장. 조선군과 명군 수뇌부에서는 그렇게 생각하지 않는 것 같구려. 왜적은 지난번 패배를 설욕하려는 것이오. 몇 배 많은 왜적을 동원하여 진주성을 도모하려는 것이오. 좁은 진주성에 병력이 많을 수가 없소. 왜적 모두가 몰려간다면 방어하기가 쉽지 않아요. 며칠간 버티기는 하겠지만 결국은 함락됩니다. 질 싸움은 가담하지 않는 편이 좋소.」

「장군. 우리도 모든 부대를 동원하여 왜적을 쫓아야 하지 않습니까? 명군과 조선군 수뇌부에서 진주성을 포기하는 것 같은 결정은 전략이라고 할 수 없습니다.」

「지휘부에서 결정을 어떻게 했는지 모르지만 더 많은 것을 생각하지 않았겠나? 일단 무모하게 나서지 말고 지휘부의 결정을 따르며 지켜보세.」

「장군. 저는 그렇게 할 수 없습니다. 코앞에 전투가 벌어지려고 하는데 달려가지 않는다면 무인 자격이 없습니다. 이 기회를 놓칠 수 없습니다.」

「그렇다면 자네는 내 결정을 따르지 않겠다는 것인가?」

「알겠습니다. 합천가장으로서는 장군의 명령을 따라야 하겠지요. 그렇지만 저는 거제현령입니다. 저는 거제현령으로서 병력을 이끌고 영감마님의 합천군과 함께 각종 전투에 참여해왔습니다. 이제 거제현령으로 돌아가겠습니다.」

「좋소. 김장군. 내 자네의 의기를 높이 사리다. 사람은 때로 의견이 맞지 않을 수도 있겠지. 더 이상 김장군을 말리지 않겠소. 그러니 거제병력을 이끌고 가도 좋소.」

「경상우도병마사께서 무관 출신 우도 장수들을 동원하는 격문을 보냈습니다. 진주성을 구하러 가는데 참여하자고 말입니다. 마침 최경회 대감께서 건너편에 진을 치고 계시니 바로 가려고 합니다.」

「알겠소. 소명을 따르는 것이 사나이의 운명이 아니겠소. 김장군은 자신의 소명에 충실하시오. 나도 내 소명에 충실할 테니. 하지만 이번 전투는 매우 위험하오. 왜적은 어떤 희생이 있더라도 물러나지 않을 거요. 결국 성이 함락될 가능성이 높소.」

「저는 진주성으로 가겠습니다. 조선 무장의 소명을 다 하겠습니다.」

*****

정인홍 부대 맞은편 진영의 최경회 부대도 경상우도 진관군이 모여들었다. 거제현령 김준민을 비롯해 사천현감 장윤, 삼가대장 윤탁, 김해부사 이종인, 진해현감 조경형, 합천무장 이잠이 병사를 이끌고 최경회에게 달려왔다. 최경회는 합류하는 장수와 병사들의 손을 일일히 잡고 환영의 인사를 건냈다.」

거제현령 김준민이 최경회의 말에 먼저 응답했다.

「무장으로서 병마사 장군의 부름을 받은 것은 영광입니다. 그렇지 않아도 지지부진하고 있는 전쟁이 따분했습니다.」

김해부사 이종인이 거들었다.

「회갑이 지나신 병마사 장군께서 전쟁터마다 출전하시고 계신데 어찌 부름을 마다하겠습니까? 이렇게 큰 전투에 불러주셔서 감사드릴 뿐입니다.」

「나는 지난 1년간 전쟁터를 전전하였소. 전라도 화순에서 병사를 모아 머나먼 이곳 경상도 성주에 이르며 각종 크고 작은 전투를 치렀소이다. 의기로만 전투에 참여한 까닭에 실수가 많았고 그에 따른 희생도 컸소. 지휘관으로서 매우 가슴이 아팠지요. 든든한 무장들을 보니 정말 기쁘오. 이렇게 훈련된 경상도 병사들과 함께 한다면 큰 전과를 낼 수 있을 것이오.」

삼가대장 윤탁이 나섰다.

「장군이 지휘하시는 모습을 옆에서 지켜보았습니다. 타지에서 온 병사들은 전투에 대한 의지가 크고, 충성심도 높습니다. 강한 부대를 만드신 장군을 항상 존경하고 있습니다.」

「칭찬은 병사들 몫이오. 모두 나라를 구하는데 있어 고향과 타향이 어디냐 하는 것은 중요하지 않소. 오히려 다른 지역이 뚫리면 내 지역, 내 가족이 위험해진다는 것을 잘 알고 있소.」

진해현감 조경형이 말을 이었다.

「우리가 오히려 부끄럽습니다. 저희는 자기지역 방위조차 제대로 하지 못했습니다. 장군과 함께 지난날의 실수를 만회하겠습니다.」

「고맙소. 조현감. 전라도 의병과 경상도 관군과 혼연일체가 되면 정말로 큰 성과를 낼 것이오.」

합천무장 이잠이 최경회에게 질문을 했다.

「장군. 궁금한 것이 있습니다.」

「오, 이선달. 어떤 것이든 말씀하시오.」

「앞으로 진주성에서 큰 전투가 벌어질 것이고, 모든 왜적이 진주성으로 몰려갈 것이라고 들었습니다. 그렇다면 이곳 성주성의 왜적들도 진주성으로 가게 되는 것입니까?」

「그럴 것 같소.」

「그렇다면 왜적들이 성주성에서 빠져나갈 때 공격하면 효과가 있지 않겠습니까?」

「중요한 말씀이오. 그렇지 않아도 여러 장수들과 의논하려던 중이었소.」

이종인이 응대했다.

「그야 이동 길목에 매복하고 있다가 공격하면 되지 않겠습니까?」

사천현감 장윤이 의견을 냈다.

「이부사의 말씀이 타당합니다만, 그런데 이번 경우는 상황이 다릅니다. 모든 왜적이 진주성으로 몰려간다는 것은 북쪽에 머물고 있는 왜적도 간다는 것입니다. 왜적은 우리가 성주성을 포위하고 있는 사실도 잘 알고 있습니다. 왜적도 우리가 어떻게 대처할 것이라는 점을 알면서 전략을 짜겠지요.」

「우리도 대책을 마련해야 할 터인데. 좋은 생각이 있는 분은 말씀을 해 주시오.」

김준민이 응답했다.

「제 생각으로는 왜적이 남쪽으로 내려오면서 길목을 확보한 후에 이동할 것 같습니다. 그러면 지금과 같이 여러 개의 길목을 차단하고 있기가 쉽지 않습니다. 왜적은 성주성을 거쳐 남쪽 진주성 방향으로 갈 것이 분명합니다. 우리는 주요 길목을 집중적으로 차단하는 것이 옳다고 생각합니다.」

*****

황진은 충청도에서 합류한 진관군 수령들과 저녁 식사를 하고 본부 막사로 들어갔다. 황진은 상주성 일본군이 진주성으로 이동할 때 어떻게 그들을 쫓을 것인지를 골똘히 생각하고 있었다. 금산을 지나 성주로 향하는 고갯길에 부대를 배치하여 일본군의 퇴로를 차단하도록 지시해 놓고 있었다. 그런데 예상과 달리 충주에서 세재를 넘어 문경을 지나 일본군 대병력이 상주를 향해 이동하고 있다는 보고가 들어왔다.

황진은 정신이 번쩍 들었다. 현재 충주에서 명군과 화의협상을 하고 있는 일본군 본대 역시 진주성을 공격하기 위해 이동할 것이라는 생각이 떠오른 것이다. 상주성 일본군 이동에만 촉각을 세웠던 것이다. 황진은 급히 충청도 수령과 장수를 소집하여 김면을 찾아갔다.

「어서 오세요. 황장군. 그렇지 않아도 장군을 뵙고자 했소이다.」

「제가 급하게 온 이유를 장군께서도 잘 아실 겁니다. 지금 북쪽에서 왜적이 상주로 몰려 오고 있다고 합니다.」

「예, 나도 들었소이다. 이 사태를 어떻게 보십니까?」

「예, 장군. 끝내 올 것이 온 것이지요. 조선 땅에 있는 모든 왜적이 진주성을 도모하기 위해 몰려간다는 말이 사실로 드러났습니다. 우리도 이들의 뒤를 치면서 쫓아가려고 합니다.」

「왜적은 단기전에 능합니다. 총력전을 한 곳에서 펼치는 것은 왜적이 노리는 바입니다. 천천히 왜적의 목줄을 조이는 것이 더 효과적일 겁니다.」

「그렇지만 이번에는 다르다는 생각입니다.」

「지금까지 적의 전면공세를 피하고 매복과 기습으로 효과를 보았으면 계속 그렇게 해야 하는 것 아니겠소? 적이 바라는 대로 우리 모두 진주성으로 가서 혈전을 벌이다 병력이 소실되면 어쩌려고 그러십니까? 조금 더 기다리면서 기회를 봅시다.」

「예, 장군. 저도 정면 충돌은 쉽지 않다는 점을 잘 알고 있습니다. 그렇지만 이번에는 다릅니다. 진주성이 어떤 곳입니까? 지난 해 10월 3만 명이 넘는 왜적을 물리쳤습니다. 그 전투 결과로 왜적은 경상우도 진출을 포기했고, 우리 조선군이 경상도에서 주도권을 쥐게 된 것입니다. 적의 보급로를 차단하니 지금과 같이 왜적이 물러나게 된 것 아닙니까?」

「우리가 주도권을 쥐게 된 것이 모두 진주성전투 결과 때문만은 아니지요. 우리 모두가 죽음을 각오하고 싸워 이긴 결과입니다. 지난 번 진주관군에 대패하여 왜적 모두가 진주성을 도모하러 간다고 하지 않소. 그것도 10만 대군이 몰려간다고 합니다. 우리 모두 모여도 1만을 넘지 못해요. 그리고 명군조차도 이번 싸움은 승산이 없으니 성을 비워주라고 했다지 않소.」

「지난 진주성전투의 승리로 우리 조선 육군의 사기가 올랐습니다. 이제 육지전에서도 싸워볼만 합니다. 이번에도 이긴다면 저들은 물러날 수밖에 없을 것입니다.」

「그렇다면 얼마나 좋겠소. 생각대로 되지 않는 것이 전투요. 왜적 10만, 그것도 정예군 10만을 상대로 진주성이 보존될 가능성은 매우 낮을 것이오. 그래서 명군과 조선 중앙군도 진주성을 왜적에게 넘겨주고 후일을 도모하려는 것 아니오?」

「장군. 저는 죽더라도 진주성으로 가야겠습니다. 진주성은 천혜의 요새입니다. 왜적 10만을 동원하더라도 진주성을 함락시키려면 최소한 3만 이상은 각오해야 합니다. 그러면 더 이상은 이 땅에 발붙이기가 힘듭니다.」

「황장군께서는 목숨을 바치겠다는 결정을 이미 하셨구려.」

「그렇습니다. 왜적의 뒤를 치면서 진주성으로 들어가고자 합니다.」

「알겠소. 더 이상 말릴 수는 없구려. 나는 진주성 외원군이 되겠소이다. 우선 상주성으로 합류하는 왜군과 진주성으로 가는 왜군을 기습할 방안을 찾을 것이요. 황장군의 무운을 빌겠소.」

「저와 뜻을 달리해도 서운하지 않습니다. 저는 진주성 안에서, 장군께서는 진주성 밖에서 각자 최선을 다 하면 되겠지요.」

*****

황진과 김면은 일본군 본진과는 맞서지 말라는 지시를 내렸다. 그리고 병력을 상주성에서 성주성으로 향하는 이화고갯길로 이동하고, 본진이 다 지나갈 때까지 공격하지 않았다. 이미 일본군은 3만이 넘는 대군으로 불어났기 때문이다. 그러나 황진과 김면 부대는 일본군 후발대가 지나갈 때 공격을 퍼부었다. 일본군 역시 조선군의 존재를 예상하고 있었다. 후발대 일부가 공격을 받고 있더라도 본진은 금산의 지례성 병력과 합류한 후 성주성으로 빠르게 전진해 나갔다.

황진과 김면 부대 역시 성주성으로 향했다. 일본군보다 지리에 밝은 조선군은 일본군 후미에서 공격을 하면서도 성주성에 먼저 도착했다. 최경회와 정인홍은 황진과 김면 부대의 전략을 그대로 수행했다. 최경회는 진주성 안으로 들어가 싸우고, 정인홍은 합천으로 돌아가 지구전을 펼치기로 했다.

일본군 본대는 성주성 부대와 합류한 후, 바로 진주성을 향해 나아갔다. 드디어 황진과 최경회 부대는 진주성 외곽의 김천일 부대와 합류했다. 이때 김면은 고령으로, 정인홍은 합천으로 돌아갔다. 미리 진주성에 들어간 김천일은 경상도 지방관들의 합류에 감격의 눈물을 보이기까지 했다. 김천일은 황진과 최경회, 지방관 및 장수들을 임시 본부대로 안내했다.

「이렇게 많은 지방관들이 함께하니 참으로 든든합니다. 특히 두 병마사 대감께서 합류하셨으니 더 이상 바람이 없습니다.」

황진이 김천일의 말을 받았다.

「우리는 모두 어명을 따르고 있습니다. 우리가 무슨 일을 못하겠습니까?」

최경회도 감격에 겨워하며 운을 뗐다.

「멀리 충청도와 전라도에서, 가깝게는 경상도 지방관들이 참여하고 있습니다.모두 한 마음입니다.」

「처음 만난 분들도 있을 터이니 인사를 나눕시다. 전라도에서 달려온 분들을 소개하겠습니다. 장성의 김응건 현감, 해남의 임희진 의장, 오방한 만호(萬戸)이십니다. 그리고 우측부터 복수의병장 고종후 장군, 태인의병장 강희열 장군, 우의병부장 고득뢰 장군, 종사관 양산숙 장군, 군기주보 유한량 장군과 유휘진 장군, 부장 최억룡 장군, 방의대장 강희보 장군입니다. 경상도에서 참여하신 분들은 최장군께서 소개해주시기 바랍니다.」

최경회가 나섰다.

「사천에서 오셨습니다. 장윤 현감이십니다. 그리고 김해에서 오신 이종인 부사, 진해의 조경형 현감, 거제의 김준민 현령, 삼가의 윤탁 대장이십니다. 그리고 300명의 병력을 이끌고 오신 적개의병장 이잠 장군이십니다. 그리고 의병장 이계련 장군이십니다. 충청도는 황진 장군께서 소개해주시지요.」

「예, 가장 먼 곳에서 오신 분입니다. 태안에서 오신 윤구수 군수이십니다. 그리고 보령의 이의정 현감, 남포에서 오신 이예수 현감, 웅천에서 오신 허일 현감입니다. 그리고 당진에서 송제 현감, 해미의 정명세 현감, 황간의 박몽렬 현감입니다.」

「여러 곳에서 오셨군요. 우리 모두 진주성 사수라는 어명을 수행하기 위해 여기에 모였습니다. 여러분의 충성심에 가슴 벅차오릅니다.」

최경회가 김천일의 말을 받았다.

「그렇습니다. 김장군. 지방관은 나와 함께 싸우자고 하였을 뿐입니다.」

황진도 말을 이었다.

「저도 진주성이 우리를 필요로 하니 함께 하는 장수들을 구한다고 격문을 보냈습니다. 다들 격문만 보고 한 걸음에 달려온 분들입니다. 더 이상 무엇이 필요하겠습니까?」

고종후가 나섰다.

「저도 한 말씀 드리겠습니다.」

「우리는 모두 같은 신분이요. 고장군, 편히 말씀하세요.」

「감사합니다. 금산성에서 아버님과 동생을 잃은 불효자입니다. 그 후 아버님의 원수를 갚고자 전쟁터를 전전해 왔습니다. 이곳에 오신 모든 분들도 각자 사연이 있을 것입니다. 평화로운 조선 땅이 왜적의 침탈에 의해 지옥이 되어 버렸으니 말입니다. 지옥 끝까지라도 가서 한 놈도 남김없이 쓸어버릴 작정입니다.」

「거제현령 김준민입니다. 얼마 전까지 정인홍 대감의 부대에서 합천가장으로서 수많은 전투에 참여했지요. 저는 왜놈과의 싸움에서 져본 적이 없습니다. 왜놈들이 용감하기는 하지만 때로는 무모하고, 계략이 있다지만 한결 같은 전술을 펼 뿐입니다. 지난 번 진주성전투에서 3만의 병력으로 3천 800명에게 완패를 당한 것은 다 이유가 있습니다. 이번에 왜적 10만이 온다지만 두려워할 것 없습니다.」

「고맙소. 고장군. 그리고 김장군. 우리 모두 같은 마음으로 모였습니다. 자. 이제 우리 함께 진주성을 지켜냅시다.」

*****

한편, 진주목사 서예원과 판관 성수경은 권율과 헤어진 후 바로 진주성으로 달려갔다. 잠도 거의 자지 못했다. 성 안은 온통 어수선했다. 전라도병마사 선거이가 중앙군 3,000명을 이끌고 성 안에 들어와 있었다. 진주관군과 백성들은 큰 전투가 벌어질 것이라는 불안감과 함께 지난번처럼 또다시 진주성에서 승리의 기쁨을 누릴 것이라는 희망이 교차되었다. 이들은 서예원과 성수경이 돌아오자 안도하며 반갑게 맞이했다. 서예원과 성수경은 돌아오자마자 동헌에 머물고 있는 선거이를 만났다.

「장군. 인사드리겠습니다. 진주목사 서예원입니다. 이렇게 친히 군사를 이끌고 오셔서 무한히 감사드립니다.」

「목사를 기다리고 있었소. 3일 전에 도원수의 명을 받아 이곳에 와서 진주관군의 훈련 및 무기정비, 수비전략 등을 살펴보았소. 훈련이 잘 되어 있고, 전투준비도 완비된 것으로 보이오. 목사 이하 장병의 노고를 높이 치하하는 바이오.」

「김시민 목사의 공입니다. 저는 김목사의 유지를 따를 뿐입니다.」

「김시민 목사의 승첩에 대해서는 익히 알고 있소. 직접 보니 승전이 어떻게 가능했는지 이해되는구려. 비록 전임자가 물려주었다고 해도 이를 유지, 관리하기가 얼마나 힘든 일인가를 잘 알고 있소. 직접 목사를 보니 걱정이 되면서도 안도가 됩니다.」

「무슨 말씀이신지요.」

「도원수 장군으로부터 급한 명령이 도착했소. 진주성에 있는 중앙군을 이끌고 충주에 머물고 있는 본진과 합류하라는 명령이오.」

「아니, 도원수께서는 장군을 진주성으로 보내니 함께 적을 맞아 싸울 준비를 하라고 하셨습니다.」

「그렇소. 왜적의 대군이 이곳, 진주성을 노리고 있으니 중앙군을 이끌고 이곳을 지키라는 명령을 받고 왔소. 그러나 계획이 바뀌었다고 하는구려.」

「계획이 바뀌다니요?」

「지금 명군과 왜적 사이에 벌어지고 있는 화의협상을 목사도 알고 있지 않소? 협상 중에 왜적이 명군에게 선전포고를 하였다고 하오. 진주성을 점령하겠다고. 왜적의 최고장수가 진주성 점령 명령을 내렸으니 조선에 있는 왜군 부대가 그 말을 따라야 한다고. 설상가상으로 명군 수뇌부는 진주성을 내어주라고 했답니다. 진주성의 조선 중앙군은 급히 충주로 되돌아오라는 명령이 내려왔어요.」

「방어할 수 없다는 것입니까? 지난번 진주관군은 3,800명으로 3만 명이 넘는 왜적을 모두 물리쳤습니다.」

「왜적은 아직도 10만이 넘는 대군을 보유하고 있소. 10만의 적군이 몰려오면 방어해 내기가 쉽지 않소.」

「그렇다고 명군이 무슨 자격으로 우리 조선 중앙군에게 명령을 합니까?」

「도원수께서 명군의 뜻을 거역하는 것은 이롭지 않다고 판단하신 모양이요. 일단 중앙군은 명군의 명령을 따라야 한다고 하셨소. 저들은 천자의 명령을 수행하고 있다고 하면서. 그러니 어쩌겠소, 도원수의 명령을 이행하는 수밖에.」

「장군. 3,000명도 안 되는 병력으로 10만이 넘는 왜적을 감당하란 말입니까?」

「목사께서 결정하시오. 병사와 백성을 이끌고 일단 피신하시든지, 아니면 주변 진관군과 의병 부대에 원병을 요청하든지.」

「피신하고 성을 내어주는 일은 목사로서 할 수 없는 일입니다. 제가 어찌 성을 적에게 내준단 말입니까?」

「나도 명령을 이행하지 않으면 군율을 어기게 되는 것이니 어떻게 할 수가 없구려.」

「좋습니다. 진주성은 제가 책임지겠습니다.」

「이해해주어 고맙소. 목사.」

*****

서예원과 성수경은 선거이가 자리를 뜨자 말없이 허공을 바라보았다. 성수경이 장수회의를 소집하자고 제안했지만 서예원은 고개를 가로 저었다. 그리고 입을 뗐다.

「판관은 어떻게 생각하는가?」

「무엇을 말입니까?」

「이곳에서 죽을 것인지, 나가서 죽을 것인지.」

「저는 이곳에서 죽겠습니다.」

「자네답군. 자네는 참으로 아름다운 청년일세. 가족은 있는가?」

「부모님 모두 생존해 계십니다. 하지만 아직 장가를 가지 못해 처 자식은 없습니다.」

「나는 모두 돌아가셨네. 하지만 가족이 이곳 진주성에 살고 있네.」

「걱정되시면 진주성 밖으로 모시십시오.」

「그것도 아니 될 일이지. 처자식을 성 밖으로 내보내면 백성들이 뭐라고 생각하겠는가? 백성들이 동요하면 우리가 지는 것일세.」

「영감마님. 우리가 이기면 되지 않습니까?」

「이기는 길이라. 무기와 식량은 충분히 준비되었지만 우리에겐 병사가 부족하지 않은가? 중앙군이 저렇게 물러간다고 하니. 이제 어디에서 병력을 충원한단 말인가?」

「뜻이 있으면 길이 있다고 하지 않습니까. 지난번 전투에 참여했던 다른 지역 장수들에게 병력을 부탁해 보심은 어떻겠습니까?」

「이제 지난번보다 훨씬 많은 적의 대군이 몰려온다고 하지 않는가? 승산이 없는 싸움에, 그것도 중앙군이 빠져나가는 판국에 우리와 함께 죽을 각오를 할까?」

「그래도 포기할 수는 없지 않습니까?」

「알겠네. 당장 격문을 보내겠네. 만일 아무도 오지 않으면 어떻게 해야 하나?」

「영감마님. 우리에겐 아직 3,000명의 병사가 있습니다.」

「좋네. 죽더라도 함께 하세. 사나이 한 목숨 나라를 위해 바쳐보세. 장수들을 불러 모으게. 우리 상황을 설명하고 힘을 합치세.」

*****

판관은 부하 장수를 모두 불러 모았다. 장수들은 동헌으로 들어오면서 목사와 판관의 얼굴에 비장함이 묻어 있음을 보았다.

「어서 오시오. 여러분. 우리가 처해있는 지금의 상황을 설명하고자 함이오. 우선 판관의 상황 설명을 듣고 의견이 있으면 말해주시오.」

「며칠 전에 전라도병마사가 중앙군을 이끌고 우리 성에 들어온 것을 잘 알고 있을 것이오. 왜적의 대군을 함께 지키기 위함이었소. 그런데 중앙군이 이곳을 떠나 전라도로 향한다고 하오. 그 이유는 조선의 왜적 모두가 이 진주성으로 몰려오고 있고, 명군이 이곳을 방어할 수 없으니 중앙군을 빼라고 했기 때문이라고 하오. 이제 이 곳은 우리만 남았소. 목사 영감께서는 지난번 전투 때 함께 한 부대에 지원요청 서신을 보냈지만 지원군이 올지는 아직 모르오. 이제 우리만으로 10만이 넘는 왜적과 싸워야 할지도 모르오.」

「우선 정부장은 다른 지역 장수들에게 보낼 서신을 작성해주시오.」

「예, 알겠습니다. 영감마님. 서신 작성에 필요한 것을 질문 드려도 되겠습니까?」

「이제 무엇을 숨기겠는가? 나는 자네들과 함께 삶과 죽음을 같이 할 것이네. 어떤 것이든 기탄없이 말하게.」

「지원군이 오든, 오지 않든 간에 우리는 진주성을 사수할 것이라고 쓰겠습니다.」

「한 마디 더 하겠네. 10만의 적이 몰려오고 있네. 이 싸움에서 우리는 모두 죽을 수 있네.」

「진주성을 지켜야 하는 이유가 무엇입니까?」

「전하께서는 왜적에게 한 치의 땅도 주어서는 안 된다고 하셨네. 또한 진주성이 사수되어야 왜적이 조선 땅에서 물러날 것이기 때문이네. 우리가 이곳을 사수하면 왜적은 더 이상 조선 땅에서 버틸 수가 없게 되네.」

「이 전투에서 이기면 최상이요, 지더라도 왜적에게 큰 타격을 주면 성공이란 말씀이시군요.」

「바로 그것이지. 이제 마지막으로 한마디 더 하겠네. 이 싸움을 피하고자 하는 사람은 보내줄 테니 앞으로 나서게.」

성수경이 바로 목사의 말을 이었다.

「그 말씀은 거두어 주십시오. 모든 장수들은 지난번 전투에서 동고동락한 용사들입니다.」

「알겠소. 승리한다면 함께 축배를, 패배한다면 함께 죽읍시다.」

*****

서예원과 성수경은 떠나는 선거이의 중앙군을 동문 누각에 올라 배웅했다. 중앙군 병사들은 모두 고개를 숙인 채 걸음을 재촉했다. 아무도 뒤를 돌아보지 않았다. 중앙군이 성을 빠져나갈 무렵 사람들이 몰려오는 것이 보였다. 중앙군과 맞먹을 부대가 몰려오고 있었다. 모두들 진주성으로 들어오는 병사를 보며 환호성을 터뜨렸다.

선두 부대는 충청도병마사 황진이 이끈 700여명의 병사였다. 박몽열 황간현감, 송제 당진현감, 이예수 남포현감, 이의정 보령현감, 정명세 해미현감, 허일 웅천현감 등 충청도 지방관이다.

이들 뒤로 경상우도병마사 최경회가 경상도 병사와 전라도 의병을 이끌고 성 안으로 들어왔다. 김준민 거제현령, 윤탁 삼가대장, 이종인 김해부사, 장윤 사천현감, 조정형 진해현감 등이 지휘하고 있던 관군과 최경회와 함께 출병한 전라도 의병이 합류하여 1,100여명을 이루었다.

마지막으로 창의사 김천일이 이끌던 전라도 의병과 관군이 성안으로 들어왔다. 고종후 복수의병장, 김응건 장성현감, 민여운 태인의병장, 양산숙 종사관, 오방한 만호, 유한량 군기주부, 유휘진 군기주부, 임희진 해남대장, 최억룡 부장 등이 관군과 의병을 이끌었다. 이들의 병력은 1,000명에 달했다.

응원군의 행렬이 모두 성 안으로 들어올 때까지 백성들도 모두 성벽 위와 길에 늘어서서 이들을 환영했다. 마치 개선부대와 같았다.

중앙군을 떠나보내고, 진관군과 의병부대를 맞이하면서 성수경은 만감이 교차했다. 성수경은 동헌 병부(兵部)에서 깊은 생각에 빠졌다. 한참 후에 정영식 부장이 성수경 판관과 대면했다.

「나리. 여기 계셨어요. 한참 찾아다녔습니다.」

「특별한 일이 있는가?」

「별일 아닙니다. 무슨 생각을 그리 골똘하게 하십니까?」

「내 심정이 자네 마음과 같을 걸세. 자네는 지금 무슨 마음이 드는가?」

「낙담과 기쁨, 우려가 교차되어 다가옵니다.」

「중앙군의 퇴각에 따른 낙담. 진관군과 의병부대가 들어오는 기쁨. 그리고 향후 전투에 대한 근심.」

「그렇습니다. 저와 같은 생각을 하고 계시군요.」

「향후 벌어질 전투에 대해 어떻게 생각하는가?」

「잃을 것이 없는 전투라는 생각을 합니다.」

「잃을 것이 없다? 자네 목숨을 잃을 수도 있을 터인데.」

「나리께서도 저와 같은 생각을 하시고 계시리라 생각합니다. 이 전쟁이 시작되면서 목숨은 이미 내 놓은 것 아닙니까? 우리의 필사항전이 기나긴 전쟁을 끝낼 수 있다고 생각하기 때문입니다.」

「자네 아주 크게 보는군. 자네와 내 목숨은 이미 내놓았으니 거론할 필요가 없겠지. 우리 병사와 진관군, 의병들은 목숨을 내놓았을까?」

「예, 나리. 우리 모두 오래 전에 목숨을 내놓았습니다. 목숨을 내놓지 않았다면 발걸음이 저리도 가볍지는 않을 것입니다.」

「그렇군. 모두 목숨을 내놓은 사람들이군. 그러면 우리 모두 더 이상 잃을 것이 없겠군.」

「예, 나리. 목숨을 내놓고 하는 전투이니 우리가 모두 죽는다고 해도 잃을 것은 없고, 우리의 이름이 남을 것입니다.」

「이름을 남기기 위해서 싸우다 죽는다. 그것인가?」

「예, 나리. 우리의 임무는 왜적을 한 놈이라도 더 죽이는 것입니다. 전쟁을 끝내고 평화를 찾기 위해서 입니다.」

「우리의 싸움으로 이 전쟁이 끝날까?」

「전 그렇게 생각합니다.」

「하나 더 있네.」

「그것이 무엇입니까?」

「우리의 운명은 이 전쟁을 피할 수 없다는 것이네. 그 결과는 더 많은 적을 죽이고 우리도 죽는 것일세.」

「그렇군요. 이 전쟁을 피하면 비겁하다는 오욕뿐입니다.」

「그래. 이제 병사들에게 가보세. 그들과 마지막이 될지도 모르니 한 번이라도 더 얼굴을 봐두게.」

*****

제2차 진주성전투 이전 각 부대 주둔지 및 진주성 수성군 부대장 출신 지역

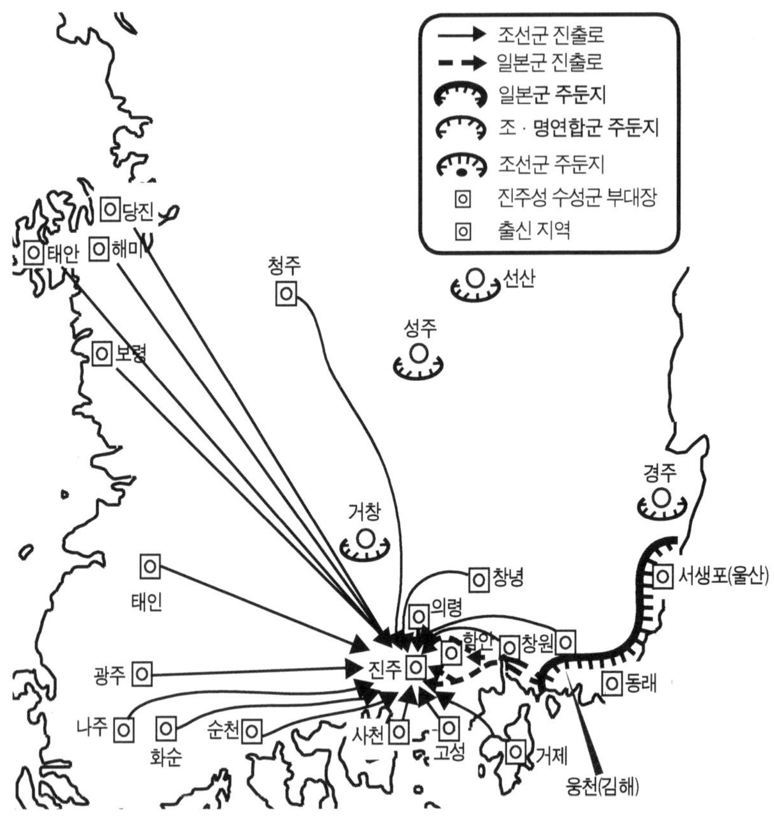

전라도병마사 선거이가 이끌던 중앙군은 빠져나가고, 창의사 김천일이 이끄는 전라도 의병과 진관군, 경상우도병마사 최경회가 이끄는 전라도 의병과 경상도 진관군, 충청도병마사가 이끌던 전라도 의병과 충청도 진관군이 들어왔다. 이제 진주성은 진주관군 3,000명과 외부 응원군 2,800명으로 5,800명이 되었다.

응원군은 일단 진주목 동헌 앞에서 휴식을 취했다. 병사들이 휴식을 취하는 동안 장수들은 진주목사 서예원과 판관 성수경의 안내로 진주성의 방어 상태를 점검했다. 완벽할 정도의 전투태세를 유지하고 있었다.

5,800명의 병사와 백성들이 6개월 이상 먹고도 남을 식량이 준비되어 있었다. 170대의 화포와 화약, 칼과 창, 활과 화살 등 각종 무기가 완비되어 있었다.

방어 상태를 점검한 장수들은 관아로 들어갔다. 회의는 김천일이 주재했다. 김천일을 비롯한 응원군 장수들은 진주관군의 전투준비에 대해 크게 만족했다. 하지만 전투 지휘와 병력 배치 문제로 격론이 벌어졌다. 서예원과 성수경은 현재의 방어 상태가 철저히 준비되어 있다는 점을 들어 지휘체제와 병력 배치를 유지한 채 응원군을 추가 배치하자고 했다. 반면, 김천일은 어명을 근거로 지휘권은 자신이 가져야 하며, 병력을 재배치할 것을 주장했다.

오랜 격론 끝에 마침내 결론이 났다. 적의 공격이 집중될 것으로 예상되는 동문은 진주관군을 배치하고 동문 전투를 지휘하는 순성장*으로는 서예원 목사, 동문 수비대장으로는 성수경 판관을 임명했다. 창의사 김천일은 전체 전투를 지휘하고 남문을 수비하며, 경상우병사 최경회는 북문을 지키고, 충청병사 황진은 북문 방어를 보조하고 서문을 지키기로 했다. 그리고 전라도, 경상도, 충청도에서 온 지방관과 진관군은 후방에 대기하고 있다가 취약한 지역에 추가로 투입하기로 했다. 전체 지휘권은 김천일에게, 최경회와 황진에게도 방어지역을 나누어 책임을 맡게 했고, 실질적인 전투는 진주목사 서예원의 지휘 하에 진주관군이 맡았다. 응원군은 진주관군을 후원하기로 결정됐다.

이에 따라 진주관군은 동문 중심으로 이동했다. 그렇지 않아도 주요전투는 동문 지역에서 벌어지기 때문에 전체 병력의 2/3가 동문 주변에 배치되어 있었다. 동문의 수비는 더욱 강화됐다. 북문지역에 배치되었던

* 순성장(巡城將)은 성을 방어하는 병사를 지휘하는 최고위 장수.

화포 역시 동문지역으로 이동됐다. 병력을 재배치 한 후 서예원과 성수경은 동문 누각에서 대화를 나누었다.

「수고 많았네. 판관.」

「영감마님께서 수고가 많으셨습니다.」

「지금 생각해보니 전임 목사께서 외원군을 들이지 않은 이유를 이해하겠군.」

「저도 같은 생각을 했습니다. 전략회의를 하면서 비로소 알게 됐습니다. 특히 높으신 분이 들어오시면 그 동안 준비했던 전략과 전술 모두가 바뀌게 된다는 것을 말입니다.」

「자네가 왜 전임 목사를 존경하는지 알 것 같네. 그분은 전투뿐만 아니라 뛰어난 안목을 지니셨어.」

「예. 옳게 보셨습니다. 하지만 영감마님께서도 많은 장점을 지니고 계십니다.」

「그런 말을 듣고자 함이 아니네.」

「오늘 보시지 않으셨습니까? 여러 대감마님께서 영감마님을 칭송하시는 것을.」

「그러게 말일세. 자네가 말한 대로 나는 전투준비를 꾸준히 해왔네. 실은 김해부사로 있을 때 첫 전투에서 왜적에게 패한 이유도 기본적으로는 준비가 부족했기 때문이니까. 하지만 완벽한 준비에도 전투를 이길 것이라는 확신이 서지 않는 것은 왜일까?」

「병권이 분리됐기 때문입니다. 전임 목사께서 가장 우려했던 것이 나타난 것이지요. 창의사께서는 이렇게 많은 병력을 지휘해보신 경험이 없는 문관 출신이지 않습니까. 게다가 북문지역 방어에서 화포가 필요 없다고 물리셨으니 말입니다.」

「그러게 말일세. 하지만 어쩌겠나. 그분의 결정을 거역할 수 없지 않은가? 하지만 실질적인 군사지휘권을 우리에게 넘기지 않았나? 그분들은 나름대로 우리 의견을 다 들어주셨다고 생각할 테니.」

「그래서 걱정이 됩니다. 다행히 병력이 충원된 것은 안심입니다. 무엇보다도 병사들 모두 성을 지켜야 한다는 의지가 강합니다.」

「맞는 말이네. 긍정적으로 생각하세. 적을 앞에 두고 내분을 일으켜서는 안 되지. 어차피 우리는 이곳에 뼈를 묻기로 하지 않았나.」

전투는 아직 끝나지 않았다.

12장
진주성에 바친 목숨

6월 21일 날이 밝았다. 드디어 정오 직전에 적의 대군이 모습을 드러냈다. 함안에서 마현고개를 넘어 진주성까지 열을 지어왔다. 행렬은 끝이 보이지 않았다. 도착 즉시 왜적은 목책을 세웠다. 저녁이 되어서야 후미의 적까지 진주성 앞에 도착했다. 저녁밥을 먹은 후 적은 말과 수레를 이용하여 돌과 흙을 실어 날랐다. 성벽 앞의 해자를 메우려는 것이다. 동문 밖의 해자뿐만 아니라 북문 앞에 있는 드넓은 습지까지 메우기 시작했다. 어둠이 깔리자 사방에 횃불을 밝히며 해자와 늪지를 계속 메웠다.

조선군은 일본군의 행적을 주시하며, 어두워질 때까지 미동도 하지 않았다. 밤이 되자 동문 쪽에서 북소리가 잔잔하게 울려퍼지며 성벽 곳곳에 놓여 있는 붉은 색 깃발이 좌우로 휘날리기 시작했다. 동시에 화포 170문이 성벽 밖으로 모습을 드러냈다. 일본군은 북소리와 깃발이 휘날리는 모습을 힐끗힐끗 노려보며 해자 메꾸는 작업을 계속했다.

동문 누각에서 김천일과 최경회를 비롯한 응원군 장수들이 서예원 목사와 성수경 판관 뒤에서 지켜보고 있었다. 서예원 목사는 진주관군에게 첫 명령을 내렸다. 곧바로 황색 깃발이 오르며 북과 꽹과리 소리가 울려 퍼졌다. 일제히 화포가 불을 뿜었다. 천둥을 능가하는 소리로 지축을 흔들고, 캄캄한 밤에 섬광이 가득했다. 동시에 동문이 열리며, 성수경 판관이 이끄는 기마병은 일본군을 향해 돌진했다. 해자를 메우던 일본군은 속수무책으로 쓰러졌다. 살아남는 일본군은 목책 뒤로 줄행랑을

쳤다.

기병들은 유유히 성안으로 들어왔다. 환호가 터졌다. 완벽한 기습작전 성공이다.

김천일은 서예원 목사의 첫 전투 승리를 치하했다.

「목사. 아주 잘 치렀소. 병사의 사기가 하늘을 찌르고 있소, 목사의 전술이 훌륭했소, 참으로 장하오. 이것이 조선의 힘이오. 자랑스럽소.」

「과찬이십니다. 저는 성판관의 계획을 이행해보았을 뿐입니다.」

이번엔 최경회가 나섰다.

「겸손까지 하시군요. 작전계획도 중요하지만 책임은 지휘관인 목사에게 있는 것이지요. 열 말이 필요 없구려. 왜놈들의 혼비백산 하는 모습을 보니 얼마나 통쾌하던지.」

「감사합니다. 전임 목사의 지도력으로 조선 최강의 싸움꾼이 되었습니다.」

황진이 말했다.

「우리의 전술은 매복과 기습을 주로 사용해왔소. 하지만 왜적을 정면돌파한 모습은 처음 보았소. 병사의 사기를 높이는 최상의 전투였소. 게다가 화포로 적을 무찌르는 것을 보니 통쾌하기 그지없소.」

「예, 화포 역시 전임자가 준비해놓았습니다. 저 역시 화포를 사용하는 전투는 처음입니다. 성판관이 왜 자신만만해 하는지 이제야 제대로 알았습니다. 성판관. 자네 덕에 내가 이렇게 칭찬을 많이 듣네.」

「목사님께서는 항상 부하의 말을 경청하고 전략을 의논하셨습니다. 목사님의 계략입니다.」

김천일이 다시 나섰다.

「매우 소중한 경험을 하게 해준 여러분에게 감사를 드립니다. 모두에게 자신감을 크게 고양시키는 계기가 되었소.」

*****

6월 22일 두 번째 날. 동이 트자 일본군이 분주하게 움직였다. 전날 밤 전사자를 치운 후 해자와 습지를 계속 메워갔다. 또한 기병에 대비하여 병력을 후방 배치하고, 포사거리 내의 병력은 흩어진 상태에서 배치했다. 따라서 작업은 매우 느리게 진행됐다.

해가 지자, 동문의 해자가 다 메꾸어졌다. 그러나 북문 앞에 넓게 펼쳐진 습지는 메꿀 수 없었다. 단지 성벽 앞의 해자만 메꾸어졌다. 동문과 북문 밖의 해자가 메꾸어지자 일본군은 목책 안으로 철수했다.

일본군은 사다리를 세우고 일시에 성벽을 오르기 시작했다. 일본군 선두가 성벽을 2/3 가량 오르자 동문 누각에서 북소리와 꽹과리 소리가 요란하게 울려 퍼졌다. 50미터 간격으로 설치되어 있던 황색 깃발이 솟아오르며 좌우로 펄럭였다. 기습을 알리는 신호다. 화구에 불이 커지며 가마솥이 끓기 시작했다. 불타는 짚단뭉치가 성 밖으로 쏟아져 내렸다. 일부 짚단뭉치가 성벽 아래로 떨어지자마자 화약이 터지며 쇳조각이 일본군을 덮쳤고, 사다리에 오르던 일본군 사이에서도 터졌다. 짚단뭉치에 성 밖은 환하게 밝혀졌고 뒤이어 진주군이 나타나 접근한 일본군에게 돌을 던지고 끓는 물을 부었다. 그리고 화살과 대포를 쏘아댔다.

한편 동문에서 북과 꽹과리 소리에 북문을 지키고 있던 전라도 의병과 경상도 진관군도 임전태세에 돌입했다. 그러나 진주성 주변 지리에 어두운 응원군 병사들은 준비가 다소 늦었다. 일부 일본군이 성벽 위까지 도달하려고 할 때 백병전이 벌어졌다. 성벽 위에 있던 조선군이 확실히 유리했다. 하지만 일부 일본군은 성벽을 넘어 조선군의 피해도 다소 있었다. 그러나 전투가 진행되면서 최경회와 전라도 의병이 힘을 발휘하여

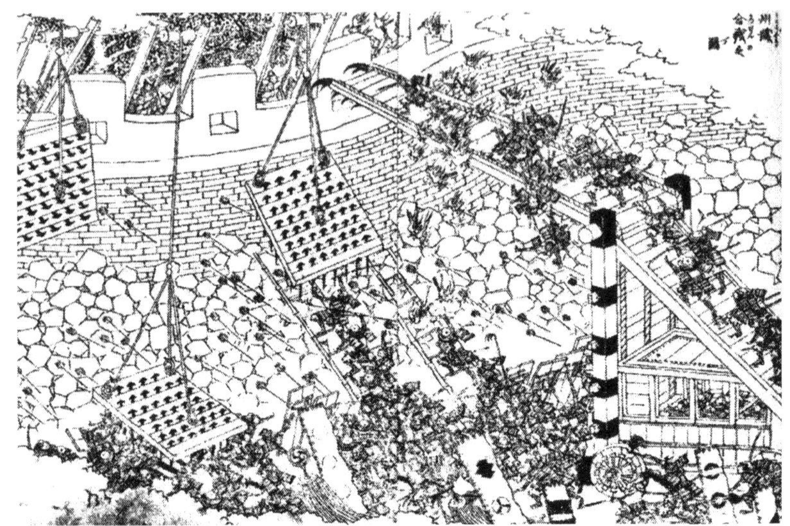

『에혼타이코키(絵本太閤記)』에 묘사된 진주성전투

성벽을 넘은 일본군을 모두 제압했다.

두 시간이 넘는 전투였다. 왜적은 이제 약점을 보인 북문 주변의 성벽을 중심으로 공세를 퍼부었다. 그러자 동문에 설치된 30여문의 화포가 북문 성벽으로 이동해왔다. 북문 성벽 위에서도 화포가 발사되자 일본군의 공세도 주춤거렸다. 결국 전투상황을 주시하고 있던 목책 뒤의 일본군이 후퇴하기 시작했다.

일본군이 모두 목책 뒤로 모습을 감추자 조선군 지휘부의 모든 장수들이 특별히 누가 지시하지 않았음에도 동문 누각으로 모였다.

최경회가 먼저 말문을 열었다.

「오늘 처음으로 전투를 치렀소. 하마터면 많은 희생이 따를 수 있었던 전투였는데 목사의 탁월한 지휘로 좋은 결과를 내었소. 고맙소. 목사.」

서예원이 대답했다.

「제가 고맙지요. 적의 야습을 예상했지만 미리 알려드리지 못했습니다. 그럼에도 잘 대처해 주셨습니다. 그리고 전투가 발발한 이후에 화포

재배치가 늦어지게 된 것을 양해바랍니다. 한 곳이 뚫리면 연달아 발생하는 성벽전투에 장군의 신속한 대응으로 잘 넘겼습니다.」

「우리가 야습에 대한 경계를 소홀히 했기 때문이지요. 북과 꽹과리, 깃발로 알려주지 않았더라면 큰일 치를 뻔 했소이다.」

「실은 야습을 예견한 사람은 성수경 판관입니다. 지난 해 전투에서는 대낮에 공격해 온 적이 있으니 이번에는 야밤에 예고 없이 습격할 가능성이 높다는 성판관의 예견에 미리 준비했습니다.」

김천일이 성수경에게 물었다.

「어떻게 적의 야습을 예견하였는가?」

「예, 적은 지난 번 패전의 경험을 또다시 반복하지는 않을 것이고 오늘밤이 야습하기 좋은 그믐이기 때문입니다.」

「그렇군. 그렇다면 다음엔 언제 또 공격할 것 같소?」

「바로 또 올 것입니다.」

「바로 또 온다? 왜 그런가?」

「예, 대감마님. 왜적은 여러 명의 장수가 지휘하는 단위 부대로 구성되어 있습니다. 한 번 공격한 부대는 뒤로 빠지고 다른 부대가 공격하고, 실패하면 또 다른 부대가 공격해왔습니다. 우리를 지치게 하면서 지속적인 전투력을 유지했습니다. 허를 찌르는 야습공격과 동시에 우리를 지치게 하려는 전략입니다.」

이번엔 황진이 성수경에게 질문했다.

「그럼 작년에는 어떻게 5일 동안의 전투를 지속할 수 있었는가?」

「병사를 3개 조로 나누어 돌아가면서 전투를 벌였습니다.」

「잘 알겠소. 이러고 있을 때가 아닙니다. 곧 닥칠 야습에 대비해야겠습니다. 우리 모두 자기 위치로 돌아갑시다.」

*****

6월 23일 세 번째 날. 예상대로 일본군은 퇴각한지 두 시간 후인 새벽 1시에 다시 공격을 감행했다. 이번에는 조총수들이 대거 투입됐다. 성벽에서 50m 정도 떨어진 곳에 줄지어 앉아서 성벽 위를 향해 겨누고 있다가 조선군이 나타나면 바로 사격을 가했다. 하지만 효과는 없었다. 조선군은 강한 화포를 보유하고 있었고, 화약에 쇳조각을 싸서 볏단뭉치에 장착한 포탄이 위력을 발휘했다. 화살은 거의 백발백중 일본군을 살상했다. 성 위까지 다가온 일본군조차도 조선군의 창과 돌에 맞아 굴러 떨어졌다.

전투는 2시간 동안 이어지다가 일본군의 퇴각으로 끝났다. 조선군도 전투조는 휴식을 취하게 하고, 휴식조로 교체했다. 이제는 동문 주변 성벽을 진관군이 함께 투입되었다.

새벽 3시가 되자 또 다시 일본군의 공격이 시작됐다. 교체된 일본군은 맹렬한 공격을 퍼부었다. 하지만 조선군도 용감하게 이를 막아냈다. 양쪽 모두 사상자가 늘었다. 동쪽 하늘이 붉게 물들을 만큼 치열한 전투가 이어졌다.

동이 트면서 후퇴명령을 내렸다. 후퇴하는 적을 향해 공격은 더욱 거세졌다. 전투는 항시 공격할 때보다 후퇴할 때 사상자가 더 나는 법. 우왕좌왕하며 꽁무니 빼기에 바쁜 왜적에게 다시 철퇴가 가해졌다. 일본군 본부대 옆에 있는 기마대에서 불길이 솟았다. 때맞추어 동문이 열리면서 조선군 기마병이 일본군 본부대를 향해 돌진했다. 일본군 본부대는 항상 철통같은 경계태세를 취하고 있었기에 조선군 기병이 돌진해오자 일본군 조총병들이 기다렸다는 듯 3열 횡대로 방어벽을 쳤다.

그런데 동문에서 나온 조선 기병이 조총 사거리 안에 들어 올 때 쯤 측면 후방에서 다른 기병이 일본군 조총병에게 공격을 가했다. 김준민과 고종후 부대였다. 이들은 진주성을 빠져나와 어둠을 뚫고 미리 일본군 본부대 측면에 있는 병량창고에 불을 지르고 말을 탈취한 후 일본군 조총병의 후방 측면을 공격했다. 기습당한 조총병은 전열을 잃었고, 조선군 기병은 우왕좌왕하는 조총병을 마음껏 유린했다.

고종후는 김준민이 동문으로 복귀하는 사이에 부대를 이끌고 일본군 본부대로 향했다. 경비하고 있던 대부분의 병사들이 병량창고와 마구간이 공격당할 때 출동했기 때문에 경계가 허술했다. 이틈을 타 고종후의 기마부대가 본부대를 기습했다. 일본군 본부대 막사 내부는 조선군이 미리 설치해놓은 화약이 폭발하면서 삽시간에 불길이 일었고, 내부에 있던 일본군 장수들은 사방으로 튀는 쇳조각을 맞고 나뒹굴었다. 1차 공격에 살아남은 일본군 장수들이 칼을 들고 막사 밖으로 뛰쳐나왔다. 하지만 이들은 막사 밖에 대기하고 있던 조선군 기병에 의해 당할 수밖에 없었다. 다만 본부대에서 폭음이 터지고 불길이 일자 일본군들이 몰려왔다. 고종후는 칼을 들고 공격을 명하면서 가장 먼저 좁혀오는 일본군에게 돌진했다. 기병들이 소리를 지르며 고종후를 쫓았다. 초기에는 기병들이 주도권을 잡았다. 시간이 흐르면서 조선군 기병은 더 이상 유리한 위치에서 전투를 벌이지 못했다. 그럼에도 불구하고 고종후와 복수의병은 용감했다.

한편, 동문의 신호에 따라 김준민 부대는 성안으로 무사히 퇴각했다. 동문 주변에 있던 조선군은 이들을 열렬하게 환호하며 반겼다. 김준민이 성안으로 들어오자 진주목사 서예원과 판관 성수경이 반갑게 맞이했고, 김천일을 비롯한 지휘부도 이들의 공적을 치하하였다.

서예원은 김준민의 공을 치하했다.

「잘 하시었소. 김현령의 공적은 익히 듣고 있었기에 참으로 만나고 싶었소. 촉나라 장비보다 못하지 않구려. 적의 간담이 서늘해졌을 겁니다.」

「방어는 제 체질이 아닙니다. 공격할 기회를 주신 장군께 감사드립니다.」

성수경이 김준민에게 말을 건넸다.

「그런데 고종후 장군께서 보이지 않습니다. 고장군님은 뵙지 못하셨나요?」

「멀리서만 보았습니다. 우리가 왜적 본부대로 진격하고 있을 때 미리 약속한대로 고장군께서 왜적의 측면을 공격했지요. 우리가 왜적과 접전을 하고 있을 때 고장군은 왜적의 후방으로 말을 몰고 가더군요.」

「그러고 보니 고종후 장군 소속 부대원들의 대다수가 보이지 않습니다.」

이번엔 서예원이 김준민에게 질의했다.

「김장군과 고종후 장군이 미리 왜적의 말을 탈취하여 공격할 때 왜적의 배후를 친 후, 신호가 울리면 함께 돌아오는 것이 원래 계획 아닙니까?」

「그렇습니다. 저는 퇴각 신호가 울리기에 예정대로 병사를 이끌고 돌아왔습니다. 그런데 고장군은 신호가 울리자 왜적의 지휘부를 향해 돌진했습니다. 제가 모르는 다른 계획이 있을 것으로 생각했습니다. 이럴 줄 알았으면 저도 고장군 뒤를 따랐어야 했는데.」

성수경이 말을 이었다.

「아닙니다. 장군. 장군께서 돌아오시길 잘 하셨습니다.」

김천일이 혼잣말을 하였다.

「허. 이런. 고종후 장군. 죽음을 각오하더니 끝내 일을 냈군.」

서예원이 김천일의 말을 받아 질의했다.

「뭔가 짚이는 것이 있으신 모양이군요.」

「이렇게까지 부친에 대한 복수심이 사무칠 줄은 몰랐소. 지난 해 금산성전투에서 부친과 동생이 전사한 이후 함께 전사하지 않은 것을 내내 가슴 아파 하더니 결국 자신이 죽을 곳을 찾은 것 같소.」

「적의 심장부를 유린하다가 끝내 전사했군요. 어제 기습을 감행하겠다고 했을 때 눈치를 챘어야 했는데.」

「그러게 말이오. 고장군의 효심을 우리가 어찌 부정할 수 있겠습니까. 하지만 전투는 전체를 보고 해야 하는 것. 장수들은 이제 더 이상 사사로운 감정에 이끌리지 않기를 바랍니다.」

최경회가 바로 김천일의 말에 동조했다.

「우리는 모두 나라를 지키고자 이곳에 왔습니다. 하지만 고종후 장군의 행동을 사적 감정으로 폄하해서는 안 됩니다. 」

「옳은 말씀입니다. 고장군의 공격으로 왜적 장수 몇 명의 목이 날아갔겠군요. 저들도 한층 우리를 두려워하고 있을 것입니다.」

서예원이 결론을 지었다.

「알겠습니다. 고장군은 과업을 이루기 위한 전략적 선택이었습니다. 하지만 앞으로는 계획대로 전투를 해야 합니다. 이제 적의 공격이 더 집요해질 것입니다.」

*****

6월 24일 네 번째 날. 아침부터 뙤약볕이 내리쪼여 무더위가 기승을 부렸다. 일본군은 두 시간 간격으로 부대를 바꾸며 동문과 북문을 공격해왔다. 하지만 조선군의 방어는 전혀 틈을 보이지 않았다. 동문과 북문 주변의 성 밖에는 일본군 시체와 흘린 피로 인해 성벽은 붉게 물들었고, 한 여름 더위에 피비린내가 사방에 진동했다. 이날 일본군은 새벽에 세

차례, 오전에 두 차례, 오후에 세 차례의 공격을 퍼부었다. 저녁이 되어서야 일본군이 물러났다.

한편, 진주성을 포위하고 있는 일본군을 조선의 부대들이 먼 곳에서 견제했다. 그러나 10만 명에 달하는 일본군을 공격하기가 쉽지 않았고, 조선군이 공격하면 일본군은 압도적인 병력을 보내 추격하며 조선군의 외부 응원을 철저하게 차단했다. 따라서 1차 진주성전투와는 달리 외부에서의 후원은 쉽지 않았다.

어둠이 깔리자 밖에 엄청난 수의 모닥불이 지펴졌다. 일본군은 모닥불을 군데군데 짚이고 흙을 나르고 있었다. 그리고 작업하는 일본군 사이에 500여 명의 조총병과 보병으로 이루어진 부대가 보초를 섰다. 조선군의 화포 공격과 기병의 기습을 막기 위한 조치를 취하며 밤샘 작업을 했다.

*****

조선군 지휘부는 매일 장수회의를 소집했다. 장수회의는 김천일과 최경회가 공동으로 주재했다. 참석자는 30여 명이 넘었다. 총대장 김천일이 말문을 열었다.

「오늘 하루 종일 파상적인 공격을 퍼붓던 적들이 이제는 흙산을 쌓고 있소. 흙산을 완성하고, 습지가 메워지고 나면 적의 공세는 더 거세질 것입니다. 대비책을 말해주시오.」

서예원이 응답했다.

「지난 해 전투경험을 들어보는 것이 좋을 듯 합니다.」

「좋은 의견이오. 그럼 판관은 소상하게 말해보시오.」

진주성 2차전투

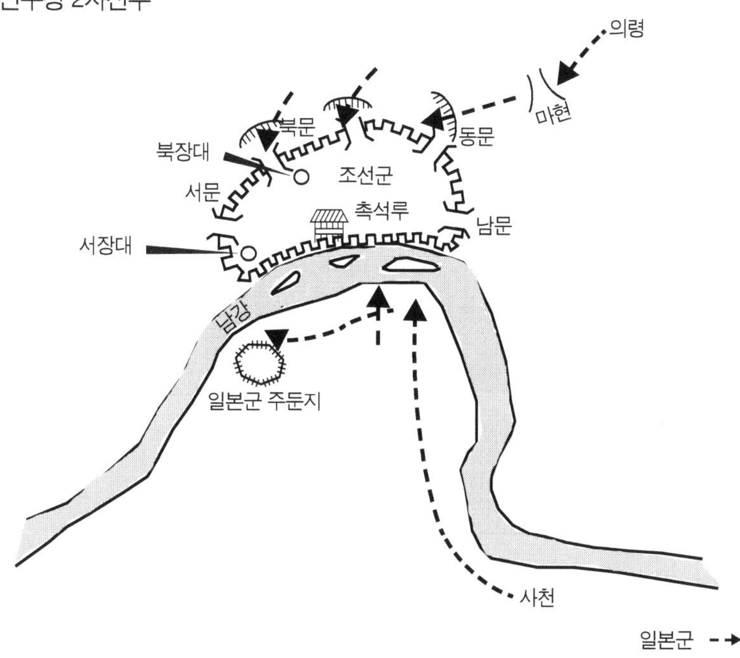

「예. 성수경입니다. 왜적은 사다리 공격이 실패하자 공성기를 제작하여 공격했습니만 적의 공성기는 우리의 화포 사격으로 산산조각이 난 바 있습니다. 그러니 이번엔 흙산으로 대응하고 있습니다. 그리고 북문 성벽 근처의 습지를 메우는 것을 보면 공격범위를 확대하려는 계획입니다. 적은 매번 전술을 바꿔가며 공격을 해왔습니다. 적의 다양한 공세에 우리도 준비해야 합니다.」

최경회가 성수경의 제안을 받아 질문했다.

「다양한 공세란 어떤 것이 있겠소?」

「지금까지 낮과 밤에 파상공세를 취했음에도 불구하고 우리의 방어력이 흩어지지 않는다는 것을 알았을 겁니다. 그러니 성벽을 무력화 하는 방안을 쓸 것입니다.」

「성을 무력화 한다? 흙산을 성벽보다 높게 쌓겠다는 것인가?」

「흙산을 성벽보다 높게 쌓기는 쉽지 않습니다. 성이 워낙 높으니 말입니다. 그러나 흙산이 높아지면 성벽 위를 향해 총을 쏘기 쉬워집니다. 그리고 성을 허무는 작업도 가능할 것입니다.」

「지난해에도 성벽을 허물려는 시도를 한 적이 있었는가?」

「그렇지는 않습니다. 그러나 전임 목사께서 언급하신 적은 있습니다. 적은 일주일 이상 공세를 취할 수 없다는 말씀을 하신 바 있습니다.」

「일주일 이상 지속하기 힘들다고 했소? 왜 그렇소?」

「예. 당시 진주관군은 외원군과 긴밀하게 연락을 취하고 있었습니다. 따라서 적의 공세가 누그러들면 진주관군과 외원군이 공격을 할 준비를 하고 있었습니다. 그러니 적은 닷새 만에 물러났습니다.」

「그렇다면 이번에는 전투가 더 지속되겠군.」

「그렇습니다. 이번엔 적의 수가 많을 뿐만 아니라 외원군의 도움이 거의 없으니 말입니다.」

김천일이 성수경에게 질의를 이었다.

「우리가 얼마나 막고 있어야 적이 물러날 것으로 보는가?」

「압도당할 때까지 적은 공세를 풀지 않을 것입니다.」

「그럼 우리가 강력한 공세를 취해야 한다는 말인데.」

「예. 제 생각으로는 그렇습니다.」

이 말에 김준민이 나섰다.

「제가 다시 나가겠습니다.」

「오, 김장군. 무슨 말이오.」

「판관의 지적이 구구절절이 옳다는 생각이 듭니다. 다시 한번 조선 무장의 힘을 보여주겠습니다.」

「기개는 가상하지만 우리의 군세가 약해진다는 것도 생각해야 하오.」

「예, 영감마님께서 병사를 아끼는 마음으로 하시는 말씀은 이해합니다. 그러나 적의 공격을 앉아서 기다리기만 하였다가는 결국 모두 당하게 되어 있습니다.」

*****

6월 25일 다섯 번째 날 아침이 밝았다. 진주성 앞에는 거대한 흙산이 완성됐다. 아직 성벽보다는 낮지만 조선군을 정면에서 사격할 만큼 높았다. 일본군은 공격을 감행했다. 정면에서 조총사격은 기어오르는 적군을 퇴치하기 쉽지 않았다.

이 때 일본군 후방에서 불길이 치솟으며 무기창고에 불이 났다. 일본군 진영 전체가 혼란에 빠졌다. 성수경 판관을 선두로 조선군 기병이 일본군을 향해 돌진했다. 일본군은 앞뒤로 당하자 당황하였다. 그러나 시간이 지날수록 일본군의 압도적인 수적 장점이 발휘되었다.

진주성 동문 누각에서 북소리와 꽹과리가 울리며 붉은 깃발이 좌우로 휘날렸다. 성수경 판관은 기병에게 퇴각명령을 내렸다.

그러나 일본군 후방의 전투는 끝나지 않았다. 성수경 판관과 기병이 다시 동문으로 돌아온 이후에도 후방을 공격하던 김준민 부대는 공격의 고삐를 늦추지 않았다. 그러나 조선군은 일본군에 완전히 포위됐다. 김준민은 거구여서 성 위에서도 그의 활약상을 생생하게 볼 수 있었다. 일본군은 김준민의 힘에 눌려 목과 허리가 잘려나갔다. 시간이 지날수록 일본군은 더욱 많아졌다. 결국 지휘관인 김준민과 몇 명의 부하만 남았다.

현자총통 신기전

김준민이 쓰러지자 서예원이 발포 명령을 내렸다. 화살이 일본군에게 쏟아졌다.

서예원 목사와 성수경 판관이 이를 지켜보았다. 판관의 눈이 핏빛으로 물들었다. 목사가 판관의 손을 잡았다. 그리고 판관을 안아주었다. 판관은 목사의 품에서 한 없이 흐느꼈다. 서예원이 성수경의 어깨를 두드렸다.

「이제 그만 진정하게. 판관.」

「김준민 장군께서 늘 하신 말씀이 기억납니다. 무장은 나라를 위해 존재하는 것이라고 말입니다.」

「나도 들었네. 김장군은 소명을 다하는 길을 걸었네.」

「어제 밤 이번 작전을 계획할 때에는 살아 돌아오기로 했습니다.」

「이상한 낌새는 차리지 못했는가?」

「특별한 것은 없었습니다. 김장군은 항상 그랬듯이 성공할 것이라는 확신이 있었습니다.」

「그렇군. 조선 무장의 기개를 보여주려고 끝까지 최선을 다한 것이야.」

「장군은 이번 거사를 성공한 것으로 보십니까?」

「훌륭한 무장 하나를 잃은 것 빼고는 성공한 셈이지. 적은 흙산이 이제 무용지물이라는 것이 밝혀졌고, 병량을 잃었네. 오히려 우리가 공세를 취하지 않았는가. 우리 진주성이 두려움의 대상이 되었을 것일세.」

「그럼 앞으로도 공세를 취하실 생각이십니까?」

「그래야지. 자네가 그러지 않았나. 두려움을 주어야 적은 물러날 것이라고.」

「예, 알겠습니다. 언제든 하명만 하십시오.」

「처음에는 적들이 무모할 정도로 달려들었지. 그러나 요즘 적의 태도가 바뀌었어. 우리의 공격에 두려움을 느끼고 있어.」

「예, 그렇습니다. 우리의 기세에 놀라는 모습을 종종 보았습니다.」

「그렇지. 이제 앞으로 며칠만 더 버티면 될 것 같네.」

「끝까지 살아 남으셔야 합니다. 영감마님이 계셔야 진주성은 굳건할 것입니다.」

「알겠네. 자네도 항상 내 옆에 있도록 하게.」

25일 동 트기 전까지 두 번의 공세가 더 있었다. 새벽부터 폭우가 쏟아지며 사다리 공격도 쉽지 않았다.

*****

6월 26일 여섯 번째 날, 폭우로 앞이 잘 보이지 않았다. 성수경은 비를 피해 화포를 후방으로 빼내라고 지시했다. 이제 병사들은 화약과 화포 없이 싸워야 했다.

일본군 역시 폭우로 고전하였다. 조총 역시 물에 젖어서 발사되지 않았다. 일본군도 조총 없이 맨몸으로 성을 올라야 했다. 오전 내내 일본군은 잠잠하였다. 점심을 먹고 난 후에 일본군이 성벽 앞에 나타났다. 그들은 나무판을 덮어쓰고 손에는 망치와 정을 들고 있었다. 성 아래의 돌을 깨 파내려는 것이다. 일본군은 쏟아지는 돌에 맞아 사상자가 속출함에도 불구하고 성벽 파내기 작업을 계속했다. 폭우 속에서 작업은 더뎌도 성벽의 돌을 파냈다.

촉석루 아래 병사들이 모여 있다. 이들은 일본군 복장으로 갈아입고 있었다. 성수경 판관의 지휘 하에 변장한 진주군이 촉석루 옆에 있는 샛문으로 빠져나와 작은 배를 나누어 타고 산 어귀를 돌아 일본군 후방으로 향했다. 모두 진주에서 태어난 병사들이기에 이곳 지리를 잘 알고 있었다. 이들은 배후에 도착하자 삼삼오오 나뉘어 곧장 일본군 본진으로 향했다. 폭우가 쏟아지는 한밤. 일본군의 대부분은 막사에서 잠을 자고 있었다. 몇 명의 보초가 있었지만 이들은 발각되지 않고 일본군 본부로 갈 수 있었다.

조선군은 일본군 본부 막사를 포위하며 경계병에게 다가서자, 성수경 판관이 공격하라는 명령을 내렸다. 보초병들은 순식간에 칼과 창에 쓰러졌다. 첫 번째 공격을 피했다 해도 오래 버티지 못했다. 보초병들이 제거되자 판관은 바로 본부대 안으로 들어갔다. 조선군들은 모두 쓰러질 때까지 일본군을 베었다. 결국 몰려드는 일본군에 의해 모두 전사했다. 일본군은 막대한 타격을 받았다. 본부 막사 안에서 쉬고 있던 장수 중 절반이 사망했다.

일본군 본부대 막사에 불이 피어오르자 바로 동문이 열리며 기병들이 일본군 본부대를 향해 내달렸다. 일본군의 방어용 목책은 조선 기병이 도착하기 전에 열렸다. 조선군이 일본군 보초병을 제거하고 조선 기병이 도착하기 전에 목책을 열어놓은 것이다. 조선군 기병은 거침없이 일본군 본부대까지 치고 들어갔다. 한밤에 본부대를 공격당한 일본군은 전에 없이 우왕좌왕했다.

대기하고 있던 보병도 동문 밖으로 나갔다. 그리고 성벽 깨는 작업을 하고 있는 일본군에게 달려들었다. 작업병 뿐만 아니라 이를 보호하기 위한 보초병도 있기는 했지만 진주관군의 상대가 되지 못했다. 이들은 진주관군이 공격하자 기본적인 수비 자세를 취할 뿐 공격적으로 나오지 않았고, 진주관군이 다가가면 꽁무니를 빼고 달아났다. 기병과 보병이 합동작전을 펼친 조선군의 기세에 눌려 일본군은 공세를 피해 도망치기에 급급했다.

한밤중 진주성 밖에서 조선군 기병과 보병은 한참 동안 일본군을 짓밟았다. 꽤나 많은 시간이 흘렀다. 동문 누각에서 북소리와 꽹과리 소리가 울렸다. 이 소리를 신호로 조선군 보병이 먼저 동문 안으로 철수한 후에 기병은 퇴각했다.

조선군이 모두 돌아오자 진주목사 서예원이 장수들에게 병력을 점검하라고 지시했다.

「정부장은 병력 점검 결과를 보고하라.」

「예, 영감마님. 이번 작전에 기병 500, 보병 1,000명이 참여했습니다. 그 중에 기병 400, 보병 850이 돌아왔습니다.」

「알겠다. 대성공이다. 그런데 성판관은 보이지 않는구나. 성판관, 어디 있느냐?」

이일갑 선달이 성수경을 대신하여 대답했다.

「판관 나리와 최풍헌 선달은 돌아오지 않았습니다.」

「뭐라고 했느냐? 돌아오지 않았다고? 그렇다면 퇴각명령을 듣고도 남아있었다는 말이더냐?」

「그렇습니다.」

「이선달은 이유를 알고 있느냐?」

「예, 촉석루 문을 통해 성 밖으로 나간 후에 작전회의를 따로 했습니

〈표〉 진주대첩과 2차 진주성전투의 전투 상황 비교

비교대상	진주대첩	2차 진주성전투	비교
전투 참여 병력	조선군: 3,800명 일본군: 30,000명	조선군: 5,800명 일본군: 93,000명	조선군: 1.5배 일본군: 3.1배
전투 기간	6일	9일	15배
교전 횟수	10회	25회	2.5배
사망자	조선군: 300명 일본군: 10,000명	조선군: 5,800명 일본군: 38,000명	조선군: 19배 일본군: 3.8배

다. 그 때 판관나리와 최선달은 100명의 병사를 이끌고 적의 본부대 공격을 맡고, 저는 50명을 이끌고 적의 목책을 공격하기로 했습니다. 그러면서 판관 나리는 자신과 함께 죽을 병사는 따르고, 살고자 하는 병사는 제 뒤를 따르라고 했습니다. 대부분의 병사들은 판관나리를 따르겠다고 하였습니다. 제 옆에는 아무도 서지 않았습니다. 그러자 판관나리는 나이가 들어 보이는 병사 50명을 추려내어 제게로 가라고 명령하셨습니다. 이들도 모두 저를 따르지 않고 판관나리를 따르겠다고 고집을 부렸습니다. 그러자 판관나리께서 칼을 빼어들고 명령을 따르지 않는 자는 베어버리겠다고 위협하였습니다. 그 50명은 저를 따라나설 수밖에 없었습니다. 판관나리는 저와 헤어지면서 동문에서 퇴각명령이 내려질 때 병사를 이끌고 퇴각하라고 하셨습니다.」

「죽기를 작정하고 퇴각하지 않았단 말이냐?」

「예, 그렇습니다. 제가 몇 번이고 함께 돌아가자고 판관나리께 청하였습니다.」

「그러니 뭐라 하던가?」

「최후까지 한 놈이라도 더 죽이고 죽는 조선 무장의 모습을 보여야 우리를 두려워 할 것이라고 말씀하셨습니다.」

*****

6월 27일 일곱 번째 날 아침. 성수경 판관의 활약은 온 성안에 퍼졌다. 일본군으로부터 탈취한 무기들이 성 안에 산더미처럼 쌓여있었다. 전날의 치열한 격전을 말해주고 있었다.

이 날도 비는 쉼 없이 쏟아졌다. 일본군은 별 행동을 보이지 않다가, 정오 지나서 성 앞에 나타났다. 이들은 모두 성벽 아래에 있는 돌을 파내는 작업에 열중했다. 동시에 흙산 규모를 넓히는 작업을 진행하여, 드디어 흙산은 동문에서 북문까지 연결되었다.

어두워지며 북문쪽 성벽이 무너져 내리며 사다리 없이도 성 위까지 당도할 수 있을 만한 공간이 생겼다. 일본군은 환호했다. 조선군은 일단 무너져 내린 성벽 위에 돌을 쌓아 보완하는 작업을 하면서 경상도 진관군 병력을 집중하며 방어하고 사천현감 장윤에게 이곳을 지휘하게 했다.

서예원도 무너진 성벽에서 판관의 전사 소식을 생각하면서 자신의 숙명이 무엇인지를 생각하였다. 두 눈에 핏발이 서며 눈물이 왈칵 쏟아졌다. 옆에 있던 김천일도 서예원의 생각을 알지 못했다.

어두워지자 일본군의 공세가 시작됐다. 근접전투는 일본군의 피해가 훨씬 컸지만 조선군의 피해도 늘어갔다. 또한 일본군 조총이 위력을 발휘하며 조선군의 피해도 만만치 않았다. 동이 트면서 동분서주하며 독려하던 장윤이 총에 맞아 그 자리에서 즉사했다.

장윤의 전사소식이 김천일의 지휘부로 전해졌다. 옆에 있던 김해부사 이종인이 북문으로 달려 나갔다. 일본군은 퇴각중에도 성 무너뜨리기 작업을 계속했다. 조선군도 이종인의 지휘로 무너진 성벽 너머에 목책을 세워 수비를 보강했다.

새로 임명된 판관 박승남이 북문 성벽상황을 서예원에게 알렸다. 서예원은 장수회의를 곧바로 소집했다.

「장수들은 들으라. 북문 옆 성벽이 무너졌다. 적은 어제 밤부터 새벽까지 이곳으로 몰려와, 동이 트자 물러갔다. 이번 전투로 사천현감을 잃었다. 적은 성벽 허물기에 박차를 가하고 있다. 오늘 안으로 성벽이 더 크게 무너질 것이다. 이 시점에서 우리의 대응책을 말해주기 바란다.」

박승남 판관이 나섰다.

「장군. 병력을 주십시오. 성판관이 이루지 못한 왜적의 목을 베고 오겠습니다.」

「말만 들어도 가상하오. 그러나 왜적은 어제 당한 일을 또 당하지는 않을 것이네.」

이일갑 선달이 말문을 열었다.

「장군께서 말씀하셨듯이 주도권을 잡아야 합니다. 성판관 나리와 함께 작전을 펼치면서 우리가 주도권을 잡았다고 생각했습니다. 왜적은 감히 먼저 공격하지 못하고 우리가 다가가서야 칼을 휘둘렀습니다. 그런데 성벽이 무너지고부터 저들의 사기가 회복된 것으로 보입니다. 어떻게 해서든 주도권을 다시 찾아와야 합니다.」

「나도 그렇게 생각하고 있네. 기다리다가는 이대로 무너지게 될 것이야. 이선달의 제안한 대로 우리가 선수를 치는 것도 한 방안이네. 한 명의 적이라도 더 죽이는 것이 이 전쟁을 끝내는 길일지도 모르지.」

정영식이 합세했다.

「장군. 박판관님의 말씀대로 적의 본부를 다시 쳐들어가는 것도 방법이란 생각이 듭니다.」

「한 번 사용한 방법이 통할까?」

「적도 우리와 같은 생각을 가지고 있을 겁니다. 그러니 다시 적의 심장부를 공격해보자는 것이지요. 적의 핵심을 타격해야만 지금의 분위기를 반전할 수 있습니다.」

*****

6월 28일 여덟 번째 날 동이 트기 전. 촉석루 아래 진주관군이 다시모였다. 일본군으로 변장하여 작은 문을 통해 성 밖으로 나갔다. 이들은 배로 일본군이 진을 치고 있는 뒷산 기슭까지 도착한 후, 한 시간 동안 야산을 넘어 일본군 진영 후방에 도달했다. 곳곳에 보초병을 쉽게 따돌리고 일본군 본부 막사로 다가갔다. 지난번보다 보초병이 두 배 이상 증가되기는 했지만 이들도 쉽게 처치됐다.

이번에는 동문에서 기병들이 선수를 치며 일본군 목책을 향해 달려가자 목책이 활짝 열렸다. 기병들은 곧바로 일본군 본부 막사로 내달렸다. 이때 박승남 판관을 필두로 조선군도 본부막사로 들이닥쳤다. 또다시 치열한 혈전이 벌어졌다. 일본군들은 아군과 적군을 구별조차 못하고 전투를 벌였다. 조선군은 식별표로 서로 구별했지만 일본군들은 아군끼리 여기저기에서 싸움을 벌였다.

기병이 빠져나간 뒤에는 보병이 전투에 합세했다. 조선군의 기세에 확실히 눌려있었다. 일대일 전투 역시 조선군이 압도했다. 출두한지 1시간 후에 동문 누각에서 북과 꽹과리 소리가 울렸다.

서예원은 동문 누각에서 임시 장수회의를 주재했다.

「박판관은 어디 있는가?」

정영식 부장이 대답했다.

「보이지 않습니다.」

「그러면 이선달은 어디 있는가?」

「모르겠습니다.」

「살아 돌아온 장수는 누가 있는가?」

「없는 것 같습니다.」

「그럼, 돌아온 장수는 나와 정부장밖에 없다는 말이냐?」

「그렇습니다.」

「병사들은 몇 명이 돌아왔나?」

「예, 영감마님. 박승남 판관을 따라 간 병사들은 모두 전사한 것으로 보입니다. 하지만 동문에서 출두한 기병과 보병은 대부분 살아 돌아왔습니다.」

*****

서예원은 판관 자리에 최기필을 임명하고, 부장과 함께 북문 누각으로 갔다. 누각에는 최경회와 경상도 진관군 장수들, 그리고 황진과 충청도 지방관들이 모여 있었다. 전날 전사한 장윤을 대신할 북문 수비대장을 누구로 추대할 것인가에 대해 논의하여 황진이 지휘하기로 하고, 서문지역 방어를 책임지고 있던 충청도 병력의 주력을 동문지역으로 재배치하기로 하였다. 전투가 치열한 동문지역은 진주관군이 책임지고, 적의 공세가 집중될 북문지역은 경상도와 충청도 진관군이 맡기로 하였다. 전라도 의병에게는 후방 대기조를 맡겼다.

동이 트자 비가 그쳤다. 일본군의 성벽 허물기 작업 속도는 배가 되었다. 결국 무너진 성벽의 폭이 10m 이상이 되었다. 해가 진 후 모든 병력을 총동원하여 공격했다. 동문을 중심으로 남쪽 남강에 이르는 성벽으로부터 북문 성벽까지 해자와 습지가 메워지고 흙산 위에 조총병은 사격을 시작하며 보병은 사다리를 걸고 올라왔다. 특히 무너진 성벽에 병력을 집중 배치하여 맹렬하게 공격을 퍼부었다.

조선군 화포도 위력을 발휘했다. 일본군이 벌떼처럼 올라왔지만 사상자가 엄청나게 증가했다. 흙산 위에서 총을 쏘아대는 일본군 조총병 역시 조선군 화포로 무력화되었다. 그럼에도 불구하고 일본군의 공격은 계속됐다. 일본군은 무너진 성벽공략에 전력을 쏟았다. 치열한 공방전으로 조선군 사상자도 늘어갔다. 타지의 진관군도 진주관군 못지않게 용감하게 싸웠다. 밀리면 성이 점령된다는 것을 잘 알기 때문이다.

동문이 열리며 기병이 선두에 서고 보병이 뒤를 따라 성 밖으로 향했다. 선두는 서예원 목사다. 북문 성벽에 집중된 일본군은 측면에서 기병이 들이치자 전열이 흩트러졌다. 성 안에 있던 조선군의 사기도 올랐다.

전투가 한참동안 계속됐다. 일본군이 한동안 수세에 몰리기는 했어도 결국 성 밖으로 나간 진주관군은 포위되었다. 위기 상황에서도 기병은 계속 앞으로 나가며 일본군에 맹공을 퍼부었고, 보병 역시 기병이 뚫은 혈로를 이용하여 계속 진격했다. 끝없이 밀려오는 일본군과의 사투 끝에 서예원 목사의 말이 쓰러졌다. 목사는 칼을 들었다. 목사 앞에 일본군 장수가 나타났다. 두 사람의 칼이 맞부딪쳤다. 조선군과 일본군 모두 싸움을 멈추고 그들에게 공간을 내주었다. 조선군과 일본군은 서로의 장수를 응원하며 지켜보고 있었다. 일본군 장수가 칼을 놓치며 쓰러졌다. 목사의 칼은 일본군 장수의 목을 내리쳤다. 환호하는 소리가 지축을 흔들었다. 바로 뒤에서 일본군이 서예원의 목을 향해 칼을 휘둘렀다. 목사의 목이 땅에 떨어졌다. 진주관군은 용감했다. 그러나 수적으로 열세였다. 모두 죽을 때까지 일본군을 향해 돌진했다.

전투가 끝나자 일본군은 다시 무너진 성벽으로 공격해왔다. 그러나 이번에는 조선군이 오히려 공세적으로 나왔다. 불이 붙은 짚단뭉치로 일본군을 공격했고, 일본군의 모습이 보이는 대로 화포와 화살을 날렸다. 그리고 북문 수비대장을 맡은 황진에게는 일본군의 공격이 먹히지 않았다. 하지만 간간히 총소리가 나며 조선군이 하나 둘씩 쓰러졌다. 전투는 새벽까지 지속됐다. 동이 트면서 일본군 공세가 약화됐다. 사기가 오른 조선군의 화포와 화살의 위력이 더욱더 강해졌다. 결국 일본군이 물러났다. 전투가 끝나 북문에서 장수회의를 하며 인원점검을 하였다. 그러나 황진도 보이지 않았다.

*****

6월 29일 아홉 번째 날, 동이 튼 후 장수들은 김천일이 거처하고 있는 촉석루로 몰려갔다. 모두가 진주성 방어를 책임지고 있는 김천일과 최경회를 바라보았다.

최경회가 먼저 말을 꺼냈다.

「동문의 지휘자 서예원 목사와 북문의 황진 장군이 전사했습니다. 이제 병사를 지휘할 장수가 급합니다.」

김천일이 응답했다.

「그동안 서예원 목사의 의견대로 진주관군이 전체 방어를 책임지고, 우리는 뒤에서 보조만 해서 불만이 없습니다만 서목사의 빈자리가 이렇게 클 줄 몰랐습니다.」

「지나간 일은 논하지 말고 동문과 북문의 지휘권을 맡을 장수를 정해야 합니다.」

최기필 판관이 앞으로 나와 의견을 냈다.

「새로 임명된 최기필입니다. 동문 방어는 제가 사수하겠습니다. 서목사를 계속 모셨고, 진주관군의 사정은 제가 가장 잘 알고 있습니다. 결코 방어에 허술함이 없을 것입니다.」

「알겠소. 그렇게 하시오. 최기필 판관을 동문 순성장으로 임명하겠소.」

최경회가 나섰다.

「북문은 제가 맡겠습니다. 제가 맡아야 혼성부대 지휘에 차질이 없을 겁니다.」

「장군께서는 저와 함께 뒷일을 감당하시지요.」

「이제 여한이 없습니다. 저도 목숨을 바치고자 합니다. 그것이 나라의 녹을 먹어 온 벼슬아치의 길 아니겠습니까?」

「알겠습니다. 동문은 진주관군이, 북문은 지원군의 몫으로 합시다. 이 전투는 후대 역사에 길이 남을 것입니다.」

*****

다시 어둠이 깔리며 일본군의 공격이 시작됐다. 모두 죽을 것처럼 덤벼들었다. 조선군도 마찬가지다. 이미 이들은 목숨을 내어 놓았다. 오늘로써 전투가 끝날 것을 아는 듯 했다. 이들은 성을 지키기 위해 싸우지 않았다. 이들은 싸우고 있는 것이 아니라 목숨을 바칠 곳을 찾고 있었다. 한 명, 두 명 쓰러지면 바로 뒤에 있던 병사가 빈자리를 메꾸었다. 북과 꽹과리 소리는 계속 울려 퍼졌고, 누각 뒤에 있는 적색, 황색 깃발이 계속 휘날렸다.

전투는 새벽까지 이어졌다. 조선군의 방어는 계속 이어졌다. 일본군은 북문에서 서문 사이를 공격하기 시작했다. 결국 서문이 뚫렸다. 일본군이 쏟아져 들어오며 북문과 동문으로 달려가 방어하고 있던 조선군 배후로 들이닥쳤다. 바로 동문과 북문도 열렸다. 성 안에는 일본군으로 넘쳐났다. 곳곳에서 전투가 벌어졌지만 오래 가지 않았다. 최기필 판관을 비롯한 장수와 병사 모두 전사했고, 최경회와 전라도 의병, 경상도와 전라도, 충청도에서 온 외부 진관군도 모두 전사했다.

일본군은 진주성을 휘젔고 다녔다. 그들은 일반백성까지 눈에 띄는 대로 죽였다. 조선군은 촉석루로 밀려났다. 김천일의 본부대가 있는 곳이다. 촉석루 아래에는 성 밖으로 통하는 쪽문이 있어 피할 수 있는 유일한 통로였다. 드디어 일본군이 촉석루로 몰려왔다. 이종인이 병사를 이끌고 일본군을 상대했다. 이종인은 타고난 장사였기 때문에 일본군 선두를 제압하며 전진하였다. 그는 김천일을 향해 소리쳤다. 대감마님께서는 살아남으시라고. 이 일을 세상에 알려야 한다고. 그와 함께 앞으로 나가던 병사가 차츰 줄어들었다. 결국 홀로 남은 이종인이 쓰러졌다.

이종인의 분전을 바라보고 있던 김천일의 두 눈에 눈물이 흘러내렸다.아들 김상건이 피하라고 진언했다. 김천일은 이곳에서 죽을 것이니 아들에게 피하라고 일렀다. 김상건은 부친을 두고 피할 수 없다고 하였다. 김천일이 마지막 남은 병사들에게 외쳤다. 우리 모두 여기에서 죽는다고. 자신도 모두 피하지 말고 모두 창과 칼을 잡았다. 그리고 일본군을 향해 돌진했다. 김천일도 촉석루 아래로 나섰다. 김천일에게 창이 날아왔다. 아들 김상건이 몸을 던져 막아섰다. 김천일은 쓰러진 아들 앞으로 나갔다. 일본군의 칼이 날아왔다. 김천일의 목이 잘려나갔다.

*****

6월 30일. 아흘 간의 전투를 논개는 모두 보고 있었다. 그녀는 남장을 하고 최경회를 보필하며 전장을 전전하다가 진주성까지 따라 왔다. 북문 성벽이 무너지는 것도 보았고, 충청도병마사 황진이 전사하는 장면도 보았으며, 최경회가 적의 창에 찔려 죽어가는 모습도 보았다. 촉석루까지 떠밀려 와서 김천일의 목이 잘려나가는 모습도 보았다. 백성들이 촉석루 아래 쪽문으로 빠져나가는 것도 보았으나 그녀는 따라 가지 않았다.

논개는 촉석루 근처의 민가로 들어갔다. 그녀가 입을 만한 옷이 있었다. 그녀는 오래간만에 화사한 치마저고리로 갈아 입었다. 그리고 북문을 향해 천천히 걸어갔다. 이제 진주성에 조선인은 모두 사라졌다. 먼동이 트고 있었다. 성 안에는 조선군과 조선백성, 일본군의 시체가 널려있었다. 살아남은 일본군은 삼삼오오 모여서 술을 마시기도 하고, 고래고래 고함치며 울부짖기도 하였지만 대부분은 피로감을 못 이겨 잠에 들었다. 그녀가 북문까지 걸어가는 동안 아무도 그녀를 제지하지 않았다. 아무도 그녀에게 관심이 없었다. 그녀는 북문의 무너진 성벽에서 최경회를 찾았다. 최경회는 눈을 뜨고 있었다. 그녀는 최경회의 시신을 끌어안고 눈을 감겨준 후 한참 동안 가만히 앉아있었다. 그리고 가락지를 최경회 입에 넣어주었다.

그 동안 행복했던 시간을 회상했다. 재판을 받던 일부터 최경회 부인을 간병하던 일, 최경회를 처음 모시던 날, 글을 배우던 일, 병사를 모집하여 출정하던 날, 남장을 하고 함께 식사를 했던 일, 첫 전투를 벌였던 금산성전투, 진주성전투 소식을 듣던 일, 성주성에 갔다가 다시 진주성으로 왔던 길 등이 주마등처럼 스쳐 지나갔다. 최경회가 마지막 전투준비를 하며 그녀에게 한 말이 뇌리에 박혔다. 조선군 모두는 이곳이 자신들이 죽어야 할 곳임을 진작부터 알고 있었노라고. 아니 진주성으로 올 때 이미 알고 있었노라고. 지키고자 왔지만 진주성을 결국 지키지 못할 것임을 알고 있었다고. 이곳에서 이 나라가 보존될 것이기에 기꺼이 목숨을 바치는 것이라고. 왜적도 이 땅에서 더 이상 전투를 벌이지 못할 것이라고. 마지막 남은 전투는 한 명의 적이라도 더 죽이기 위해, 조선인의 기개를 보여주기 위해 이곳에 왔노라고.

또한 최경회는 그녀에게 말했다. 피하라고. 전쟁터는 여인이 있을 곳이 못된다고. 자신이 죽는 모습을 보지 말라고. 꼭 살아남아서 조선군 남아는 진주성에서 조국을 위해 싸우다 전사했음을 전하라고. 그녀의 입가에서 미소가 흘렀다. 그리고 눈에는 살기가 품어져 나왔다.

논개는 최경회의 시신을 가지런히 누인 후 일어섰다. 이미 사방이 밝았다. 진주성의 처절한 모습을 뒤로하고 논개는 눈 깜짝하지 않고 목적했던 집으로 향했다. 장롱을 뒤지니 조그마한 패물함이 나왔다. 그 안에는 가락지와 목걸이, 그리고 분장도구가 들어 있었다. 그녀는 담담이 화장을 하였다. 거울을 보며 머리도 곱게 빗었다. 손에 맞는 가락지를 열손가락 모두에 맞춰 끼었다.

논개는 촉석루로 향했다. 촉석루 아래 쪽문을 지나 내려갔다. 반질반질해진 바위를 지나 남강에 이르렀다. 남강 변에 솟아난 작은 바위 위로 뛰어 넘었다. 그리고 사방을 바라보았다. 남강 너머는 고요했다. 남강은 새벽에 벌어진 일이 언제 일어났느냐는 듯 고요히 흘렀다.

촉석루 위에서 떠들썩한 소리가 났다. 대여섯 명의 일본군이 논개에게 손가락질을 하며 떠들고 있었다. 그녀는 일본군을 바라보았다. 고개를 돌려 무심하게 흐르는 남강을 바라보았다. 일본군들이 떠들어대며 촉석루 아래 바위 위까지 왔다. 그녀는 다시 이들을 잠시 바라보다 고

1593년 7월 29일 논개가 일본군 장수를 껴안고 투신한 남강의 바위 의암(義巖)

개를 돌렸다. 일본군 한 명이 바위 아래로 뛰어내려왔다. 그리고 논개에게 손을 내밀었다. 그녀는 일본군의 손을 한참동안 바라보았다. 그리고 다시 고개를 돌렸다. 일본군이 그녀가 서 있는 바위 위로 펄쩍 뛰어내렸다. 그리고 그녀의 어깨를 부드럽게 감싸 안았다. 그녀는 고개를 돌렸다. 천천히 몸을 일본군에게로 돌렸다. 어깨 위에 있는 일본군의 손을 잡아 내렸다. 다른 손으로 일본군의 손을 잡고 일본군의 손가락에 끼워 넣었다.

일본군은 그녀에게 몸을 밀착해왔다. 그녀는 몸을 옆으로 비틀면서 일본군을 확 밀었다. 좁은 바위 위에 있던 두 사람은 함께 강물로 떨어졌다. 위험을 느낀 일본군이 그녀를 밀쳤다. 그러나 그녀의 몸은 일본군의 몸과 떨어지지 않았다. 일본군은 손을 빼려고 버둥거렸다. 그러나 버둥거릴수록 그녀는 손에 힘을 주었다. 일본군의 얼굴이 몇 번이고 남강 위로 올랐다가 내려가더니 한참 후에는 다시는 보이지 않았다.

논개는 생각했다. 그녀의 전투는 아직 끝나지 않았다고. 그녀 역시 한 명의 일본군이라도 더 죽여야 이 전투는 끝나는 것이라고. 자신도 임께서 가신 길을 따라 가는 것이라고. 자신도 조선인이라고. 이 길이 낭군님께서 원했던 길이기에. 사랑하는 낭군님께서 그토록 간절하게 바랐던 길이기에.

맺음말

이스라엘에 마사다가 있다. 마사다는 서기 73년 유대인 병사들이 로마의 통치를 거부하며 결사항전을 벌인 곳이다. 마사다 병사들은 패배가 임박하자 로마에 속박당할 수 없다며 모두 자결했다. 독립한 이후 이스라엘 국민은 "다시는 마사다가 함락되지 않게 하겠다"고 맹세하며 조상의 위대한 행적을 기리고 있다. 이스라엘 병사들은 마사다에서 신병 수료식을 하고 있으며, 이곳을 다녀간 병사는 전쟁터에서 물러나지 않는다.

마사다를 다녀온 많은 한국인은 유대인 병사들이 목숨을 바친 의미가 어떤 것인지를 잘 알고 있다. 그러나 한국인은 마사다에 버금가는 진주성 항전을 잘 알지 못한다. 알고 있다고 해도 패배한 전투로 기억하고 있다. 조금 안다는 사람조차도 '기생 논개가 일본군을 껴안고 진주 남강에 함께 빠져 죽었다. 진주목사와 외원군 장수들 간에 지휘권이 분리되어 전투에 패배했다. 그리고 진주성 함락 후 6만 명의 백성이 일본군에 학살됐다'는 등 실상을 모른 채 오늘에 이르고 있다.

우리가 알고 있는 것은 전혀 사실이 아니다. 실질적으로 제2차 진주성 전투는 조선군이 승리한 전투다. 5,800명이 지키고 있는 성에 9만 3천명이 공격한다면 언젠가는 그 성은 함락될 수밖에 없다. 그런데 5,800과 9만 3천명, 즉 1 대 17의 전투에서 5,800명의 결사대는 8박9일 동안 24차례의 전투에 승리했다. 마지막 25번째 전투에서 단 한번 패했을 뿐이다.

함락당할 수밖에 없는 전투에서 치열하게 싸우다 예정된 운명을 맞은 결사대에 패배자란 오명을 씌우는 역사는 없다. 그 누구도 마사다전투에서 싸우다 전사한 이스라엘 병사에게 패했다고 말하지 않는다.

논개가 기생인가? 논개는 자신을 구해준 장수 현감 최경회의 부인을 간호했고, 부인이 사망하자 최경회의 후실이 되었다. 그녀는 지아비인 최경회를 따라 전쟁터를 전전하며 진주성에 들어갔다. 최경회가 전사하자 한 명의 적이라도 더 처단하고자 적을 안고 남강에 뛰어들었다. 왜 우리 스스로 논개를 기녀로 만들었나?

일부에서는 당시 진주 목사 서예원을 위기상황에서 눈물이나 흘리는 비겁한 장수로 묘사하고 있다. 또한 전투 지휘자인 창의사 김천일과 갈등을 일으켜 진주성이 함락되었다고 한다. 그러나 서예원은 일본군이 몰려간다는 소식을 전해 듣고는 바로 진주성으로 들어가 전투를 지휘했다. 그가 없었다면 8박9일 동안 24차례의 전투에서 승리하기 어려웠을 것이다. 서예원과 김천일이 지휘권을 놓고 갈등했다면 그 결과를 이룰 수 없었을 것이다.

진주성이 함락되고 나서 6만명의 백성이 떼죽음을 당했다는 것도 사실일 수 없다. 임진왜란 당시 가장 큰 도시였던 한양성에도 주민은 10만 명 정도였다. 진주성은 한양성에 비해 턱없이 작은 도시였다. 당시 진주성 인구는 인근까지 포함해도 1만 명에도 못 미쳤으며, 주민들은 대부분 진주성 외곽에 거주했다. 그렇다면 6만이라는 숫자는 무엇인가? 일본군이 그만큼 잔악했고, 조선의 피해를 과장한 일부 문헌에 의한 것이다. 심지어는 제1차 진주성전투에서 일본군 장수가 300명 이상, 병사는 3만 명 이상이 사망한 것으로 되어 있는 문헌도 있다. 논리적 근거가 없다. 그럼에도 불구하고 6만명의 백성이 죽임을 당했다는 것은 조선 임금 및 조정, 즉 조선 정부가 무능함을 지적하려는 사악한 일본 역사가의 계략이라고 단정할 수밖에 없다.

그리고 10만명의 일본군이 진주성으로 몰려가자 인근 경상도뿐만 아니라 전라도와 충청도에서 의병과 지방군 2,800명이 자발적으로 진주성에 들어간 사실을 모르고 있다. 이들 주요 지휘관은 창의사 김천일, 경상우도병마사 최경회, 충청도병마사 황진이다. 이들 3인이 각각 전라도, 경상도, 충청도에서 병력을 모집하여 진주성으로 들어 간 부대장과 부대는 다음과 같다.

창의사 김천일은 전라도 나주 출신으로 수원부사를 지냈으며, 임진왜란이 발발하자 고향에서 병력을 모아 수원과 강화, 양천, 행주산성 인근에서 전투를 벌였고, 이 공로를 인정받아 선조 임금으로부터 창의사를 제수 받았다. 그는 자신을 따라 전쟁터를 전전하던 전라도 의병 300명과 기

타 병력 600명 등 1,000명을 이끌고 진주성에 합류했다. 그와 함께 진주성에 입성한 장수들은 복수의병장 고종후, 태인의병장 민여운, 순천 출신 의병장 강희열, 우의병부장 고득뢰, 장성현감 김응건, 종사관 양산숙, 만호 오방한, 군기주부 유한량과 유휘진, 해남의장 임희진, 부장 최억룡, 방의대장 강희보, 의병장 이계련 등이다.

경상우도병마사 최경회는 전라도 화순 출신으로 장수현감을 지냈다. 임진왜란이 일어나자 화순 인근의 병력을 모아 전라도, 충청도, 경상도 지역에서 일본군과 전투를 벌였다. 그 공적을 인정받아 선조 임금으로부터 경상우도병마사에 임명되었다. 그는 자신을 따르던 500명의 의병, 경상도 진관군 600명 등 1,100명을 이끌고 진주성으로 들어갔다. 최경회와 뜻을 함께 한 경상도 진관군 수장은 사천현감 장윤, 김해부사 이종인, 진해현감 조경형, 거제현령 김준민, 삼가대장 윤탁, 적개의병장 이잠 등이다.

충청도 병마사 황진은 동복 현감을 지내던 중 임진왜란이 일어나자 관군을 이끌고 경기도, 전라도, 충청도, 경상도를 전전하며 전투를 벌였다. 그는 이 공로로 선조임금으로부터 충청도 병마사에 임명되었다. 그는 자신을 따르던 동복 진관군과 의병 그리고 충청도 진관군 등 700명을 모아 진주성에 입성했다. 그와 함께한 충청도 진관군 수장은 황간현감 박몽열, 당진현감 송제, 남포현감 이예수, 보령현감 이의정, 해미현감 정명세, 웅천현감 허일, 태안군수 윤구수 등이다.

이로써 우리는 진주성전투에 참여한 사람들의 면모를 알 수 있다. 그들은 진주 관군만이 아니다. 경상도, 전라도, 충청도 등에서 온 백성들이다. 멀고 먼 타지, 전라도와 충청도에서 자발적으로 합류하여 일본군과 싸우던 의병부대, 그리고 각 고을을 다스리던 현감, 현령들이 각자 관군을 이끌고 진주성에 입성했다. 특히 이들을 지휘하여 진주성에 들어온 창의사 김천일, 경상우도병마사 최경회, 충청도병마사 황진은 모두 전라도 출신이다. 이들은 경상도 진주에서 목숨을 바치기 위해 먼 길을 마다하고 달려왔다.

임진왜란을 이겨내고자 조선인들은 하나로 뭉쳤다. 제2차 진주성전투를 치른 5,800명의 조선군 결사대의 구성이 이를 증명한다. 진주성 사수를 위해 목숨을 바친 이들 결사대는 경상도, 전라도, 충청도의 전 · 현직 대감과 사또, 이들의 지휘를 받고 있던 관군, 학문을 닦고 있던 양반과 상인, 중인, 천민들이다. 그리고 선조 임금은 자발적으로 병사를 이끌고 전투를 벌여 공을 세운 장수에게는 관직을 하사하였다. 조선정부와 백성들은 하나였다. 무엇보다도 이들은 함께 목숨을 바쳤다. 왜적을 물리친 당사자는 우리의 조상인 조선인이었으며, 이들의 자발적인 참여

진주성임진대첩 계사순의단(癸巳殉義壇).
진주성전투에 참가한 수많은 백성의 희생을 추모하기 위해 1997년에 세웠다.

와 협력. 그리고 희생을 통해 조국을 지켜낸 것이다.

더욱이 일본군 역시 8박9일 동안 25회의 전투를 치르면서 막대한 사상자를 냈다. 추정해보면 일본군도 3만명 이상이 이 전투에서 죽었다. 한강 이남을 실질적으로 지배하려고 했던 일본군의 계획은 수포로 돌아갔다. 치열한 전투와 희생으로 일본군은 더 이상 전투를 하기 어려운 상황에 직면했다. 진주성을 함락한 이후에 전라도와 충청도로 진격하여 성을 쌓고 그곳을 지배하라는 도요토미 히데요시의 명령을 수행하기 위해 남원으로 진격했던 일본군은 조선군과 명군에 막혀 부산으로 후퇴하기에 이른다. 이렇게 5,800명의 결사대가 진주성에서 목숨을 바치며 일본군을 막아내지 않았다면 한강 이남은 이때부터 일본땅이 되어버렸을지도 모른다.

5800 진주성 결사대 이야기

초판 1쇄 인쇄 2019년 2월 10일
초판 1쇄 발행 2019년 2월 20일

지은이 박희봉
펴낸곳 논형
펴낸이 소재두
등록번호 제2003-000019호
등록일자 2003년 3월 5일
주소 서울시 영등포구 양산로 19길 15 원일빌딩 204호
전화 02-887-3561
팩스 02-887-6690
ISBN 978-89-6357-219-2 03910
값 15,000원

이 도서의 국립중앙도서관 출판예정도서목록(CIP)은 서지정보유통지원시스템 홈페이지(http://seoji.nl.go.kr)와 국가자료공동목록시스템(http://www.nl.go.kr/kolisnet)에서 이용하실 수 있습니다. (CIP제어번호: CIP2019002695)